GRAHAM GREENE

Mein Freund, der General

Geschichte eines Engagements

PAUL ZSOLNAY VERLAG
WIEN · HAMBURG

Berechtigte Übersetzung aus dem Englischen von
Werner Richter

Umschlag und Einband: Maria Blazejovsky
Filmsatz: Die Redaktion, Wien
Druck und Bindung: Wiener Verlag
Printed in Austria
ISBN 3-552-03622-9

CIP-Kurztitelaufnahme der Deutschen Bibliothek
Greene, Graham
Mein Freund, der General / Graham Greene.
[Berecht. Übers. aus d. Engl. von Werner Richter]. —
Wien; Hamburg: Zsolnay, 1984.
Einheitssacht.: Getting to Know the General «dt.»
ISBN 3-552-03622-9

Den Freunden meines Freundes
Omar Torrijos,
in Nicaragua, El Salvador und Panama

I go, but I return: I would I were
The pilot of the darkness and the dream.

Alfred, Lord Tennyson

VORWORT

1

Im August 1981 war die Reisetasche für meinen fünften Besuch in Panama schon gepackt, als mich die telefonische Nachricht vom Tod meines Freundes und Gastgebers, General Omar Torrijos Herrera, erreichte. Sein kleines Flugzeug war auf dem Weg zu seinem Haus bei Coclesito in den Bergen von Panama abgestürzt; es gab keine Überlebenden. Einige Tage später kam ein Anruf von seinem Leibwächter, Sergeant Chuchu, alias José de Jesús Martínez, Professor der Mathematik und Poet: „Im Flugzeug war eine Bombe. Ich weiß es, daß eine Bombe im Flugzeug war, aber am Telefon kann ich nicht sagen, weshalb."

Damals kam mir der Gedanke, aus meinen Tagebüchern der vergangenen fünf Jahre einen kurzen persönlichen Bericht als Ausdruck meiner Hochachtung vor einem Mann zu schreiben, der mir während dieser Zeit ans Herz gewachsen war. Doch kaum standen unter dem Titel „Mein Freund, der General" die ersten Sätze auf dem Papier, wurde mir klar, daß ich nicht nur den General im Lauf dieser fünf Jahre zum Freund gewonnen hatte, sondern auch Chuchu, den vielleicht einzigen Angehörigen der Nationalgarde, dem der General uneingeschränkt vertraute, und angefreundet hatte ich mich auch mit diesem sehr merkwürdigen und schönen kleinen Land, das durch den Panamakanal und die amerikanische Kanalzone in zwei Hälften geteilt wird und das dank dem General für den Freiheitskampf in Nicaragua und El Salvador immense Bedeutung erlangt hat.

2

Als ich das Buch nahezu abgeschlossen hatte, fragte mich ein Freund einmal: „Woher kommt eigentlich dieses Interesse für Spanien und Lateinamerika, das du anscheinend immer schon hattest? Erst war es Mexiko in *Die Kraft und die Herrlichkeit*, dann Paraguay in den *Reisen mit meiner Tante*, Kuba in *Unser Mann in Havanna*, Argentinien im *Honorarkonsul*; in Chile hast du Präsident Allende besucht. Und eben ist dein *Monsignore Quijote* herausgekommen...»

Für mich war diese Frage gar nicht so einfach, denn die Antwort darauf lag im tiefen Dunkel des Unterbewußten. Mein Interesse ging viel weiter zurück als bis zu meinem ersten Besuch in Mexiko, wo ich 1938 Reportagen über die dortigen Verfolgungen schrieb. Mein zweiter veröffentlichter Roman, *Rumour at Nightfall*, der 1934 erschien, spielte im Spanien der Carlistenkriege, obwohl ich zu der Zeit, als ich ihn schrieb, erst einen einzigen Tag in Spanien zugebracht hatte, und das im Alter von sechzehn. Es war während einer Schiffsreise nach Lissabon bei einem Zwischenaufenthalt in Vigo, von wo aus ich einen kurzen Abstecher nach La Coruña unternommen hatte. Ich reiste damals mit meiner Tante Eva, die in Lissabon meinen Onkel bei seiner Ankunft aus Brasilien abholen wollte, wo ihm eine Kaffeeplantage gehörte. In Vigo schlug ich ihr vor, einen Ausflug zum Grab von General Sir John Moore zu machen, einem entfernten Verwandten, der während des berühmten Rückzugs der Franzosen nach La Coruña gefallen war und den man dort begraben hatte, „im Dunkel der Mitternacht, mit unseren Bajonetten den Rasen aufgrabend“, wie es ein irischer Priester, der Reverend Charles Wolfe, in seinem einzigen der Nachwelt erhaltenen Gedicht verewigt hat. Es vergingen beinahe sechzig Jahre, ehe ich ein zweitesmal das Grab aufsuchte, auf dem diese Zeilen eingraviert sind, diesmal in Gedanken mit dem Plan zu *Monsignor Quixote* beschäftigt.

Rumour at Nightfall war ein sehr schlechter Roman, den ich niemals in einer Neuauflage sehen möchte, doch mein Wunsch, etwas über spanische Themen zu schreiben, reichte sogar noch weiter zurück. „Ich habe einmal einen Roman begonnen“, erzählte ich meinem Freund, „kurz nach meinem Abgang von Oxford, aber glücklicherweise hat sich nie ein Verleger dafür gefunden. Er hieß *The Episode*. Ich hatte damals gerade das einzige Buch von Thomas Carlyle gelesen, bei dem ich je bis zum Ende gekommen bin — die Lebensgeschichte eines erfolglosen Möchtegern-Dichters namens John Sterling, der als junger Mann mit den carlistischen Flüchtlingen aus Spanien zu tun bekommt. Die Erstausgabe steht hier in meinem Bücherschrank. Vor gut zehn Jahren habe ich sie für zehn Shilling in Chichester aufgestöbert, den Roman aber kein zweitesmal gelesen.“ Ich griff nach dem Buch, das 1851 erschienen war, und schlug das Inhaltsverzeichnis auf. Dort las ich: „Erster Teil. Zehntes Kapitel: Torrijos.“ Der Name Torrijos starrte mich an und erschien mir wie ein Signal aus dem Totenreich.

Ich begann noch einmal über diese unglücklichen Spanier zu lesen, mit denen Sterling und mein imaginärer junger Held zusammengetroffen waren — „stattliche, melancholische Gestalten in stolzen, abgetragenen Mänteln... Meistens wanderten sie schweigsam auf dem breiten Trottoir von Euston Square und in der Gegend der neuen Pankratiuskirche umher." Und zwei Seiten weiter: „Der anerkannte Führer dieser armen spanischen Flüchtlinge... war General Torrijos, ein Mann von edlen Eigenschaften und von hoher Abkunft, der noch in der Blüte der Jahre stand und selbst in dieser verzweifelten Lage nicht verzweifeln wollte."

Auch jener General Torrijos, der mir so ans Herz gewachsen war, hatte in der Blüte seiner Jahre das Leben verloren, und ich war ihm in einer verzweifelten Lage sehr nahe gewesen: in der Endphase seiner langwierigen Verhandlungen mit den Vereinigten Staaten über den Panamakanal-Vertrag, die schließlich zu einem so enttäuschenden Ergebnis führten. Auch er weigerte sich beharrlich zu verzweifeln und erwog sogar ernsthaft die Möglichkeit eines bewaffneten Kampfes zwischen seinem winzigen Land und der Großmacht, die die Kanalzone besetzt hielt.

Mein Freund beharrte jedoch weiter auf der Frage, woraus mein Interesse an Spanien und Lateinamerika sich über so viele Jahre hindurch genährt habe. Vielleicht liegt die Antwort darin, daß Politik in diesen Ländern sich kaum je auf einen Machtkampf zwischen gegnerischen politischen Parteien beschränkt, sondern meist eine Frage von Leben und Tod ist.

3

1976 wußte ich noch wenig über die Geschichte Panamas. Nach dem Abfall von Spanien zu Beginn des 19. Jahrhunderts hatte Panama aus eigenem Antrieb beschlossen, sein Schicksal mit dem Kolumbiens zu verbinden, das damals ein größeres Land war als heute. Die neue panamaische Republik des 20. Jahrhunderts war etwas gänzlich anderes. Sie war eine persönliche Schöpfung des amerikanischen Präsidenten Theodore Roosevelt, der sich in den Kopf gesetzt hatte, Ferdinand de Lesseps' Traum von einem Kanal zwischen Atlantik und Pazifik — einem Traum, der nach zehnjährigen Bauarbeiten in einem finanziellen Desaster geendet hatte — unter der Schirmherrschaft und praktisch als Territorialbesitz der Vereinigten Staaten doch noch zu verwirklichen. Zu der Zeit, als de Lesseps' Projekt scheiterte, war Panama noch eine Provinz von Kolumbien, die vom Mutterland durch Gebirge und Dschungel getrennt war, durch die bis heute keine Straße führt. Ziel der USA war, dafür zu sorgen, daß Panama ein sogenannter unabhängiger Staat wurde, denn die Verhandlungen mit Kolumbien über die Kanalrechte zogen sich ewig hin und ein Abschluß war kaum zu erhoffen.

Und so kam es, daß am 13. Juni 1903 die *New York World* mit Billigung des Weißen Hauses ein außergewöhnliches Kommuniqué veröffentlichte, in dem über eine Rebellion berichtet wurde, die noch gar nicht stattgefunden hatte:

> Zuverlässigen Informationen zufolge steht der panamaische Staat, dessen Territorium die gesamte Kanalzone umschließt, bereit, sich von Kolumbien loszusagen, und einen Kanalvertrag mit den Vereinigten Staaten einzugehen.
>
> Der panamaische Staat wird seine Unabhängigkeit erklären, falls der kolumbianische Kongreß den Kanalvertrag nicht ratifizieren sollte. Als Regierungsform wird eine Republik erwartet. Dieser Plan dürfte nach Auskunft gut unterrichteter Kreise leicht durchzuführen sein, da gegenwärtig nicht mehr als einhundert kolumbianische Soldaten in Panama stationiert sind.

Als leicht durchführbar hat der Plan sich allerdings

erwiesen, und in der Folge halste man Panama die Herrschaft der Familie Arias und der mit ihr verwandten Oligarchie auf, was für mehr als ein halbes Jahrhundert nahezu ausschließlich den USA Vorteile brachte.

Die Rebellion, wenn man sie überhaupt so nennen konnte, wurde letzten Endes von einem französischen Ingenieur namens Bunau-Varilla in die Wege geleitet, der von de Lesseps' gescheitertem Bauprojekt übergeblieben war. Unterstützung erhielt er von Doktor Amador, einem Betriebsarzt der von Amerika gebauten Eisenbahn, die den Atlantischen mit dem Pazifischen Ozean verband – einem Mann in einer Schlüsselposition, wie sich herausstellen sollte, denn als Kolumbien merkte, was sich da zusammenbraute, und zweihundert Mann als Verstärkung nach Colón an die Ostküste schickte, sahen sich die Eisenbahndirektoren nach einer Unterredung mit Doktor Amador natürlich außerstande, die Beförderung so vieler Leute nach Panama City zu bewältigen – das einzige, was man zur Verfügung stellen konnte, war ein kleiner Sonderzug für den kolumbianischen General Tokar, seine Adjutanten und deren Ehefrauen, die solcherart ohne Truppen, dafür aber sehr bequem an den Pazifik befördert wurden. Dort empfing man sie mit herzlichen Willkommensgrüßen und einem exquisiten Mittagsmahl, bevor man sie zum Gefängnis eskortierte.

Die Einheiten waren am 2. November 1903 in Colón gelandet, und am 6. November erkannten die USA die unabhängige Republik Panama an. Den ersten Kanalvertrag, in dem eine amerikanische Zone beidseitig des zukünftigen Kanals gegen eine lächerlich niedrige Pachtsumme festgelegt wurde, unterzeichneten der amerikanische Außenminister Hay und der Franzose Bunau-Varilla in Washington. Auch einen Panamesen um seine Unterschrift zu bitten, hielt man nicht für nötig.

Dieser Vertrag, der von 1903 bis 1977 die Beziehungen zwischen Panama und den USA zeitweise schwer belasten sollte, sprach den Vereinigten Staaten auf ewige Zeiten sämtliche Rechte und alle Verfügungsgewalt über die Kanalzone zu, „die sie innehätten, wenn sie die Landeshoheit über das Gebiet besäßen“. Obwohl durch dieses mysteriöse „wenn“ Panama also theoretisch seine Souveränität behielt, unterstanden alle Panamaer, die in der Kanalzone lebten oder arbeiteten, bis zur Unterzeichnung des neuen Vertrages von 1977 dem amerikanischen Recht und hatten sich in den USA vor Gericht zu verantworten. An vielen Stellen konnte man in die Kanalzone gelangen, indem man einfach von einer Straßenseite auf die andere ging. War man jedoch Panamaer, so war Vorsicht geboten, denn falls man auf der falschen Straßenseite einen Verstoß gegen die Verkehrsregeln beging, wurde man dafür von einem amerikanischen Gericht nach amerikanischem Gesetz zur Rechenschaft gezogen.

Fertiggestellt wurde der Kanal kurz vor Ausbruch des Ersten Weltkrieges. Von da ab wurde es zur formellen Verpflichtung jedes neuen panamaischen Präsidenten, gegen die Bedingungen des Vertrages zu protestieren, der von einem Franzosen ohne Ermächtigung seitens der selbsternannten Junta unterzeichnet worden war; solange aber die Arias-Familie regierte — Tomás Arias war ein Mitglied der ursprünglichen Junta gewesen —, war die lediglich ein Ritual und wurde von den USA auch als solches betrachtet. Letztlich waren es denn auch die Demonstranten auf der Straße und nicht die panamaische Regierung, die einige kleine Zugeständnisse durchsetzten.

Nach schweren Tumulten willigte Präsident Eisenhower 1959 ein, daß künftig an einer Stelle, wo die Kanalzone an das freie Panama grenzte, die panamaische

Flagge neben der amerikanischen gehißt werden durfte. Als Antwort auf die feindseligen Demonstrationen hatte man einen Teil der Zone mit einem Drahtzaun abgesperrt. 1961 bewilligte Präsident Kennedy endlich, daß die panamaische Flagge in der gesamten Kanalzone überall flattern durfte, wo auch die amerikanische Fahne gehißt war — über Krankenhäusern, den Amtsgebäuden innerhalb der Zone und den Kanalschleusen. Nach mehr als fünfzigjährigen Verhandlungen war also dieses geringfügige Zugeständnis an den Nationalstolz errungen, aber die US-Behörden schmälerten den Triumph gleich wieder, soweit es die Schulgebäude in der Kanalzone betraf, indem sie verfügten, daß dort überhaupt nicht geflaggt werden dürfe.

Dann hißten eines Tages im Jahr 1964 die Kinder einer amerikanischen High School das Sternenbanner, worauf zweihundert Panamaer in die Kanalzone einmarschierten, um ihre eigene Fahne daneben aufzuziehen, wie es die Vereinbarung vorsah. In dem darauffolgenden Getümmel wurde die panamaische Flagge zerfetzt. Damals bewiesen die Panamaer ihrer friedfertigen Regierung, zu welcher Gewalttätigkeit sie imstande waren. Sie trampelten den Grenzzaun nieder, der Bahnhof von Panama City, der sich innerhalb der Kanalzone befand, wurde überfallen, Geschäfte geplündert, und die Aufstände pflanzten sich quer durch das Land bis nach Colón am Atlantik fort. Amerikanische Marineinfanteristen wurden auf den Plan gerufen, und im Verlauf der dreitägigen Kämpfe starben achtzehn Panamaer, die meisten in dem Armenviertel El Chorillo, wo dann die Hauptstraße von Panama City auf den Namen „Avenue der Märtyrer" umbenannt wurde. Die Nationalgarde griff nicht ein. Sie durfte die Kasernen nicht verlassen.

Immerhin war es so etwas wie ein Sieg für das panamaische Volk: Im Jahr darauf verkündete Präsident Johnson, er wolle den alten Vertrag außer Kraft setzen lassen und die Verhandlungen für einen neuen, gerechteren in die Wege leiten, doch zehn Jahre später, als ich 1976 zum erstenmal nach Panama kam, schleppten sich die Verhandlungen immer noch hin. Dagegen hatte sich die Führungsriege des Landes verändert: 1968 hatten Torrijos und Martínez, zwei junge Obersten der Nationalgarde, Präsident Arias in ein Flugzeug nach Miami gesetzt und die Macht übernommen. Im Jahr darauf wurde Oberst Martínez, der politisch weit rechts stand, auf ganz ähnliche Weise mit dem Flugzeug nach Florida verfrachtet. Oberst Torrijos hatte die Nationalgarde hinter sich gebracht, und von diesem Zeitpunkt an sollte nichts mehr ganz so sein, wie es einmal gewesen war.

TEIL I: 1976

1

Ich war überrascht und leicht verwirrt, als ich im Winter 1976 in Antibes das Telegramm eines gewissen Señor V. erhielt — der Name war mir unbekannt —, in dem ich las, ich sei von General Omar Torrijos Herrera persönlich zu einem Besuch in Panama eingeladen, und man würde mir ein Ticket für die Fluglinie meiner Wahl senden.

Bis heute weiß ich nicht, aus welchen Beweggründen der General damals diese Einladung ausgesprochen hat, doch zögerte ich nicht, sie sofort anzunehmen. An jenen General Torrijos, der Carlyles John Sterling um ein Haar in ein gefährliches Abenteuer verwickelt hätte, dachte ich zwar nicht, doch es war mir bewußt, daß Panama — mehr noch als Spanien — seit jeher in meiner Phantasie herumspukte. Als Kind hatte ich einmal eine Festspielaufführung eines Stückes von Stephen Phillips gesehen, bei der auf der großen Bühne des Drury Lane Theatre dargestellt wurde, wie Sir Francis Drake einen durchaus realistischen Maultierzug auf der Goldstraße zwischen Panama City und Nombre de Dios angreift, und außerdem kannte ich Sir Henry Newbolts kunstvoll-kunstloses Gedicht *Drake's Drum* fast gänzlich auswendig:

Drake he's in his hammock an' a thousand mile away,
(Capten, art tha sleepin' there below?)
Slung atween the round shot in Nombre Dios Bay...

Was machte es schon, daß Newbolts Gedicht nicht ganz stimmte? Denn es war Portobelo Bay, einige Meilen von Nombre de Dios entfernt, wo Drakes Leiche ins Meer versenkt worden war.

Für ein Kind umgab Panama die glitzernde Aura von Piratenschiffen: Ich hatte die Geschichte über Sir Henry Morgan gelesen, der Panama City angriff und zerstörte, und als ich älter war, auch jene über das fürchterliche Schicksal der schottischen Siedlung am Rand der dichten Urwälder von Darién, die auch heute noch größtenteils so unberührt und unwegsam wie damals sind.

Jahre später sollte ich in der Stadt David einen schwarzen Sicherheitsbeamten von General Torrijos treffen, auf dessen Hemd der Name „Drake" eingestickt war.

Zum Spaß fragte ich ihn: „Sind Sie vielleicht ein Nachfahre von Sir Francis Drake?"

„Schon möglich, Mann", erwiderte er mit einem breiten Grinsen, worauf ich ihm ein paar Zeilen von Newbolts Gedicht aufsagte.

Jetzt habe ich es doch noch geschafft, dachte ich in diesem Augenblick, ich bin tatsächlich hier, in Panama.

Zu dem Zeitpunkt hatte ich schon die kärglichen Überreste der Goldstraße gesehen, und bald danach sollte ich auch Nombre de Dios einen Besuch abstatten, das heute nur noch ein Indiodorf ist, zu dem nicht einmal mehr ein Maultierpfad führt, und ich fühlte mich in diesem kleinen fernen Land meiner Träume bereits auf eine Weise zu Hause, wie ich es noch in keinem anderen lateinamerikanischen Land empfunden hatte. Noch ein weiteres Jahr, und es würde mir völlig natürlich erscheinen, nach Washington mit panamaischem Diplomatenpaß als akkreditiertes Mitglied der Delegation von Panama zur Unterzeichnung des Kanalvertrags mit den Vereinigten Staaten zu fliegen. Eine der großartigen Eigenschaften von General Torrijos war sein Sinn für Humor.

2

Nachdem ich telegrafisch zugesagt hatte, schrieb ich meinem Freund Bernard Diederich, mit dem ich Haiti und die Dominikanische Republik bereist hatte. Nun war er Lateinamerikakorrespondent für *Time Magazine*. In seinem Antwortbrief riet er mir zur Vorsicht gegenüber Señor V., der offenbar einer der Berater des Generals war, und schlug vor, aus Mexiko City, wo er jetzt mit seiner haitischen Frau und den Kindern lebte, zu einem Treffen mit mir nach Panama zu kommen.

Ich entschied mich für einen Direktflug ab Amsterdam, um das Umsteigen in den USA zu vermeiden, wo ich schon mehrfach Schwierigkeiten mit dem Visum gehabt hatte, und ahnte noch nicht, wie vertraut der Fünfzehnstundenflug von Amsterdam nach Panama City – mit drei Zwischenlandungen – mir noch werden sollte.

Zum erstenmal seit vielen Jahren, in denen meine Abenteuerlust durch Reisen nach Afrika, Malaya und Vietnam geradezu übersättigt worden war, verspürte ich wieder einen Hauch davon. Warum sonst hätte ich ab dem ersten Moment meiner Ankunft in Amsterdam banale Beobachtungen in meinem Tagebuch festgehalten?

Ich kannte die Stadt noch recht gut aus dem Jahre 1942, als ich sie in meiner Eigenschaft als Verleger oft besuchte, um dort aus England exportierte Papierladungen zurückzukaufen, denn Papier war bei uns rationiert. Dieses Papier brauchten wir dringend, um unsere Bestseller zu drucken — die Bibel und die Romane einer Amerikanerin, einer gewissen Parkinson Keyes, deren Bücher ich ziemlich unlesbar fand. In jenen Tagen beglich ich meine Hotelrechnung, zumindest einen großen Teil davon, indem ich dem Barkeeper im Hotel Amstel Zigaretten über den Tresen schob. Es gab Einladungen zu opulenten Abendessen, bei denen ich riesige Mengen von Bols-Gin mit den Druckern und ihren Frauen trank und bald lernte, daß ich als lieber Gast meiner Gastgeberin einen Klaps aufs Hinterteil zu versetzen hatte, wenn sie neben mir Platz nahm.

Schiphol ist ohne Frage einer der bequemsten Flughäfen der Welt. Im Erdgeschoß scheint es für jeden Passagier ein Sofa zu geben, und drei miteinander wetteifernde Diamanten-Läden (einer mit japanischen Kundeninformationen in der Auslage) verstärken noch diese Atmosphäre von Luxus und Eleganz. Dank General Torrijos reiste ich erster Klasse, so daß mir die Van-Gogh-Lounge mit ihren tiefen Sesseln und dem großzügig ausgestatteten Büffet zur Verfügung stand. In solcher Umgebung vergingen selbst mehrere Stunden des Wartens auf äußerst angenehme Weise, und als ich schließlich die Maschine bestieg, fühlte ich mich ungewöhnlich wohl, vor allem weil ich bei Gin die Marke Bols jeder anderen vorziehe.

„Jungen oder alten Bols?“ fragte die Stewardess, sobald wir uns in die Luft erhoben hatten.

„Welcher ist der bessere?“

„Ich kenne mich da nicht aus, aber mein Vater — und der ist etwa in Ihrem Alter — trinkt lieber den jungen.“

Ich probierte beide und mußte ihrem Vater unrecht

geben. Bis zur Ankunft in Panama blieb ich beim alten Bols.

Meine Spannung steigerte sich, zugleich aber stieg auch eine freudige Erregung in mir auf, wie ich sie nie verspürt hatte, als ich in den französischen Vietnamkrieg flog, oder nach Malaya zur Zeit des Ausnahmezustands, zum Mau-Mau-Aufstand nach Kenia oder in eine Leprakolonie im Kongo. Das waren ernsthafte Reisen gewesen — diese hier war es nicht. Mir erschien sie vielmehr als ein eher komisches Abenteuer, das mir durch die Einladung eines Wildfremden aus heiterem Himmel in den Schoß gefallen war.

Angst ist eine alltägliche Erfahrung, doch Spaß erlebt man im Alter nur selten, weshalb ich General Omar Torrijos gegenüber schon so etwas wie Dankbarkeit empfand. Wie ich später erfuhr, trug er in Panama den Titel „Großer Führer der Revolution" und war tatsächlich der erste Mann im Staat. Das einzige Privileg des Präsidenten, soweit ich das bei dieser ersten Reise feststellen konnte, bestand in einem reservierten Parkplatz vor dem Hotel Panama.

Bei der Landung verging mir der Spaß dann jedoch allmählich. Am Flughafen empfingen mich zwei höfliche Fremde — wie sie mir erklärten, sei jener ominöse Señor V. für einige Tage in New York, sein Wagen stehe jedoch zu meiner Verfügung. Sie brachten mich zum Hotel Panama (mittlerweile hat man den Namen leider auf „Hilton" geändert) und ließen mich dort in einem zwanzig Meter langen Zimmer zurück (ich habe es abgeschritten). Kein Diederich war zu meiner Begrüßung erschienen, und ich fühlte mich sehr einsam, da ich mich auf spanisch kaum verständigen konnte. In Mexiko war ich fast vierzig Jahre zuvor, nach zwanzig Lektionen bei Berlitz, mit dem Präsens einigermaßen zurechtgekommen, während Futur und Perfekt meine Fähigkeiten weit überforderten, doch inzwischen hatte ich sogar das Präsens größtenteils vergessen. Langsam bemächtigte sich meiner eine gewisse Scheu vor diesem mysteriösen General, dessen Gast ich hier war, und in dem riesigen Hotelzimmer kam ich mir ziemlich fehl am Platze vor.

Ich stellte meine Uhr zurück, und da in Panama erst Frühstückszeit war, ich aber bereits im Flugzeug gegessen hatte, versuchte ich zu schlafen. Señor V.'s Chauffeur weckte mich — er sprach kein Wort englisch und ich bat ihn, um halb drei Uhr Ortszeit wiederzukommen, indem ich auf die Ziffern meiner Armbanduhr zeigte. Am Flughafen hatte ich erfahren, daß Diederichs Maschine aus Mexiko um ein Uhr landen würde. Der Chauffeur kam pünktlich um 2.30 Uhr zurück, Diederich war jedoch noch nicht aufgetaucht. Also sagte ich dem Mann, er möge am nächsten Vormittag um zehn wiederkommen. Meine Stimmung war gedrückt. Der Hauch von Abenteuer war vollends verflogen, und was den Spaß anging... ich begann das riesige Zimmer bereits zu hassen.

Um halb vier ging ich hinunter und bestellte mir an der Bar unter einem langsam kreisenden Ventilator etwas, das ich für Rum-Punsch hielt, doch enthielt es keinerlei Alkohol. Auf der Pazifikseite von Panama trinkt man keinen Rum-Punsch, und später fand ich heraus, daß ich sowieso den falschen Ausdruck verwendet hatte. Nur der „Planter's Punsch" enthält mehr als ein schwaches Rum-Aroma. Um vier Uhr war immer noch nichts von Diederich zu sehen, und ich versuchte vergeblich zu schlafen. Warum nur hatte ich mein Haus in Antibes und meine Freunde zurückgelassen, um nach Panama zu fliegen, wo die Zeit so langsam verging, auch wenn sie mittlerweile wenigstens nicht mehr rückwärts lief?

Gegen fünf besserte sich die Lage, Diederich traf ein. Es war schon mehr als zehn Jahre her, daß wir beide die Grenzpiste (nur auf den Landkarten heißt sie Internationale Fernstraße) zwischen Papa Docs Haiti und der Dominikanischen Republik abgefahren hatten, die ich kennenlernen mußte, um meinen Roman *Die Stunde der Komödianten* abschließen zu können. Wir hatten zusammen die haitischen Guerillakämpfer aufgesucht, denen die dominikanische Regierung ein ehemaliges Irrenhaus als Unterkunft überlassen hatte.

Die Jahre hatten ihn nicht verändert. Wir tranken Whisky und plauderten, und obwohl auch er mir keine Erklärung für die Hintergründe der Einladung des Generals anbieten konnte, gelang es ihm immerhin, das Ausmaß meiner Unwissenheit etwas zu verringern. Señor V., erzählte er mir, sei ein alter Arias-Anhänger, dem er nicht über den Weg traue. Nachdem die zwei Obersten der Nationalgarde die mehr als fünfzigjährige Herrschaft der Familie Arias beendet hatten, indem sie den Präsidenten in eine Maschine nach Florida setzten, war Señor V. zurückgeblieben und hatte sogar dann noch politisch überlebt, als auch der rechtslastige Oberst Martínez ins „Tal der Gestürzten“ von Miami verfrachtet worden war. Natürlich gab es auch noch andere Überlebende. Torrijos schien kein Freund von drastischen Säuberungsaktionen zu sein. Er war keiner starren Ideologie verhaftet. Es gab zum Beispiel auch einen gewissen Journalisten, der mit äußerster Vorsicht zu genießen war, da er ebenfalls zu den Arias-Anhängern zählte. Diederich gab mir eine detaillierte Beschreibung des Mannes – ein kleiner Dicker mit gekünstelter Jovialität, der oft grundlos auflachte –, so daß ich ihn am nächsten Tag sofort erkannte, als er tatsächlich prompt auftauchte.

Dann wandten wir uns der politischen Lage zu. „Und die Verhandlungen über die Rückgabe der Kanalzone? Was tut sich denn da?"

„Ach, die ziehen sich wie üblich hin. Der General wird langsam ungeduldig. Die Amerikaner in der Kanalzone übrigens auch." Der Anführer der amerikanischen Agitation in der Zone, ein Polizist namens Drummond, hatte vor kurzem behauptet, sein Auto sei von einer Bombe zerstört worden, und er wollte in drei Tagen eine Demonstration gegen jede weitere Verhandlung auf die Beine stellen.

Das Telefon klingelte. Es war einer der beiden Männer, die mich vom Flughafen abgeholt hatten. Er teilte mir mit, der General habe vor, am kommenden Tag ins Landesinnere zu fliegen. Ob ich Lust hätte, ihn zu begleiten? Ich fragte, ob ich meinen Freund Diederich mitbringen dürfe. Offensichtlich kannte er den Namen, und seine Stimme klang zögernd, so als mißtraue er dem *Time*-Korrespondenten. Er werde jedoch nachfragen. Wenige Minuten später rief er zurück. Der General habe geantwortet: „Señor Greene ist unser Gast. Er kann mitbringen, wen er will." Ein Wagen würde uns am nächsten Morgen um zehn Uhr abholen.

3

Am nächsten Tag gab es ein kleines Mißverständnis. Punkt zehn Uhr fuhr ein Wagen beim Hotel vor, und der Fahrer fragte nach Señor Greene. Diederich und ich fuhren mit ihm los. Nach etwa zehn Minuten (ich weiß selbst nicht, warum) kam mir unsere Fahrtroute zweifelhaft vor. Ich hatte mich nicht geirrt. Es war der falsche

Wagen, und ich der falsche Mr. Greene. Wie sich herausstellte, befanden wir uns auf dem Weg zu einer neuen Kupfermine im Landesinneren. Also zurück zum Hotel und in den richtigen Wagen mit dem richtigen Chauffeur – im wahrsten Sinne des Wortes dem richtigen Chauffeur, denn er wurde mein Reiseführer, mein Partner bei philosophischen Gesprächen und mein Freund, der er bis zum heutigen Tag geblieben ist. Professor José Jesús Martínez, in ganz Panama besser bekannt als Chuchu, war Sergeant der Leibwache des Generals. Er war Dichter und Sprachwissenschaftler und sprach außer spanisch auch noch englisch, französisch, italienisch und deutsch. Damals aber war er für uns nur ein unbekannter Sergeant, der uns zu einem Haus in der Vorstadt brachte, wo sich der General, teilweise aus Sicherheitsgründen, lieber aufhielt als bei sich zu Hause. Es gehörte seinem engen Freund Rory González, dem Direktor der Kupfermine, der sich vor vielen Jahren mit dem jungen Nationalgarde-Leutnant Torrijos angefreundet hatte, als dieser im Norden des Landes diente.

Es war ein kleines, unscheinbares Vorstadthaus, das nur dadurch hervorstach, daß mehrere Männer in grüner Tarnuniform am Eingang herumstanden, und daß sich anstelle eines Gartens hinter dem Haus eine kleine betonierte Fläche, schmaler als ein Tennisplatz, befand, auf der ein Hubschrauber landen konnte. Nachdem man uns eingelassen hatte, kamen wir an einem lebensgroßen Porzellanhund vorüber und nahmen Platz, um auf unseren Gastgeber zu warten. In einem Käfig hüpfte lautlos ein Wellensittich auf und ab, der wie eine raffinierte Schweizer Präzisionsuhr die Zeit zu messen schien.

Nach kurzer Zeit erschienen zwei Männer. Beide waren in Morgenmantel und Unterhose, einer barfuß, der andere in Pantoffeln, und ich war mir nicht sicher, welcher von ihnen als General anzusprechen sei. Beide Männer waren über vierzig, doch während der erste eine eher rundliche Statur und ein jugendlich unbekümmertes Gesicht hatte, das er meinem Gefühl nach sein Leben lang behalten würde, war der andere (der Barfüßige) ein schlanker, gutaussehender Mann mit einer in die Stirn fallenden Haarlocke über ausdrucksvollen Augen. Bei diesem ersten Zusammentreffen drückten seine Augen Vorsicht, ja sogar Mißtrauen aus, als hätte er das Gefühl, er könnte eine völlig neue Spezies der Gattung Mensch kennenlernen. Ich nahm an, dies sei der General, was sich als richtig erwies.

Im Lauf der nächsten vier Jahre lernte ich diese Augen gut kennen; manchmal spiegelte sich in ihnen eine fast manische Gemütsart, dann wieder Zuneigung oder ein ganz nach innen gerichtetes, unergründliches Grübeln, aber noch öfter als alle anderen Stimmungen lag in seinem Blick das Bewußtsein eines Verhängnisses. Als mich die Nachricht von seinem Tod bei einem Flugzeugabsturz — ein Unglücksfall? Eine Bombe? — in Frankreich erreichte, wo ich gerade wieder die Koffer für eine Reise nach Panama gepackt hatte, empfand ich deshalb auch keinen Schock, sondern eher ein schon lange erwartetes Gefühl der Trauer über dieses Ende, das mir über die Jahre mehr und mehr als unvermeidlich erschienen war. Es fiel mir ein, daß ich ihn einmal gefragt hatte, wovon er am häufigsten träumte. Ohne Zögern hatte er geantwortet: „*La muerte.*“

Eine Zeitlang führten wir mit Chuchu als Dolmetsch eine sehr förmliche, vorsichtige Unterhaltung, bei der sich aber doch einige Informationen herauskristallisierten: der General war genau wie ich der Sohn eines Schulleiters; mit siebzehn war er von zu Hause weggelaufen und auf eine Militärakademie in El Salvador gegangen. Vielleicht zeichnete er für den Fremden, den er so überstürzt in sein Land eingeladen hatte – weshalb eigentlich, fragte er sich inzwischen wohl selbst schon –, das Selbstporträt eines schlichten, einfachen Mannes der Tat, was von der Wahrheit weit entfernt war. Mit einem Seitenblick auf mich griff er die Intellektuellen an. „Intellektuelle", bemerkte er, „sind wie dünnes Glas, wie Kristallglas, das schon bei einem lauten Geräusch zerbricht. Panama aber besteht aus Fels und Erde."

Ich entlockte ihm das erste Lächeln mit der Bemerkung, er selbst habe sich vor dem Werdegang eines Intellektuellen wahrscheinlich nur bewahrt, indem er rechtzeitig von der Schule weggelaufen sei.

Wir kamen dann auf die Karibik zu sprechen. Anscheinend wußte er, daß ich bereits auf Kuba, Haiti, Martinique, St. Kitts, Grenada, Barbados, Jamaica und in der Dominikanischen Republik gewesen war. Woher, fragte er, rührte dieses Interesse?

In gewissem Sinne sei es erblich bedingt, antwortete ich und erzählte ihm die Geschichte von meinem Großvater und dessen Bruder – wie mein Großvater mit fünfzehn nach St. Kitts geschickt wurde, um seinen Bruder bei der Verwaltung der Zuckerrohrplantage unserer Familie zu unterstützen, und wie dieser wenige Monate nach der Ankunft meines Großvaters im Alter von neunzehn Jahren am Gelbfieber gestorben war, wobei er angeblich dreizehn Kinder hinterließ.

Es war, als hätte ich ein Tor zum Vertrauen des Generals aufgestoßen. Seine ganze Haltung entspannte sich. Jemand mit so einem Großonkel konnte unmöglich ein Intellektueller sein.

Ich erzählte weiter, daß mein Großvater nach seiner Heimkehr nach Bedfordshire die Erinnerungen an St. Kitts niemals hatte loswerden können und schließlich im hohen Alter Frau und Kinder verlassen hatte, um dorthin zurückzukehren und in der Karibik zu sterben. Ich schilderte die beiden nebeneinander liegenden Gräber, die ich einmal aufgesucht hatte, und die Kirche, die einer alten englischen Dorfkirche ähnelte.

Vielleicht dachte der General an meine Erzählung, als er später an diesem Nachmittag zu mir sagte: „Wenn Sie in Panama in ein Dorf kommen, wo das Gras auf dem Friedhof nicht geschnitten ist, dann wissen Sie, es ist ein schlechtes Dorf. Wo man sich um die Toten nicht kümmert, wird man sich auch um die Lebenden nicht kümmern." Wahrscheinlich war das die religiöseste Aussage, die er mir gegenüber jemals gemacht hat, abgesehen vielleicht von einem Traum, den er mir zwei Jahre später erzählte. „Mir träumte, ich sähe meinen Vater auf der anderen Straßenseite. Ich rief ihm zu: ‚Vater, wie ist das, wenn man stirbt?' Darauf begann er, ohne auf den Verkehr zu achten, die Straße zu überqueren, und ich schrie, um ihn zu warnen. Dann bin ich aufgewacht."

Die Atmosphäre hatte sich nun deutlich verändert. Als ich dem General sagte, daß Señor V.'s Chauffeur nicht englisch konnte, ernannte er sofort Chuchu zu meinem Begleiter. „Er wird Sie überall hinfahren, wohin Sie wollen. Señor V. können Sie vergessen." Und so stand in den nächsten vier Jahren jedesmal Chuchu am Flughafen, um mich abzuholen, und wir fuhren tatsächlich überall hin, wohin ich wollte, ob nach Panama, Belize, Nicaragua oder Costa Rica, sei es per Flugzeug, mit dem Hubschrauber oder im Auto.

An diesem Vormittag jedoch bestimmte Torrijos das Ziel. Er wollte ein paar Stunden auf Contadora verbringen, einer kleinen Insel im Perlen-Archipel, wo man später den Schah von Persien unter Chuchus Schutz in einer Art Hausarrest festhalten sollte, bevor er zum Sterben nach Ägypten gebracht wurde. Am Flughafen mußten wir warten, bis das Flugzeug des Generals startklar war, und während dieser Wartezeit wollten zwei kleine Kinder unbedingt mit Torrijos spielen. Ich sollte später noch bemerken, was für eine erstaunliche Anziehungskraft er auf Kinder ausübte. Eigentlich wollten sie mit ihrer Mutter den Linienflug nehmen, aber Torrijos lud sie alle drei in seine Privatmaschine ein, vielleicht weil die Mutter eine hübsche junge Frau war.

In dem Hotel, wo wir zu Mittag essen wollten, verließ uns der General wegen einer Verabredung, wohl mit einer Frau, wie ich — möglicherweise zu unrecht — vermutete. Nach dem Essen machten wir eine Rundfahrt um die Insel, die zu großen Teilen noch aus unberührtem Urwald bestand, und bald darauf stieß Torrijos wieder zu uns. Er kam mir sehr entspannt vor, und ich war ziemlich sicher, in seinem Gesicht „den Ausdruck gestillten Verlangens" zu entdecken. Er hütete sich nun weniger ängstlich vor Intellektuellen. Er zeigte sogar Bewunderung für die Romane von García Márquez und die Gedichte eines romantischen — in Chuchus Augen allerding eher mittelmäßigen — spanischen Lyrikers.

In diesem Augenblick kam eine schöne kolumbianische Touristin auf uns zu, die ihn ansprach und sagte, sie sei Sängerin. Sie hatte auf ihn die gleiche Wirkung wie ein Glas seiner Lieblingswhiskymarke (wie ich bald erfahren sollte, war das Johnny Walker Black Label). Ich war auch gar nicht überrascht, als er mir einige Tage danach erzählte, er habe mit seinem Flugzeug einen Abstecher nach Kolumbien gemacht, um sich am Flughafen von Bogotá mit ihr zu treffen.

Nachdem die Frau wieder gegangen war, kam noch ein Kind auf uns zu, steckte dem General die Visitenkarte seines Vaters in die Tasche und verlangte dafür von ihm auch eine Karte. Der General erfüllte dem Jungen diesen Wunsch, ebenso wie er es einem fetten Reporter (den ich nach Diederichs Beschreibung unschwer als den verdächtigen Überlebenden aus der Arias-Ära identifizierte) erlaubte, sich unserer Tischgesellschaft aufzudrängen. Ich bemerkte die Abneigung auf Chuchus Gesicht, doch der General nahm sich auch weiterhin kein Blatt vor den Mund, so als wäre kein potentieller Spion unter den Anwesenden, und sprach über die Verhandlungen mit den USA.

„Hätten die Franzosen den Kanal gebaut, wie es ursprünglich geplant war", meinte er, „so hätte de Gaulle ihn längst zurückgegeben. Falls Carter die Verhandlungen nicht bald wieder aufnimmt, müssen wir Maßnahmen ergreifen. 1977 ist das Jahr, in dem sowohl unsere Geduld wie auch ihre Ausreden erschöpft sein werden." Er redete, als wären Panama und die Vereinigten Staaten gleich starke Gegner, und in gewissem Sinne glaubte er das auch.

Der General hatte allen Grund zur Ungeduld. Er erinnerte an die Unruhen von 1964, als die Nationalgarde in ihren Kasernen blieb und das Handeln den Studenten überließ. Der junge Offizier Torrijos hatte die Tatenlosigkeit der *guardia* damals als beschämend empfunden. „Zum Glück für uns ist Cyrus Vance Carters Außenminister. Er war gerade in Panama City, als die Unruhen losgegangen sind, und wir mußten ihn heimlich aus seinem Hotel in die Kanalzone schmuggeln, also weiß er zumindest, wie ein Aufstand in Panama aussehen kann. Er hatte eine Riesenangst." Er fügte noch hinzu: „Falls die Studenten je wieder in die Kanalzone eindringen, stehe ich vor der Alternative, sie entweder niederzuschießen oder anzuführen. Und niederschießen werde ich sie nicht." Dann sagte er einen Satz, den er oft und gern wiederholte: „Ich möchte nicht in die Geschichtsbücher kommen, sondern in die Kanalzone.“ Hineingekommen ist er in der Tat, wenn auch nicht zu so günstigen Bedingungen, wie er gehofft hatte, und möglicherweise hat er seinen Erfolg mit dem Leben bezahlt.

Wir Europäer werfen die Generäle Süd- und Mittelamerikas allzu leicht in einen Topf. Torrijos war ein Einzelgänger. Bei seinem diplomatischen Tauziehen mit den USA erhielt er keinerlei Unterstützung von Argentiniens Videla, Chiles Pinochet und Boliviens Banzer — den autoritären Generälen, die sich mit Hilfe der Vereinigten Staaten an der Macht hielten und die es überhaupt nur deshalb gab, weil sie in den Augen der Amerikaner eine Bastion des Antikommunismus darstellten. Torrijos war kein Kommunist, aber ein Freund und Bewunderer Titos, und er pflegte gute persönliche Beziehungen mit Fidel Castro, der ihm regelmäßig beste Havanna-Zigarren schickte, auf deren Bauchbinde sein Name gedruckt stand, und der ihm zur Besonnenheit riet — ein unwillkommener Ratschlag, dem der General nur widerwillig folgte. Torrijos' Land war zu einem Zufluchtsort für Flüchtlinge aus Argentinien, Nicaragua und El Salvador geworden, und er träumte, wie ich in den folgenden Jahren erfahren sollte, von einem sozialdemokratischen Mittelamerika, das keine Bedrohung für die Vereinigten Staaten darstellen, aber vollkommen unabhängig sein sollte. Je mehr er sich jedoch der Erfüllung seines Traumes näherte, desto näher kam er auch dem Tod.

An jenem sonnigen Nachmittag auf Contadora, nach seinem Rendezvous im Hotel, war er glücklich und sprach ganz unbekümmert. Erst später kam es mir manchmal so vor, als könnte ich in seinen Augen die Vorahnung des Todes lesen — eines Todes, der nicht nur das Ende seines Traumes von einem gemäßigten Sozialismus bedeutete, sondern möglicherweise das Ende aller Hoffnungen auf einen einigermaßen haltbaren Frieden in Mittelamerika.

Hier, auf der Insel Contadora schleppten sich die Verhandlungen mit den Vereinigten Staaten nun schon jahrelang dahin. Demnächst sollte wieder einmal eine Delegation zu Gesprächen eintreffen, wie üblich unter der Leitung des alten Elsworth Bunker, des ehemaligen Botschafters in Südvietnam: man würde eine Woche auf dieser herrlichen Urlaubsinsel verbringen, wo die Unterredungen nun schon aus Gewohnheit stattfanden, und dann wieder bis zum nächsten Jahr nach Hause fliegen. Man erwartete sich nicht viel von diesen Gesprächen. Gloria Emerson schreibt in ihrem großartigen Vietnam-Buch über Bunker: „Sieben Jahre lang zielte all sein Tun ausnahmslos darauf ab, die amerikanischen Interessen in Vietnam zu wahren und zu fördern. Er galt — freundlich ausgedrückt — als ein grimmiger, kalter und sturer Mann. Unter den Vietnamesen war er als ‚der Kühlschrank' bekannt."

4

Am nächsten Tag nahmen Diederich und ich den Zug, der Panama City mit Colón an der Atlantikküste verbindet. Der Goldrausch der *forty-niners* in Kalifornien hatte zur Schaffung dieser Eisenbahnlinie beigetragen, die zwischen 1848 und 1855 um den Preis Tausender Menschenleben erbaut wurde.

Die Bahnhöfe an beiden Enden der Strecke lagen in der amerikanischen Zone, und die ganze Anlage hatte etwas

Nostalgisches an sich. Sie schien einer unschuldigen amerikanischen Vergangenheit anzugehören. Die Bahnangestellten trugen Hüte mit breiten Krempen, die aus dem Sezessionskrieg hätten stammen können, und während der gemächlichen Fahrt mit einer Dampflok quer durch die Kanalzone vom Pazifik bis zum Atlantik mit Aussicht auf Seen und Dschungel, kam es uns vor, als reisten wir in die Vergangenheit. Für eine Weile wurden wir in das gemütliche viktorianische Zeitalter zurückversetzt, und als wir den Bahnhof von Cristóbal und dann durch das Überqueren einer Straße auch die Kanalzone verließen, um in Colón wieder die Republik Panama zu betreten, befanden wir uns immer noch im 19. Jahrhundert. Wir spazierten an schönen Holzhäusern mit Balkons entlang, die die Franzosen zu de Lesseps' Zeiten erbaut hatten. Inzwischen waren sie zu Slums verkommen, ohne ihre Schönheit einzubüßen.

Wir waren mit Chuchu im Hotel Washington zum Mittagessen verabredet, weil wir mit dem Auto durch die Kanalzone zurückfahren wollten, wo heute noch ein kurzes Stück der alten Goldstraße zu sehen ist. Diederich brauchte neues Filmmaterial, also betraten wir einen Fotoladen und fragten dort nach dem Weg zum Hotel. „Einfach geradeaus bis an das Ende dieser Straße“, erklärte man uns.

Es war eine sehr lange und sehr leere Straße. Nur gelegentlich war eine herumlungernde Gestalt an einer Straßenecke zu sehen, und wir hatten etwa hundert Meter zurückgelegt, als wir eine Gruppe panamaischer Polizisten sahen, die neben ihrem Fahrzeug standen. Einer von ihnen herrschte uns an: „Wohin wollen Sie?“

Ich hätte in ebenso rüdem Ton geantwortet, doch zum Glück sprach Diederich zuerst. „Zum Hotel Washington.“

„Steigen Sie ein.“

Ein Polizist setzte sich neben uns. Ich hatte den Eindruck, man habe uns verhaftet — aber warum nur? Wir fuhren die lange Straße entlang.

„Wohin fahren wir?“ wollte ich wissen.

„Zum Hotel Washington, natürlich.“

Erst jetzt gab der Polizist eine Erklärung: „Sie sollten Ihre Kamera nicht so offen herumtragen“, sagte er zu Diederich. „Das hier ist eine Straße, wo viel gestohlen wird. Die Leute sind mit Messern bewaffnet und warten nur auf Touristen mit Fotoapparaten. Sie wären nicht unbehelligt bis zum Hotel gekommen.“

„Warum hat man uns dann in dem Fotoladen, wo wir die Filme gekauft haben, nicht gewarnt?“

„Oh, die haben wohl gehofft, sie könnten Ihre Kamera den Dieben nachher billig abkaufen. Diese Woche mußten wir bereits mehrere erschießen.“

Ich hatte das Gefühl, ähnlich wie Außenminister Vance, einiges über Panama dazu zu lernen, obwohl ich durch den besten und aufrichtigsten aller Reiseführer, das *South American Handbook* schon vorgewarnt worden war: „Raubüberfälle, auch am hellichten Tag, stellen sowohl in Colón als auch in Cristóbal eine ernste Gefahr dar.“

Das Hotel Washington steht auf einer Anhöhe über dem atlantischen Ozean und entspricht dem klassischen Schönheitsideal seiner Zeit — es wurde 1913 erbaut, in dem Jahr, als der amerikanische Kanal fertiggestellt, wenn auch noch nicht eröffnet war. Ich empfand es zwar als etwas beschämend, in einem Polizeiwagen anzukommen, doch dieses Gefühl verging bald mit Hilfe eines ausgezeichneten „Planter’s Punsh“, denn wir befanden uns nun an der Karibikküste von Panama und in Begleitung von Chuchu.

Beim Essen erfuhren wir ein wenig mehr über Chuchus Vergangenheit. Nach dem Staatsstreich von 1968 hatte er befürchtet, als Marxismus-Professor doch etwas gefährdet zu sein, und war daher nach Frankreich gegangen, wo er an der Sorbonne zum Doktor der Mathematik promoviert worden war. Als ihn die Nachricht erreichte, daß auch der faschistische Mitstreiter von Torrijos nach Miami verfrachtet worden war, kehrte er nach Panama zurück. Als Marxismus-Professor wurde er zwar nicht mehr angestellt, bekam aber dafür eine Stelle als Professor für Mathematik. Bei einer späteren Gelegenheit zeigte er mir ein von ihm verfaßtes Buch mit dem Titel *Die Theorie insiniter Größen.*

„Was in aller Welt sind insinite Größen?" fragte ich.

„Tja, weißt du, das war so: Mir fehlte damals ein Vorderzahn und bei meinen Vorlesungen ist mir aufgefallen, daß ich andauernd ‚insinit' sagte."

Aber wie, wollte ich wissen, sei er eigentlich Sergeant der Leibwache des Generals geworden?

Die Erinnerung daran verlieh seinen kantigen Maya-Gesichtszügen etwas Verschmitztes. Er hatte uns mit offensichtlichem Vergnügen erzählt, er sei zur Hälfte ein Maya-Indio, zu dreißig Prozent Spanier, zu zehn Prozent Neger, und was die restlichen zehn Prozent anlange, eine undefinierbare Mischung. Er habe sich, erzählte er, für Fotografie interessiert und wollte nur für einen Abend das Camp der „Wildschweine" besuchen, einer von Torrijos für den Guerillakampf im Dschungel und im Gebirge aufgestellten Sondereinheit, um ein paar Aufnahmen dort zu machen. Um fünf Uhr früh hatte ihn das Getrampel des Ausbildungstrupps geweckt, einiger tausend junger Männer, die ein trotziges Lied gegen die Vereinigten Staaten sangen. Den Text hatte nicht ein einzelner verfaßt, sondern jede Einheit improvisierte ein paar Zeilen dazu, die zum Marschrythmus der Melodie paßten, und etwa folgendermaßen lauteten:

Ich erinnere mich an den Tag, es war der 9. Januar, als sie mein Volk abschlachteten, Schüler und Studenten, die nur mit Steinen und Stöcken bewaffnet waren, doch jetzt bin ich ein Mann und trage ein Gewehr. Gib nur den Befehl, mein General, dann besetzen wir die Zone und stoßen sie alle ins Meer, den Haifischen zum Fraß *mucho Yanquí, mucho Yanquí...*

Los botarón
De Vietnam
Los tenemos
Ahora en Cuba
Dalés Cuba
Dalés duro
Panamá
Dalés duro
Venezuela
Dalés duro
Puerto Rico
Dalés duro

Er hatte das Lied auf einer Kassette aufgenommen, die er uns jetzt vorspielte. Damals war er so aufgewühlt von dem Gesang gewesen, daß er zum Kommandanten der Truppe ging und ihn fragte, ob er sich den „Wildschweinen" anschließen könne. Der Offizier meinte, er sei zu alt für die Strapazen der Ausbildung, aber zufällig besuchte an diesem Morgen der General selbst das Lager, das in der Nähe seines Hauses bei Farallón am Pazifik lag, und der Offizier erzählte ihm, es sei ein kurioser Professor da, der unbedingt zu seiner Truppe wollte.

Der General sprach mit Chuchu, allerdings in sehr unfreundlichem Ton und befahl dann dem Offizier: „Laßt es den alten Narren versuchen!“

Also versuchte er es und überstand tatsächlich die anstrengende Ausbildung. Sie wollten ihn zum Offizier machen, doch das lehnte er ab — woraufhin der General ihn zum Sergeant in seiner Leibgarde ernannte, mit Dienstzeit während der Semesterferien. Mir sollte bald bewußt werden, welch grenzenloses Vertrauen der General ihm entgegenbrachte, ein weit größeres Vertrauen als seinem eigenen Stabschef Colonel Flores. Der General hatte für Literatur viel übrig, und so war es ein Pluspunkt für Chuchu, daß dieser nicht nur Professor und Mathematiker, sondern auch Dichter war. Chuchu hatte sogar Zugang zu Torrijos' Bankkonto, so daß er immer wieder, ohne den General offiziell einzubeziehen, viele Flüchtlinge aus Somozas Nicaragua, Videlas Argentinien oder Pinochets Chile finanziell unterstützen konnte.

Chuchu blieb auch weiterhin Marxist, doch seine Treue galt immer zu allererst Torrijos, obwohl dessen Glaube an die Sozialdemokratie Chuchu wie lauwarmes Bier erscheinen mußte. Als wir während dieses Jahres einmal zu dritt beisammen saßen und wieder das leidige Thema des Kanalvertrags angeschnitten wurde, platzte Chuchu heraus: „Ich will die Konfrontation, und nicht den Vertrag!“ Dann warf er einen nervösen Seitenblick auf den General, der sich in seiner Hängematte ausruhte, so als wäre ihm auf einmal eingefallen, daß er nur die Streifen eines Sergeanten auf der Uniform trug. Doch der General erwiderte ihm ruhig: „Ich teile deine Meinung“, denn Torrijos' Sozialdemokratie war nie eine lauwarme Angelegenheit. Sie war ein Traum, selbstverständlich; wenn man so will, ein romantischer Traum.

5

Es gibt ein Charisma, das sich aus der Hoffnung nährt, aus der Hoffnung auf den Sieg gegen alle Wahrscheinlichkeit — Castro und Churchill sind gute Beispiele dafür. Torrijos besaß ein vollkommen anders geartetes Charisma, dessen er sich überhaupt nicht bewußt war — das Charisma des fast Verzweifelnden. Erst achtundvierzig zu sein und schon zu spüren, daß einem die Zeit davonläuft — und man sie nicht mit Taten, sondern mit besonnenem Abwarten zubringen muß; eine neue Regierungsform einzuführen; sich langsam auf die Sozialdemokratie zuzubewegen, auf Wegen, die unendliche Geduld erfordern (dabei hatte er auf Reisen nicht einmal die Geduld zu warten, bis er ein Kanu oder eine Brücke fand — lieber sprang er in den Fluß und schwamm hinüber); Tag für Tag mit dem Problem der Kanalzone leben zu müssen und als Soldat von der einfachen Lösung einer militärischen Konfrontation zu träumen, tatsächlich jedoch mit jener quälenden, nicht enden wollenden Besonnenheit vorzugehen, zu der ihm Fidel Castro geraten hatte... das war wirklich keine leichte Aufgabe. Er sagte mir einmal: „Und ich dachte immer, wenn ich erst die Macht hätte, dann wäre ich frei."

Würde ihm, so fragte ich mich oft im Laufe dieser vier Jahre, genug Zeit bleiben, um seine Sozialdemokratie zu errichten? In England sind wir heute — eher als je zuvor, glaube ich — dazu bereit, auch andere Formen der Demokratie, sogar mit einem militärischen Staatsoberhaupt anzuerkennen, auch wenn sie sich vom parlamentarischen System Englands unterscheiden, das nun schon seit etwa zweihundert Jahren aufgrund der besonderen historischen Bedingungen dieser Zeit zufriedenstellend funktioniert. Panama jedoch hatte bereits eine ganz andere Form der Demokratie entwickelt.

In der Nationalversammlung der panamaischen Republik saßen fünfhundertundfünf Abgeordnete, die in den einzelnen Regionen gewählt wurden. Um zur Wahl nominiert zu werden, benötigte ein Kandidat mindestens fünfundzwanzig schriftliche Unterstützungserklärungen. Diese gewählten Abgeordneten trafen nur einen Monat jährlich in der Hauptstadt zusammen, um über regionale Probleme zu berichten und über Gesetze abzustimmen. Den Rest des Jahres mußten sie mit ihren Wählern und deren Problemen zusammenleben (Also nicht bloß kurze „Wochenendausflüge" wie in England. Ich hatte den Eindruck, bei diesem System müßten die Abgeordneten wesentlich häufiger wechseln als bei uns.) Ein aus etwa fünfzehn Mitgliedern bestehender Legislativrat bereiste während des Jahres alle Regionen und diskutierte mit den Abgeordneten jene Gesetzesentwürfe, die dann zur Abstimmung ins Parlament kamen. Die Abgeordneten konnten beliebigen politischen Richtungen angehören, doch hatte jeder von ihnen seine Region, nicht seine Partei zu vertreten.

Die Minister ernannte der Staatschef — Torrijos grinste, als ich sagte, daß man sich seine Feinde, nicht aber seine Freunde aussuchen könne, denn in sein Kabinett hatte er aus taktischen Gründen auch mehrere Reaktionäre berufen. Ebenso wie die Mitglieder des Legislativrats war auch der General selbst unablässig auf Reisen, wobei er die zuständigen Minister mitnahm, die dem Volk Rede und Antwort stehen mußten. In einem so kleinen Land wie Panama mochte dieses System auch recht gut funktionieren. Es hatte mehr Ähnlichkeit mit der Demokratie der Athener Agora als mit der des englischen Unterhauses, und dies machte es keineswegs schlechter. Vielleicht war es sogar ein Schritt weg von der wahren Demokratie, als der General nach der Unterzeichnung des Kanalvertrags zur Beruhigung der USA seine eigene Partei gründete, um einen Parlamentswahlkampf alten Stils zu führen, in dem es auch wieder die veralteten Etiketten gab: Konservative, Liberale, Sozialisten, Kommunisten.

Nach unserer Rückkehr aus Colón nahm ich in El Chorillo, einem der ärmsten Bezirke von Panama City, an einem typischen Zusammentreffen zwischen der Wählerschaft und ihren Abgeordneten teil. Der Abgeordnete von El Chorillo hielt eine übermäßig lange Rede, und die Klagen der Einwohner reichten bis zu den banalsten Kleinigkeiten, wie etwa der Nachlässigkeit des Angestellten, dem die Verwaltung der städtischen Schwimmbäder oblag. Daran, wie der General seine Zigarre zwischen den Lippen drehte — eine der guten Havannas, mit denen Castro ihn versorgte —, war deutlich zu erkennen, wie sehr er sich langweilte. Ich stellte mir vor, wie viele Veranstaltungen dieser Art er auf seinen Reisen durch das Land schon hatte über sich ergehen lassen müssen. An den Wänden hingen Propagandaplakate — „Omar hat ein Ideal: die vollständige Befreiung. Es gibt noch keine Raketen, mit denen man Ideale abschießen kann.“ „Das Land mit einer fünften Grenze.“ „El Chorillo — die Avenue der Märtyrer.“ (Mir fiel ein, daß in El Chorillo, das direkt an die Kanalzone angrenzt, 1964 achtzehn Schüler ums Leben gekommen waren.)

Jeder in dem überfüllten Saal war froh, als der Abgeordnete das Podium verließ. Nun kam Leben in die Versammlung. Ein farbiges Mädchen, das eine alte, schweigsame Frau hinter sich herzog, kreischte wie eine besessene Voodoo-Tänzerin und fuchtelte wild mit den Armen; die alte Frau, erzählte sie uns, sei sechsundsiebzig Jahre alt, arbeite immer noch als Beamtin und erhalte keine Rente. Die wichtigsten Punkte in den Reden der Beschwerdeführer wurden nun von Trommelschlägen ihrer Anhänger unterstrichen, wodurch die ganze Szene noch mehr an eine Voodoo-Zeremonie auf Haiti erinnerte. Mit viel Würde und Selbstvertrauen sprach ein schwarzer Redner: „Wir haben den moralischen Anspruch derer, die für geringen Lohn arbeiten." Immer wieder wurde die Kanalzone in den Ansprachen erwähnt — „Wir warten nur darauf, sie zu stürmen, wir halten zu dir, du brauchst uns nur den Befehl zu geben", und alle Trommeln dröhnten. Der General drehte seine Zigarre nicht mehr zwischen den Lippen.

Ein wesentlicher Mißstand wurde zur Sprache gebracht: Mehrere Apartment-Hochhäuser waren in der Gegend gebaut worden, und es kam zu dem unvermeidlichen Vandalismus an Fahrstühlen und Fenstern, wie wir es auch aus England und Frankreich kennen. Hochhäuser sind für die Reichen bestimmt, die es sich leisten können, von dort ins Theater, in Restaurants oder auf Parties zu flüchten, nicht aber für die armen Leute, die dazu verdammt sind, dort in der Isolation zu leben. Darüber hinaus waren die Mieten dieser Wohnungen für deren Bewohner zu hoch, so daß sie Schulden machen mußten. Der General bat seinen Wohnbauminister um eine Entgegnung, und dieser gab dabei eine äußerst schlechte Figur ab. Der General wollte Genaueres über die Angelegenheit erfahren. Ein junges Mädchen hielt eine wütende Rede, eine Frau bekam einen hysterischen Anfall, die Trommeln wurden geschlagen.

Als nächstes kamen Beschwerden über die gesundheitliche Versorgung — der Gesundheitsminister verteidigte empört seine Ärzte. Er hinterließ einen besseren Eindruck als der Wohnbauminister. Ein junger Beamter verlangte mehr Sicherheit auf den Straßen. Stunden vergingen.

Schließlich ergriff der General das Wort, aber nicht vom Podium aus. Er balancierte am äußersten Rand der Tribüne, in der Hand ein Glas Wasser, dicht unter ihm ein Meer von Gesichtern; für seine Sicherheit wurde hier kaum gesorgt. Auf der Tribüne saß regungslos ein Offizier der Nationalgarde und kaute Kaugummi wie ein amerikanischer Oberleutnant.

Der wenig vertrauenswürdige Journalist, der sich auf Contadora zu uns gesellt hatte, bahnte sich mit den Ellenbogen einen Weg zu mir, und ich fragte ihn: „Wer ist denn dieser Offizier dort?“

„Das ist Oberst Flores, der Stabschef. Ein sehr loyaler Mann, genau wie sein Vater, der auch sehr loyal war.“ Wem galt wohl diese Loyalität, fragte ich mich. Präsident Arias?

Es war die erste Versammlung im Armenviertel El Chorillo, an der Torrijos teilnahm, und El Chorillo sollte zu Wort kommen. Die Gesichter erschienen wohl manchmal wild, fanatisch und zornig, nie aber unfreundlich. „Wir kennen Sie hier alle sehr gut, General. Wir sehen Sie ja jede Woche vorbeifahren, wenn Sie ihr Lotterielos kaufen.“ Allgemeines Gelächter, und auch die Trommeln lachten.

Später streute jemand, der an der Versammlung teilgenommen hatte und genau wußte, daß es eine Lüge war, das Gerücht aus, der General habe sich mit Wodka betrunken (dabei trank er niemals Wodka) und sei von der Tribüne gestürzt. Seine Feinde kann man sich selbst aussuchen...

Am Abend aß ich mit Chuchu und einem seiner Schützlinge, einer Argentinierin, die vor dem Videla-Regime nach Panama geflohen war. Wir saßen am Ufer des Pazifik unter dem Sternenhimmel, aßen eher schlecht (gutes Essen bekam man in Panama selten) und tranken dazu eine Flasche chilenischen Wein. „Es muß einer aus der Zeit vor Pinochet sein, ein Allende-Jahrgang!" wies Chuchu den Kellner an, und ich fühlte mich wohl und wie zu Hause, wenn auch der Gedanke an die Kürze meines Aufenthaltes dieses Wohlbefinden ein wenig trübte. Ich ahnte noch nicht, daß ich wieder und immer wieder zurückkommen würde...

Am nächsten Tag nahm ich an einer Versammlung ganz anderer Art teil, einer Kundgebung in der Kanalzone.

Die langwierigen Verhandlungen, die Torrijos' Geduld so sehr auf die Probe stellten, erwiesen sich als immer noch nicht langwierig genug für die Bewohner der Kanalzone. Ihnen erschienen schon die Verhandlungen an sich wie ein Verrat.

Panama ist nicht identisch mit dem Kanal, und die Zone war Welten entfernt von Panama. Den Unterschied bemerkte man beim Betreten der Zone sofort an den ordentlichen, phantasielos gebauten Häusern und den gestutzten Rasenflächen. Es schien unzählige Golfplätze zu geben, und man hatte den Eindruck, als sei der Dschungel von einem Bataillon Rasenmäher zurückgedrängt worden.

Und der Wind wird erzählen: hier lebten anständige,
gottlose Menschen:
Ihr einziges Denkmal die Asphaltstraße
und tausend verlorene Golfbälle.

Allerdings nicht ganz gottlos. Im Telefonbuch der Kanalzone zählte ich mehr als fünfzig Kirchen — darunter einige Gotteshäuser christlicher Sekten, von denen ich noch nie gehört hatte. Vielleicht vervielfacht sich die Zahl der Sekten, je mehr der Glaube schwindet. Außerdem fand ich im Telefonbuch sehr beruhigende Verhaltensmaßregeln für den Fall eines Atomschlags ohne Vorwarnung:

> Der erste Hinweis auf einen Angriff ist wahrscheinlich der Lichtblitz einer nuklearen Explosion. Falls Sie sich unter freiem Himmel befinden, suchen Sie unverzüglich Deckung im nächstbesten Gebäude, im Straßengraben oder hinter einer Mauer oder Böschung, notfalls auch unter einem Kraftfahrzeug. Wenn Sie nämlich innerhalb weniger Sekunden in Deckung gehen, können Sie schwere Verbrennungen oder Verletzungen durch Hitze- oder Druckwellen vermeiden.
>
> Falls Sie nicht rechtzeitig einen Unterschlupf finden, legen Sie sich auf die Seite, rollen Sie sich zusammen und schützen Sie den Kopf mit Armen und Händen. Blicken Sie niemals direkt in den Lichtblitz oder Feuerball.
>
> Sollten Sie sich in einem Gebäude befinden, begeben Sie sich in dessen sichersten Teil (normalerweise die Mittelräume des Erdgeschosses, die durch Innenwände geschützt sind) und legen Sie sich flach auf den Boden.
>
> Sobald der Hitzesturm vorüber ist, suchen Sie einen speziellen Schutzraum auf, um sich gegen den nachfolgenden radioaktiven Fallout zu schützen.

Von dem gleichen sonderbaren Mangel an Realitätssinn war auch die Kundgebung in der Kanalzone geprägt.

Sie fand in einem weitläufigen Stadion statt, nur wenige hundert Meter von dem Versammlungssaal in El Chorillo entfernt, wo die Trommeln gedröhnt hatten. Als

Starredner sollte der amerikanische Polizeibeamte Mr. Drummond auftreten. Er hatte aus verfassungsrechtlichen Gründen Anklage gegen Präsident Gerald Ford und Henry Kissinger erhoben, weil sie ohne vorherige Zustimmung des Kongresses über einen neuen Kanalvertrag verhandelten. Wie er behauptete, war sein Wagen bald danach unter mysteriösen Umständen durch eine Bombe zerstört worden. Aufgrund dieser Berichte hatte ich ihn mir als äußerst gefährlichen Mann vorgestellt, dessen Leben ernstlich bedroht war, doch diese Vorstellung sollte sich bei der Kundgebung als falsch erweisen. Drummonds Beine, die in engen braunen Hosen steckten, waren die dünnsten, die ich je bei einem Mann gesehen habe. Als er sich erhob, um seine — nicht gerade mitreißende — Rede vor dem ziemlich kleinen, aber hochrespektablen Publikum zu halten, schien sich das eine Bein an das andere zu lehnen, wie um sich abzustützen, oder vielleicht in der Absicht, Töne zu erzeugen wie eine Grille.

Im Lichtkreis der Bogenlampen stand er einsam in der Mitte des Stadions, umringt von einer kleinen Gruppe von Männern und Frauen, die wie ein Komittee zur Organisation einer Weihnachtsfeier wirkten. Sie ergriffen der Reihe nach das Wort, um *ihre* Parolen gegen die in El Chorillo geäußerten vorzubringen, doch ohne unterstützenden Trommelwirbel schienen ihre Stimmen in der Nachtluft zu verhallen, noch ehe sie die dürftige Zuhörerschaft erreichten. Nur eine alte Dame mit blaugefärbtem Haar, die wie die Tante aus dem Bilderbuch aussah, brachte es fertig, ihren Sätzen ein wenig Nachdruck zu verleihen: „Gott und Vaterland..." „...das Achte Weltwunder..." „Wir haben unsere Heimat verlassen und unsere gewohnten Lebensformen aufgegeben..." „...keine Lust, unter einer autoritären Regierung zu leben..." „Der Kanal kann ohne eine amerikanische Zone und amerikanische Rechtssprechung nicht betrieben werden..." „Die Kanalzone muß in die Vereinigten Staaten integriert werden wie die Jungferninseln..." Das Publikum spendete gelegentlich, aber eher selten, Beifall, und zwar meist dann, wenn einer der Redner ein Mitglied seiner eigenen Regierung angriff. Dabei wurden Vornamen als Schimpfwörter verwendet, als ginge es um die schwarzen Schafe, die Verrat an der Familie begangen hatten. „Gerry" war ein Verräter, „Henry" war ein Verräter. „1975 wurde ein Geheimabkommen zwischen Henry und Torrijos vereinbart." Für das Außenministerium fiel ihnen kein Ausdruck ein, der schimpflich genug war, möglicherweise weil es keinen Vornamen hatte.

Die Protestierenden nahmen sich in dieser heißen, feuchten Nacht in dem riesigen Stadion sehr einsam und verloren aus, und man verspürte ein wenig Mitleid für sie. Es war nahezu sicher, daß Gott und Vaterland sie im Stich lassen würden, genau wie Gerry und Henry es getan hatten. Eine junge Frau bat das Publikum, den Kongreßabgeordneten Briefe und „Ausschnitte" zu senden. „Ich kann Ihnen auch ihre Telefonnummern geben." Sie war nicht so beeindruckend wie der Schwarze in El Chorillo. Für Geldspenden zur Unterstützung von Mr. Drummonds Prozeß gegen Henry und Gerry standen Eimer herum, und die Zuhörer wurden aufgefordert, in die Arena zu kommen, um dort eine Petition zu unterschreiben, aber diesem Aufruf folgten nur wenige.

Auch diese Menschen betrachteten 1977 als ein entscheidendes Jahr, doch in ihren Augen bedeutete Konfrontation nicht mehr, als daß einfach Verstärkungstruppen aus Fort Bragg in North Carolina eingeflogen werden mußten, um den zehntausend Soldaten, die sich schon in der Kanalzone befanden, den Rücken zu stärken. Der glimpfliche Verlauf einiger Unruhen im vergangenen Oktober, die möglicherweise provoziert worden waren, um Henry und Gerry zu beweisen, daß Panama unregierbar war, hatte sie ermutigt. Sie wußten nicht, daß der General von einem CIA-Agenten, der ausgepackt hatte, schon zwei Wochen im voraus über die geplanten Aktionen informiert worden war. Aufgrund dieser Information wurden vierzig Studenten am Stichtag in einem Gefängnis festgehalten, wo ihnen der General einen Vortrag über die eigentlichen Hintergründe politischer und ökonomischer Probleme hielt. Am Abend ließ man sie wieder frei.

6

Am nächsten Morgen flog mein Freund Diederich zurück nach Mexiko, und ich begann mit Chuchu eine Reise durch das Landesinnere von Panama zu planen. Ich hatte den Verdacht, daß unser Vorhaben Senor V. zu Ohren kommen könnte. Als ich den General im Haus von Rory González besuchte (Torrijos wollte meine Eindrücke von der Versammlung in El Chorillo hören, und ich teilte sie ihm ebenso freimütig mit, wie ich sie hier niedergeschrieben habe — nicht einmal meine Zweifel bezüglich seines Stabschefs verschwieg ich), wurde unsere Unterhaltung durch einen Anruf von Señor V. unterbrochen. Er verlangte meine Reiseroute zu erfahren. Ich antwortete ausweichend. Meine Pläne könnten sich stündlich ändern, sagte ich, ich wolle mich vom Wind treiben lassen. Er bestand darauf, sich zum Abendessen mit mir zu treffen, um ein Reiseprogramm für mich zu erstellen.

Ein solches Programm sei unbedingt nötig. Natürlich würde er mir seinen Wagen zur Verfügung stellen...

„Ich habe schon Chuchus Wagen."

„Aber der ist doch neulich in die Luft geflogen!"

Das stimmte — Chuchu hatte mir erzählt, daß der Wagen vor seinem Haus explodiert war, als sein Sohn den Motor anließ, wobei zum Glück nur das Auto Schaden genommen hatte.

„Der General hat ihm eines von seinen Autos geliehen."

Es kam mir auf dieser Reihe mehrfach der Gedanke, daß der Wagen des Generals ein noch verlockenderes Ziel für einen Anschlag darstellen könnte.

Ich erklärte dem General die Sachlage. Ich sagte ihm, wie wenig Lust ich hätte, mit Senor V. ein Reiseprogramm zu machen. Torrijos war bester Laune (vielleicht weil ihn am folgenden Tag die Verabredung am Flughafen von Bogotá erwartete) und pflichtete mir sofort bei, daß Reiseprogramme etwas Fürchterliches seien. Ich solle einfach mit Chuchu losfahren, wohin ich wollte, und mich nicht um Señor V. kümmern. „Wenn er Ihnen etwas vorschlägt", sagte er, „dann tun Sie am besten das Gegenteil."

Mittags gingen Chuchu und ich ins „Marisco". Der Besitzer, ein Baske, war mit Chuchu befreundet und auch ein Flüchtling — ein Flüchtlingsveteran aus der Franco-Ära diesmal. Die schwüle Hitze hatte mich durstig gemacht, und ich sehnte mich nach einem Rum-Punsch, aber der Baske wußte nicht einmal, was ein Rum-Punsch ist, und sein Barkeeper erklärte mir, er könne mir keinen mixen, weil ihm die Milch dazu fehle. Milch?

Als wir später durch die Straßen der Altstadt fuhren, hielt Chuchu plötzlich an, um mit einem Schwarzen auf dem Bürgersteig zu sprechen. „Er war einer meiner Studenten", sagte er, „als ich noch Vorlesungen über Marxismus gehalten habe." Vielleicht um zu beweisen, was für ein guter Lehrer er gewesen war, fragte er den Mann: „Wer war Aristoteles?"

„Der erste venezolanische Philosoph", antwortete der Schwarze ohne zu zögern. Danach saß Chuchu längere Zeit in nachdenkliches Schweigen versunken hinter dem Lenkrad.

Am Abend ging ich dann mit Señor V. zu „Sarti's" — einem für panamaische Maßstäbe sehr eleganten Restaurant —, doch war mir die ganze Situation eher unangenehm, und sie wurde noch verschärft durch des Barkeepers antialkoholische Vorstellungen von der Beschaffenheit eines Rum-Punsches.

Ich bekannte, daß ich mit Chuchu nach David zu fahren plante, der zweitgrößten Stadt an der Pazifik-Seite des Landes. „Ich werde in David zu Ihnen stoßen", sagte Señor V.

„Es kann aber auch sein, daß wir statt dessen nach Taboga fahren", fügte ich hastig hinzu. „Das steht noch nicht fest."

Taboga ist eine kleine Insel im Pazifik, die für Autos gesperrt ist — mir erschien sie ein idealer Platz zum Arbeiten.

„Dann werde ich Sie eben dort treffen", sagte Señor V. Außerdem bat er mich, ihm jedesmal vorher Bescheid zu geben, wenn ich eine Verabredung mit dem General hätte. Er wäre gerne dabei, sagte er, um zu beobachten, wie sich die persönliche Beziehung zwischen uns entwickelte. Dann teilte er mir mit, daß er vorhabe, einige Fotos, die man auf Contadora von Torrijos und mir gemacht hatte, an die Presse weiterzugeben, aber in diesem Punkt blieb ich hart. „Das können Sie nicht machen.

Der General hat angeordnet, daß diese Bilder erst veröffentlicht werden dürfen, wenn ich wieder abgereist bin.“

„Wenn Sie nach David fahren“, meinte Señor V., „müssen Sie Chuchu sagen, daß er sich bei jedem Posten auf der Strecke melden soll. Ich möchte immer darüber informiert sein, wo Sie sind.“

7

Vieles von dem, was ich während der nächsten vier Jahre in Panama erlebte, kam so unerwartet wie die Geschehnisse in einem Traum. Die Republik war ein unbekanntes Land für mich, meine Fahrten Entdeckungsreisen, und die erste Entdeckung sollte das Spukhaus sein. Wir hatten die *Bridge of the Americas* überquert, von der aus man die lange Schlange von Schiffen sah, die darauf warteten, in den Kanal eingelassen zu werden, um zum Atlantik weiterzufahren. Wir hatten die amerikanische Zone durchquert und wieder panamaisches Territorium erreicht. Es gab keine Grenzpfähle, an denen man den Übergang hätte erkennen können, doch das Spukhaus befand sich unzweifelhaft in Panama. Nichts konnte weniger amerikanisch sein als die Bar nebenan, mit dem aufgemalten Kabbalazeichen über dem Eingang und der spanischen Aufschrift, die in der Übersetzung „Die Verhexte“ bedeutete. Der Mann hinter der Theke erzählte uns, das Nebenhaus sei schon seit vierzig Jahren unbewohnt. Der Besitzer des Hauses und der Bar sei ein alter Mann, der in Panama City lebe. Er wolle das Haus weder verkaufen noch vermieten. Ja, das stimmte, gab der Barkeeper zu, abergläubische Leute glaubten, daß es darin spuke.

„Ein Gespenst?"

„Eine schreiende Frau."

„Dürfen wir uns mal in dem Haus umsehen?"

Da gebe es nichts zu sehen, versicherte uns der Barkeeper. Es sei gänzlich leer, und außerdem müßten wir auf jeden Fall die Erlaubnis des Besitzers einholen.

Wann wir ihn denn sehen könnten?

Wenn wir an einem Sonntag wieder in die Bar kämen, würden wir ihn bestimmt antreffen. Sonntags sei er immer da.

„Richten Sie ihm aus, daß wir nächsten Sonntag wiederkommen!" sagte Chuchu mit der Autorität seiner Sergeantenstreifen.

Wir verließen die Bar und sahen uns das Haus näher an. Es war ein häßlicher eckiger Kasten, dessen einziger Reiz in seiner Rätselhaftigkeit und Unzugänglichkeit lag. Die ohnehin schweren Türen waren zusätzlich mit stählerne Rolläden gesichert, und die Fenster waren nicht nur vergittert sondern auch mit festen Jalousien verschlossen. Nur eine Tür hatte ein kleines Loch in der Größe einer Münze, durch das wir hineinsehen konnten. Auf keinen Fall war das Haus „gänzlich leer", denn in der Dunkelheit erkannte ich verschwommen zwei Wandgemälde und einen Schrank. Für mich roch das Haus nach einem einst dort begangenen Verbrechen. Der Schrei einer Frau? „Wir müssen unbedingt hinein", sagte ich zu Chuchu.

„Auf dem Rückweg", erwiderte er, aber es sollte noch ein ganzes Jahr vergehen, bis ich meinen Willen endlich durchsetzte. Es erwies sich als wesentlich einfacher, nähere Bekanntschaft mit dem General zu machen als mit dem Inneren des Spukhauses.

Wir fuhren weiter in Richtung Santiago mit der Absicht, unterwegs eine Weile in einer kleinen Stadt namens Antón haltzumachen, wo es, wie Chuchu behauptete, ein wundertätiges Christusbild gab. Nicht daß Chuchu an den Gott der Christen glaubte — dafür war er ein zu guter Marxist —, doch an den Teufel glaubte er sehr wohl. „Ist dir denn noch nie aufgefallen", meinte er, „daß man beim Aufmachen einer Schwingtür zuerst immer den falschen Flügel erwischt? Das ist der Teufel." Er war stolz auf das Maya-Blut in seinen Adern, und halb und halb glaubte er auch an die Götter der Mayas. Er erzählte mir, er habe einmal in einem Museum mit der Statue eines Maya-Götzen kommuniziert und sei ganz sicher, daß sie ihn verstanden habe. Es gehe dabei lediglich darum, den richtigen Ton zu treffen. Während der Fahrt gab er mir eine Kostprobe dieses Tones, der mich verblüffte. Es klang eher wie ein Kreischen als wie ein Gebet. In seinem Haus stand ein kleiner Maya-Götze, den er mir unbedingt schenken wollte, damit ich immer die Aura der Mayas in meinem Haus hätte.

Mir war es viel lieber, wenn er Rilke auf deutsch rezitierte, oder einen der spanischen Dichter, die er bewunderte, was ich mit ein paar Zeilen von Thomas Hardy oder mit Baudelaires *Invitation au voyage* zu erwidern versuchte; trotz meines Akzents hörte er lieber französische als englische Gedichte. Englisch sei keine poetische Sprache, meinte er, und Shakespeare reiche an Calderón nicht heran. Dennoch hatte er für Newbolts *Drake's Drum* etwas übrig. „*Slung atween the round shot at Nombre Dios Bay...*"

Er versprach, mich nach Nombre de Dios zu bringen. Auf der Straße konnte man dorthin nicht gelangen — es gab keine; wir müßten uns ein Militärflugzeug besorgen — nein, das würde nirgendwo landen können — also dann einen Hubschrauber. Der General würde uns sicherlich einen leihen.

Später auf dieser Fahrt fiel mir ein Gedicht ein, das Chuchu wirklich ansprach, und überdies zu den wenigen gehörte, die ich auswendig wußte: *An Irish Airman Foresees His Death* von William Butler Yeats. Chuchu besaß ein kleines, gebrauchtes Flugzeug, das zur Zeit gerade in Reparatur war, und das Gedicht enthielt einige Verse, die er mich öfter als einmal zu wiederholen bat:

Ich weiß, ich ende irgendwo
Da oben in der Wolkenschicht.

Ein einsamer entzückter Drang
Riß mich in diesen Lufttumult.

Als Marxist gefiel ihm besonders diese Stelle:

Kiltartan ist mein Heimatort,
Meine Leute sind die Armen dort.

In einer Bar von Panama City ließ er mich diese Zeilen später einmal auf Band sprechen.

Auf der Fahrt nach Antón kamen wir an mehreren Straßenposten der Nationalgarde vorbei, aber Chuchu meldete sich nicht bei Señor V. Er bemerkte nur: „Wenn er nach David kommt, um uns zu suchen, sind wir schon wieder weg. Wir werden nicht dort übernachten."

In Antón fanden wir keinen Einlaß in die Kirche mit dem wundertätigen Christus. Das Kirchentor war verriegelt, und niemand schien eine Ahnung zu haben, wo der Priester steckte. „Macht nichts", sagte Chuchu. „Auf dem Rückweg." Diese Wendung gebrauchte er nun schon zum zweitenmal, und plötzlich wurde sie in meinem Kopf zum Titel eines Romans, den ich freilich niemals schreiben sollte.

Während der Fahrt erfuhr ich auch ein wenig über Chuchus Privatleben. Er hatte mit mehreren Frauen eine eher unbestimmte Zahl von Kindern, und zahlte für alle Alimente, mit Ausnahme eines Sohnes und einer Tochter, die bei ihrer Mutter, seiner geschiedenen Ehefrau, in den USA lebten. Sie hatte ihn um eines amerikanischen Professors willen verlassen, und er sprach immer voll Bedauern von ihr. Was mit einer früheren Ehefrau – der Mutter des Jungen, der die Autobombe ausgelöst hatte – geschehen war, erzählte er mir nie. Zur Zeit wohnte ein junges Mädchen bei ihm. Sie sei ein armes Ding, sagte er, und er beherberge sie nur aus Mitleid. Sie hinauszuwerfen, wie es die „reiche Frau" verlangte, bringe er nicht über sich. Trotzdem wäre er das „arme Ding" ganz gerne los...

Von der reichen Frau hörte ich damals zum erstenmal. Sie hatte ihm eine Tochter geboren, erzählte er mir, und war selbst eine Dichterin. „Wenn ich sie besuche, schlafen wir jedesmal miteinander, aber sie behauptet, ich käme nur wegen der Eßwaren in ihrem Kühlschrank."

Beim Ausbildungslager der „Wildschweine", nahe dem kleinen Haus des Generals am Pazifik, hielten wir an. Chuchu hegte wehmütige Erinnerungen an sein Training in diesem Lager, und wir trafen den ersten Freund, den er damals, als relativ bejahrter Rekrut, gewonnen hatte. Es muß eine schwere Zeit gewesen sein – als Professor unter den „Wildschweinen". Einmal war er sogar auf den Kopf geschlagen worden, weil er ein Buch gelesen hatte. Dieser Mann jedoch war auf ihn zugegangen und hatte gesagt: „Komm, geh mit mir scheißen", was als der größte Freundschaftsbeweis dem anderen gegenüber galt.

Inzwischen war Chuchu in ihren Augen ein wichtiger Mann geworden, sogar für die Offiziere, denn es war allgemein bekannt, daß er der Gefährte und Vertraute des Generals war. Es hatte einen Offizier im Lager gegeben, Oberst Sanjur, der 1969 einen Umsturz anzettelte, nachdem der General seinen Revolutionsgefährten Martínez ins Exil geschickt und selbst die Macht übernommen hatte. Torrijos befand sich zu dem Zeitpunkt gerade in Mexiko, doch er nahm sofort das nächste Flugzeug nach David, was die Verschwörer ziemlich konsternierte, da sie angenommen hatten, er würde sich widerstandslos damit begnügen, Präsident Arias und Colonel Martínez nach Miami zu folgen. Von David aus machte er sich auf den Weg in die Hauptstadt, und die Rebellion brach zusammen. Den jungen Offizieren wurde vergeben, während Oberst Sanjur ins Gefängnis kam, aber der CIA organisierte mit Bestechungen seine Flucht und brachte ihn in die Kanalzone.

Im Lager hielt uns noch ein anderes Mitglied der „Wildschweine“ auf. Er brauchte dringend Geld und hatte schon seit langem davon geträumt, daß der General eines Tages das Camp besuchen und ihn ansprechen würde, und er bei dieser Gelegenheit vielleicht den Mut aufbringen würde, dem General sein Problem darzulegen. Er hatte drei Kinder — nun ja, gestand er uns, eigentlich seien es bloß zwei, aber drei klängen wesentlich besser, fand er — und er brauchte dringend dreihundert Dollar. Dreihundert? Nun, natürlich reichten zweihundert notfalls auch, aber es sei doch immer besser, um mehr zu bitten, als man tatsächlich brauchte.

Das eigentliche Ziel von Chuchus Besuch im Lager bestand jedoch darin, sich Munition für eine neu erworbene Waffe zu beschaffen, auf die er sehr stolz war. In seinem Haus hatte er bereits ein recht ansehnliches Arsenal angelegt, um für die Konfrontation mit den *yanquis* im nächsten Jahr gerüstet zu sein, falls es zu Straßenkämpfen kommen sollte. Diesmal aber war es etwas ganz Besonderes: eine russische Repetierpistole, die auch zum Feuern aus der Schulter umgestellt werden konnte. Er hatte sie bei einem Freund in der kubanischen Botschaft gegen einen belgischen Revolver eingetauscht. Allein das Wort „russisch" hatte offenkundig eine magische Wirkung auf ihn. In David würden wir die Waffe gleich ausprobieren, versprach er.

Als wir nach Santiago kamen, aßen wir ziemlich schlecht in dem anscheinend einzigen Lokal des Ortes — einem chinesischen Restaurant. Der Anblick einer Flasche Gordon's hinter der Theke flößte mir Mut ein, und ich bestellte mir einen Gin; doch was immer diese Flasche enthielt, Gin war es jedenfalls nicht. Dies teilte ich auch dem Chinesen mit, der aber nur beharrlich lächelte. Zur Sicherheit wählten wir ein eher europäisches Gericht, Chop Suey, und ich bat um etwas Chilisauce, um nachzuwürzen. Auch hier hatte die Flasche zwar das richtige Etikett, aber heraus kam nichts als gefärbtes Wasser. Als ich mich beschwerte, lächelte der Chinese ungerührt weiter. Dem Restaurant war auch ein Hotel angeschlossen, doch wir zogen es vor, uns anderswo einzuquartieren.

Wir fanden ein Motel und verlangten dort zwei Zimmer. „Aber wo sind die Mädchen?" fragte der Besitzer erstaunt und mißtrauisch.

Chuchu nahm seinen Revolvergurt ab und legte die Waffe entsichert auf den Nachttisch. „Eine Vorsichtsmaßnahme?" fragte ich und sollte mich in Frankreich später noch bei vielen Gelegenheiten an den Aphorismus erinnern, den er mir zur Antwort gab: „Ein Revolver ist kein Mittel zur Verteidigung." Er war tatsächlich ein weiser Mann. Sogar die Türen des Motels bewiesen, wie er gesagt hatte, die Existenz des Teufels.

Auf der Fahrt nach David war Chuchu bester Laune. Ab und zu warf er einen Blick nach hinten, als könnten seine Augen bis in den Kofferraum sehen, wo seine geliebte russische Pistole lag. Er erzählte mir eine merkwürdige Geschichte von einem seiner letzten Aufenthalte in David. Er fuhr mit dem Dekan der Universität von Guatemala, einem Ehrengast Panamas, und hatte auch eine Flasche Whisky im Wagen, die der Dekan während der Fahrt leerte. Als sie ankamen, war der Dekan schon ziemlich betrunken, und aus irgendeinem Grunde waren sämtliche Hotels der Stadt ausgebucht. Also gingen sie aufs Polizeirevier und baten um eine Zelle für die Nacht, doch auch die Gefängniszellen waren alle besetzt. Es blieb nur noch ein kleiner Platz mit steinernen Bänken in der Mitte der Stadt, auf denen sich jedoch schon vierzehn Homosexuelle niedergelassen hatten. Glücklicherweise war Chuchu in Uniform. Er gab der *guardia* den Befehl, ihm die Homosexuellen vorzuführen, und nachdem er ihnen einen langen, tadelnden Vortrag gehalten hatte, schickte er sie alle nach Hause. So konnten der Dekan und er auf den Bänken inmitten des leeren Platzes schlafen.

In David fuhren wir als erstes in die Kaserne der Nationalgarde, wo Chuchu den Wagen des Generals über Nacht sicher abstellen konnte, denn noch hatte er die Bombe nicht vergessen, die seinen eigenen beschädigt hatte. Dort begegneten wir Captain Wong. Captain Wong zeigte großes Interesse für die russische Waffe. Er griff nach seiner eigenen, einem amerikanischen Modell, und führte uns zu einem Schießplatz. Die amerikanische Repetierwaffe funktionierte tadellos. Die russische spuckte ein paar Kugeln aus und klemmte dann. Noch ein Versuch. Keinerlei Probleme mit der amerikanischen Pistole, aber die russische klemmte wieder. Chuchu war wütend, beleidigt, gedemütigt. Es war beinahe so, als hätte ihn seine Geliebte betrogen. Und das Schlimmste war, daß er noch dazu in der kubanischen Botschaft seinen guten belgischen Revolver für die russische Waffe hergegeben hatte... Ihm war, als hätte ihn der Prophet Marx höchstselbst verraten.

Ich hörte, wie Chuchu zu Captain Wong sagte, wir würden ihn „auf dem Rückweg" wieder besuchen — Captain Wong, die wundersame Christusstatue, das Spukhaus, alles wurde für den Rückweg versprochen, und mein geplanter Roman unter diesem Titel kam mir wieder in den Sinn. In dem Buch sollte die versprochene Wiederkehr niemals zustande kommen — es würde kein Zurück geben für meinen Helden.

Als wir am nächsten Tag zu einem Dorf namens Boquete in die Berge hinauffuhren, war Chuchu schweigsam und niedergeschlagen, weil ihm die russische Repetierpistole nicht aus dem Kopf ging, für mich aber war es wie die Rückkehr ins Leben nach langer Krankheit — einer bösartigen Schriftstellerkrankheit, der geistigen Blockierung. Ich näherte mich dem Ende von *Der menschliche Faktor,* einem schon aufgegegebenen Roman, den ich in der verzweifelten Hoffnung wieder aufgenommen hatte, eine solche Blockierung zu überwinden. Nach meinem letzten Roman hatte dieser Zustand fünf Jahre gedauert, und schon spürte ich eine neuerliche lange Phase der Schreibunfähigkeit auf mich zukommen, sobald auch *Der menschliche Faktor* abgeschlossen war und in mir eine geistige Leere hinterlassen würde.

Bei *Auf dem Rückweg* dagegen standen alle Möglichkeiten noch offen; also waren meine Tage als Schriftsteller vielleicht doch noch nicht gezählt, dachte ich. Die Hauptelemente der Handlung und einige Personen begannen bereits Gestalt anzunehmen — die gefährliche

Lage zwischen Panama und den Vereinigten Staaten; Chuchu; der Bombenanschlag auf seinen Wagen; sein Ausspruch neulich im Motel – „Ein Revolver ist kein Mittel zur Verteidigung"; sein Beweis für die Existenz des Teufels; der Dekan der Universität von Guatemala und die vierzehn Homosexuellen: auf dieser gemeinsamen Reise mit Chuchu sammelten sich die Eindrücke in meinem Kopf wie ein Bienenschwarm um die Königin. Aus eben diesem Grund fühlte ich mich so glücklich auf der Fahrt nach Boquete, einem reizenden kleinen Ort, der in fast tausend Meter Höhe an den Hängen eines Vulkans liegt. Die Straßen waren erfüllt vom Geräusch fließenden Wassers, die Luft war so frisch wie in einem Schweizer Alpendorf; sogar das kleine Hotel war sehr hübsch, und seine Besitzerin hatte die Anmut und Schönheit der jungen Oona Chaplin.

8

Tags darauf besuchten wir die große Kupfermine, die von Rory González, dem Freund des Generals, geleitet wurde. Sie war eine Neuerwerbung des Staates, in die man damals große Hoffnungen für die Zukunft setzte. Denn Panamas Wirtschaft war ansonsten von Banken, der Billigflagge auf den Weltmeeren und dem Anbau von Zuckerrohr, Kaffee und Yucca abhängig, wenn man einmal von den kümmerlichen Einnahmen absah, die dem Land gemäß den Bestimmungen des alten Vertrags für die Benutzung des Kanals zuflossen, der überdies für die größten Schiffe – die Öltanker und die Flugzeugträger – schon zu klein war. Die Konzession zur Ausbeutung der Mine hatte man einer kanadischen Kapitalgesellschaft abgekauft. Mit dem Beginn des Abbaus wurde jedoch erst in vier Jahren gerechnet, und dies sollte sich als eine äußerst waghalsige Spekulation erweisen.

Die Mine sei die größte der Welt, sagte man mir, noch größer als die große Kupfermine von Chuquicamata in Chile, die ich einmal besichtigt hatte, als Allende noch Präsident war, doch sei das panamaische Kupfer eher quantitativ als qualitativ von Interesse. Ein Kanadier, der dem ehemaligen Management angehörte, legte im Gespräch über die Gewinnaussichten natürlich Pessimismus an den Tag — und er hoffte auch gar nicht, widerlegt zu werden, sondern wollte das Projekt scheitern sehen. Seiner Ansicht nach konnte die Mine nicht vor 1986 oder 1988 die volle Produktion aufnehmen, und welchen Preis würde Kupfer auf dem Weltmarkt bis dahin haben? Voraussagen über die Entwicklung der Kupferpreise waren kaum zuverlässiger als Zeitungshoroskope. Japan hatte riesige Kupferreserven angelegt, als seine Außenhandelsbilanz positiv war, und konnte diese Reserven jederzeit zu Spottpreisen auf den Weltmarkt werfen.

Wir besuchten die Stollen, soweit sie schon fertiggestellt waren und aßen dann in der Kantine, wo ein junger Engländer eine seltsame Bemerkung zu mir machte: „Es bringt Unglück, abergläubisch zu sein." (Hatte ich dreimal auf Holz geklopft oder so etwas?) In meinem Tagebuch habe ich aus unerfindlichen Gründen auch die Gegenwart eines „müden Amerikaners" festgehalten, aber er hat keine Erinnerung bei mir hinterlassen. Dann machten wir uns auf den Rückweg nach Boquete.

Chuchus Melancholie war inzwischen verflogen. Er sang, rezitierte Gedichte und erwähnte eine zynische Redewendung, mit der man in Panama ein Mädchen ansprechen konnte; aus einem unerklärlichen Grund habe ich sie im Gedächtnis behalten — „Komm mit mir, um allein zu sein.“ Sonderbar, woran man sich erinnert und was man vergißt. Ich sah unbekannte Vögel und unbekannte Schmetterlinge, und am Straßenrand die Gesichter von Indios, die durch die Kupfermine vielleicht bedroht waren, denn falls ein großes Geschäft daraus wurde, würde das die Lebensformen dieses Stammes grundlegend verändern. Ein Reiter kam uns entgegen, der einen Hahn auf der flachen Hand trug, wie ein Kellner sein Tablett.

Als ich abends zu Bett ging, machte ich mir im Tagebuch Notizen zu meinem neuen Roman, ohne zu ahnen, daß ich ihn niemals schreiben würde: „Romanbeginn: eine junge Reporterin einer linken französischen Zeitschrift interviewt den General. Sie entflieht dem Kummer ihrer unbefriedigenden Ehe in Paris und möchte neuen Kummer vermeiden. Zum Schluß kehrt sie zu ihrem Kummer zurück, nicht ins Glück.“

Am nächsten Vormittag fuhren wir wieder nach David, um ein Flugzeug nach Bocas del Toro zu nehmen, einem wirtschaftlich stagnierenden Bananen-Ausfuhrhafen (wie sehr er stagnierte, sollte ich erst einige Jahre später erfahren). Die Insel interessierte mich, weil sie der westlichste Punkt vor der Küste Panamas ist, den Kolumbus erreichte, und vielleicht auch weil mein *South American Handbook* mit seiner gewohnten Offenheit angibt: „Kein Tourist verirrt sich jemals dorthin.“

Auf der Fahrt erzählte ich Chuchu von meinem geplanten Roman, und vielleicht ist das der Grund, warum ich nie über das erste Kapitel hinausgekommen bin. Eine Geschichte zu erzählen, kommt ihrer Niederschrift gleich — es ist ein Ersatz für das Schreiben. „Du und die französische Journalistin, ihr seid die Hauptpersonen“, fing ich an. „Der General vertraut sie dir an, damit du ihr das Land zeigst. Er leiht dir einen seiner Wagen, und ihr fahrt zusammen los, so wie wir beide jetzt. Auf dem Weg kommt ihr immer wieder an Orte, die ihr nicht besichtigen könnt – wie die Kirche mit dem wundertätigen Christus oder das Spukhaus. ‚Auf dem Rückweg', sagst du dann immer, und so soll das Buch auch heißen. Aber die Ironie besteht darin, daß keiner von euch diesen Rückweg antritt."

„Schlafen wir auch miteinander?" fragte Chuchu neugierig.

„Oh, der Gedanke daran kommt dir schon recht bald, aber sie ist anders als alle Frauen, die du kennst. Du hast Bedenken und Skrupel. Wenn ihr in David oder einer Stadt weiter nördlich ankommt, wißt ihr jedoch beide, daß es passieren wird. Ihr haltet vor einem Hotel, und in stillem Einverständnis, ohne daß ein Wort zwischen euch gewechselt wird, nehmt ihr ein gemeinsames Zimmer. Sie möchte sich vom Reisestaub reinigen und kämmen. Du sagst ihr, du müßtest den Wagen des Generals vor der Kaserne abstellen, wo er sicher sei, und würdest dann wieder zu ihr kommen... um mit ihr zu schlafen natürlich, aber das ist euch beiden klar, ohne daß ihr darüber zu sprechen braucht. Sie wäscht sich und bürstet ihr Haar. Der Gedanke, daß nun alle Bedenken überwunden sind, macht sie glücklich. Die Würfel sind gefallen. Doch du kommst nicht zurück. Sie wartet vergeblich auf dich. In der kurzen Zeit, als du mit ihr im Zimmer warst, hat jemand eine Bombe im Auto versteckt, die dann explodiert. Beim Haarebürsten hört sie die Detonation, aber sie glaubt, es sei nur der Auspuff..."

„Komme ich ums Leben?" fragte Chuchu aufgeregt, und mir fiel ein, daß er mir noch am Vormittag gesagt hatte: „Ich werde niemals sterben."

„Macht es dir was aus, in einem Roman zu sterben?"

„Ob es mir was ausmacht?“ Er schob den Ärmel hinauf und zeigte mir die Gänsehaut auf seinem Arm. „Du mußt den Roman unbedingt schreiben. Versprich mir, daß du ihn schreibst!“

„Ich will es versuchen.“ Doch es ist nie zu dem Buch gekommen, und gestorben ist nicht Chuchu, sondern der General.

In David verpaßten wir unser Flugzeug nach Bocas del Toro, aber Chuchu zeigte keinerlei Enttäuschung. „Wenn du wiederkommst“, sagte er — eine Variante der Wendung „auf dem Rückweg“, und zwar eine Variante, an die ich nicht glaubte, denn ich sah keinen Grund, jemals wieder nach Panama zu fahren.

Wir besuchten noch einmal Captain Wong und fuhren mit ihm zu einem Platz am Stadtrand, wo ein verlassenes Auto vor sich hinrostete. Captain Wong plante weitere Schießübungen, diesmal mit Revolvern. (Die russische Pistole blieb im Kofferraum.) Als Zielscheibe wählten sie das Kennzeichen eines alten Autos, das die Buchstaben O und I enthielt.

„Wir schießen auf die Mitte des O“, entschied Captain Wong. Leider hatte nach drei Schüssen keiner von beiden auch nur das Nummernschild getroffen. Vielleicht war an meinen Augen eine Spur von Belustigung abzulesen, denn Chuchu streckte mir seinen Revolver entgegen und sagte: „Na gut. Dann versuch's doch selber.“

„Ich bin kein guter Schütze. Ich würde nicht einmal das Auto treffen. Wozu willst du teure Munition vergeuden?“

„Nein, nein. Versuch es nur.“

Ich feuerte und traf zwar nicht das O, aber durch puren Zufall setzte ich einen Punkt auf das I. Schweigend stiegen wir wieder in den Wagen.

Chuchu und ich verließen David und fuhren in Richtung Panama City. In Antón gelang es uns schließlich doch noch, die wundertätige Christusstatue zu besichtigen. Die Holzfigur war über und über mit Ornamenten aus Gold beladen, was angeblich Diebe dazu verleitet hatte, sie zu stehlen, doch als sie sie aus der Kirche schleppen wollten, wurden die Ornamente auf wunderbare Weise plötzlich so schwer, daß sie die Statue zurücklassen mußten.

Vielleicht weil ich nicht nur mit Chuchu, sondern auch mit einer imaginären Frau reiste und die beiden miteinander beobachten wollte, hatte ich keine Lust, nach Panama City zurückzufahren. Es war Sonntag, und ich erinnerte Chuchu an unsere Verabredung beim Spukhaus. Aber merkwürdigerweise war die Bar geschlossen, was den Leuten der Umgebung völlig unverständlich war, denn sonntags hatten hier alle Bars geöffnet. Mein Entschluß, wiederzukommen und das Innere des Hauses zu sehen, stand nun fester als je zuvor. Hatte der alte Mann Angst vor dem neugierigen Fremden in Uniform?

Enttäuscht nahmen wir die Straße nach Ocú, einem kleinen Dorf, das nach Chuchus Aussagen für seine Ledersandalen berühmt war. Er kaufte dort Leder für zwei Paar, und wir fragten einen Bauern, den wir im Wagen mitgenommen hatten, wo wir uns daraus Sandalen machen lassen könnten. Er versicherte uns, er sei ein ebenso guter Sandalenschuster wie jeder andere in der Gegend, und führte uns zu seiner Hütte.

Chuchu hatte mich schon aufgeklärt über die sonderbaren Trinkgewohnheiten in Panama, an die sich normalerweise sogar der General hielt. „Wir in Panama sind Säufer“, sagte Chuchu. „Am Sonntag trinken wir uns einen Rausch an, aber wochentags trinken wir nie. Ihr in Europa seid Alkoholiker. Ihr trinkt ständig.“ Zum

Glück beschloß er, sich während der Zeit, die wir gemeinsam verbrachten, an die europäische Sitte zu halten.

Unser Bauer erwies sich jedoch als ziemlich nüchtern. Er trug zwei Stühle in den Hof hinter seiner Hütte und begann mit der Arbeit, wobei ihm elf Kinder und ein schwangeres Mädchen zusahen. Er weichte das Leder zuerst ein, nahm dann am Fuß Maß und schnitt es zu. Plötzlich ertönten laute „Uahu"-Rufe, gefolgt von einem Geräusch, das wie Hundegebell klang. Zwei Nachbarn erschienen. Sie trugen komische kleine Hüte mit runden Krempen, die auf ihren abstehenden Ohren zu balancieren schienen. Die beiden feierten den Sonntag schon seit der Morgenmesse. Zunächst bellten sie noch eine Weile weiter (der General korrigierte mich später, es handle sich um traditionelle Bauerngesänge). Dann faßte einer von ihnen Zutrauen zu mir, setzte sich neben mich auf den Boden und hielt meine Hand. Er sagte, er sei nur an *religión* interessiert und wolle sich darüber unterhalten. Ob ich ein *gringo* sei? Nein, ich sei kein *gringo,* sondern Engländer. Ob ich *católico* sei. Ja, ich sei *católico.* Dann müßten wir über *religión* sprechen.

Ich fragte meinen Freund, was er von seinem Pfarrer halte. „Zu materialistisch", antwortete er.

Ich bemühte mich, das Gespräch von der Religion weg auf die Politik und den Kanal zu bringen, aber für beides hatte niemand Interesse.

„Und der General?" fragte ich. „Mögt ihr den General?"

„Er hat gute und schlechte Seiten."

„Was ist denn seine schlechte Seite?"

„Er mag die *gringos* nicht."

„Und warum mögt ihr die *gringos?*"

Vierhundert Soldaten der amerikanischen Friedenstruppe, die Kennedy nach Panama geschickt hatte, waren von Torrijos ausgewiesen worden, aber zumindest hier in dieser armen Gegend bei Las Minas hatte einer von ihnen Anhänger gefunden. „Er war ein guter Mann. Er hat uns viel Nützliches beigebracht, und am Sonntag hat er immer mit uns getrunken." Es kam mir vor, als sei ich in einem anderen Land, weit weg von den Slumbewohnern El Chorillos und ihrem Kriegsgeheul oder dem Kampflied der „Wildschweine".

Es muß wohl an die zwei Stunden gedauert haben, bis unsere Sandalen fertig waren. Es waren keine besonders guten Sandalen, und ich trennte mich von meinem Paar schon am nächsten Tag, indem ich es in der öden Stadt Chitré in einem schlechten Hotel zurückließ, wo es zu viele große Schaben gab. Chuchu war bitter enttäuscht von mir; schließlich seien es echte, handgemachte panamaische Sandalen gewesen, sagte er, (als spräche er über Maßschuhe von „Lobb"), aber ich bemerkte, daß er sein Paar auch nicht allzu lange trug.

9

Auf dem Weg nach Panama City hielten wir in Rio Hato, wo die „Wildschweine" ihr Lager hatten und der General sich in seinem bescheidenen Haus am Pazifik aufhielt. An diesem Tag hatte General Torrijos seinen Außenminister Aquilino Boyd, und die Mitglieder des Militärstabs um sich versammelt, weil am folgenden Tag die amerikanische Delegation unter Elsworth Bunker eintreffen sollte. Meiner Bemerkungen über Oberst Flores wegen war es mir ein wenig peinlich, daß der General darauf bestand, mich seinem Stab vorzustellen, wobei er mit dem Oberst begann, der wie in El Chorillo wieder an einem Kaugummi kaute. Als er mir widerstrebend die Hand entgegenstreckte, glaubte ich seine Abneigung und Geringschätzung zu spüren. Aus welchem Grund, fragte er sich wahrscheinlich, erwartete man eigentlich von ihm, dem Chef des militärischen Stabes, daß er einen Zivilisten und Ausländer wie seinesgleichen grüßte? Im Händedruck des Leiters des Geheimdienstes glaubte ich dagegen Sympathie und so etwas wie ein stillschweigendes Einverständnis mit mir zu spüren — ein interessanter Kontrast.

Während der Stabsbesprechung schwammen Chuchu und ich im sauberen, klaren, ruhigen Wasser des Pazifik, und danach aßen wir ausgesprochen schlecht in der Offiziersmesse der „Wildschweine", wo wir herumsaßen, bis der General seine militärischen Gäste losgeworden war. Anscheinend wollte er mit mir sprechen. Der bevorstehende Besuch der Amerikaner schien ihn schwer zu belasten; vor allem wahrscheinlich der Gedanke an das neuerliche endlose Gefeilsche um einen fairen Vertrag, das womöglich nie ein Ende nehmen würde, und dennoch mußte er sich eine offene Konfrontation versagen, wenn er sich an Castros Rat halten wollte. Er zog einen seltsamen Vergleich, den ich bis zum heutigen Tag nicht begreife: „Sie und ich, wir haben etwas gemeinsam. Wir sind beide selbstzerstörerisch." Rasch fügte er noch hinzu: „Natürlich meine ich damit nicht selbstmörderisch." Es war, als hätte er mir in diesem Augenblick die Tür zu einem geheimen Zimmer einen Spalt breit geöffnet; diese Tür sollte sich nie wieder ganz schließen.

Dann sprach er weiter von der Konfrontation mit den Vereinigten Staaten, die ihm vorschwebte, und ich erinnerte mich daran, daß er auf Contadora gesagt hatte, 1977 sei das Jahr, in dem seine Geduld sich erschöpfen würde. Konfrontation aber bedeutete Krieg — Krieg zwischen einer kleinen Republik mit weniger als zwei Millionen und den USA mit mehr als zweihundert Millionen Einwohnern.

Torrijos, begann ich allmählich zu begreifen, war ein Romantiker, doch ich sollte bald entdecken, daß bei den meisten Panamaern diese romantische Veranlagung durch eine Portion zynischer Weisheit aufgewogen wurde, die in ihren Volksliedern deutlich zutage tritt; diese Lieder sind nicht annähernd so sentimental wie unsere — in einem heißt es etwa: „Deine Liebe ist wie die Zeitung von gestern", und Zynismus läßt sich sogar in einigen der Slogans auf den wunderschön bemalten Bussen entdecken — „Du brauchst dich gar nicht schön anzuziehen, denn du wirst nicht mit mir ausgehen." Der General mag sich als selbstzerstörerisch empfunden haben, doch er hat seine Chancen realistisch eingeschätzt.

„Panama City könnten wir achtundvierzig Stunden lang halten", erklärte er mir. „Und der Kanal ist leicht zu sabotieren. Man braucht nur ein Loch in den Damm zu sprengen, und der gesamte Kanal fließt in den Atlantik ab. Die Reparatur des Damms würde zwar nur ein paar Tage dauern, aber das Regenwasser von drei Jahren wäre nötig, um den Kanal wieder aufzufüllen. Während dieser Zeit würde ein Guerillakrieg herrschen; die Zentralkordilleren sind bis zu dreitausend Meter hoch und erstrecken sich von der einen Seite der Kanalzone bis an die Grenze von Costa Rica, und auf der anderen Seite reicht der dichte Urwald von Darién bis an die kolumbianische Grenze — er ist heute noch fast ebenso unerforscht wie zu Balboas Zeiten und wird nur von Schmugglerpfaden durchquert. Dort könnten wir uns zwei Jahre lang halten — lange genug, um das Gewissen der ganzen Welt und die öffentliche Meinung in den Vereinigten Staaten wachzurütteln. Und Sie dürfen eines nicht vergessen: zum erstenmal seit dem Sezessionskrieg wären amerikanische Zivilisten im Schußfeld. Immerhin leben vierzigtausend in der Kanalzone, abgesehen von den zehntausend Soldaten."

In der Kanalzone selbst gab es Urwaldregionen, wo die Amerikaner sowohl ihre eigenen Spezialeinheiten als auch Truppen anderer lateinamerikanischer Staaten im Guerillakampf ausbildeten, doch Torrijos betrachtete dieses Training mit ziemlicher Verachtung. Als die Amerikaner kürzlich Dschungelmanöver innerhalb der Kanalzone abhielten, trafen sie zu ihrer Überraschung auf eine Patrouille der „Wildschweine" die unbemerkt in die Zone eingedrungen war, weil — wie der panamaische Offizier höflich erklärte — an ihrem Kompaß etwas nicht in Ordnung gewesen war. Der General setzte hinzu: „Ich weiß, daß Carter vom Pentagon informiert wurde, daß zur Verteidigung der Kanalzone nicht zehntausend, sondern hunderttausend Mann nötig wären."

Unsere Unterhaltung wurde vom Geräusch des kleinen Düsenflugzeugs des Generals unterbrochen, das aus Venezuela zurückkam. Er hatte es am Morgen mit einem Brief an den venezolanischen Präsidenten hingeschickt, und nun brachte man ihm dessen Antwortschreiben. (Die einzigen südamerikanischen Staaten, mit deren Unterstützung der General bei seinen Verhandlungen mit den Vereinigten Staaten rechnen konnte, waren Venezuela, Kolumbien und Peru.)

Die Nachrichtenübermittlung funktionierte ganz ähnlich wie im 17. Jahrhundert — durch Boten; nur hatten Jets die Pferde ersetzt. Da die amerikanische Zone von elektronischen Geräten übersät war, war man beim Telefonieren nie vor Mithörern sicher und jeder telegrafische Code hätte innerhalb weniger Stunden entschlüsselt werden können.

General Torrijos las den Brief des Präsidenten von Venezuela, und danach nahm unser Gespräch eine vollkommen andere Wendung. Meinem Gefühl nach war das, worüber wir nun sprachen, der eigentliche Grund, warum er mich zu bleiben bat – nicht mich im besonderen, wohl aber irgendeinen Zuhörer, der seine Emotion verstehen konnte. „Gestern hat ein sehr wichtiges Ereignis stattgefunden", begann er.

Wird er mich über eine geheime Botschaft des alten Mr. Bunker aufklären, fragte ich mich, oder geht es um jene internationalen Figuren, die Drummonds Anhänger „Gerry" und „Henry" nannten?

„Gestern", fuhr er fort, „war mein fünfundzwanzigster Hochzeitstag, und als ich geheiratet habe – ich war damals ein junger Leutnant –, hat mein Schwiegervater, ein jüdischer Geschäftsmann in New York, geschworen, daß er nie wieder mit seiner Tochter reden würde. Für meine Frau war es eine schwere Zeit, denn sie liebt ihren Vater sehr. Vor ein paar Jahren bat ich General Dayan, in New York ein gutes Wort für mich einzulegen, aber mein Schwiegervater wollte Dayan nicht einmal anhören. Bei den Vereinten Nationen hat Panama in der Entebbe-Affäre als einziger lateinamerikanischer Staat für Israel gestimmt, und danach waren die Israelis uns sehr dankbar und haben uns alles mögliche angeboten, aber ich sagte ihnen, daß ich Dayan um das einzige gebeten hätte, was mir wichtig sei, er mir aber nicht habe helfen können. Und gestern rief plötzlich mein Schwiegervater aus New York an und wollte meine Frau sprechen. Heute ist sie abgeflogen, um ihn wiederzusehen – nach fünfundzwanzig Jahren. Ich habe dem alten Herrn am Telefon gesagt, daß er eine wundervolle Tochter hat und daß ich ihr alles verdanke."

Was er mir erzählte, bewegte mich um so mehr, als er

wissen mußte, daß ich ihn mittlerweile als einen Mann kannte, der nicht einer einzigen Frau treu sein konnte. Aber er war auch ein Mann, der eine tiefe Loyalität gegenüber der Vergangenheit hatte, und dem die Treue in der Freundschaft über alles ging.

10

Eigentlich hatten Chuchu und ich vorgehabt, auf die Insel Taboga zu fliegen, um uns nach der Reise etwas zu erholen, aber es sollte anders kommen. Der General wollte mich am nächsten Tag noch einmal nach Rio Hato zu einer Versammlung von Bauern und Landwirtschaftsabgeordneten mitnehmen, um mir zu zeigen, wie seine Art von Demokratie funktionierte.

Mit einer kleinen Militärmaschine flogen wir hinaus aufs Meer und dann in einem weiten Bogen zur Küste zurück. Der General bemerkte: „Heute haben wir einen jungen, einen unerfahrenen Piloten. Man merkt es daran, daß er über das Meer fliegt. Die älteren halten sich über dem Festland, denn in einem kleinen Flugzeug ist das sicherer, wegen der Haie da unten. Manchmal, wenn ich genau weiß, daß sich mein Pilot wegen des schlechten Wetters weigern würde, eine bestimmte Route zu fliegen, verlange ich einen jungen Burschen, der es nicht besser versteht."

Offensichtlich genoß er das Risiko eines Absturzes in eine See voller Haifische. Heute, fünf Jahre später, frage ich mich, ob er wohl auch am Tag seines Todes um einen jungen Piloten gebeten hat?

Im Flugzeug fragte ich ihn — ich weiß selbst nicht, warum —, zu welcher Tageszeit er sich besonders mutlos fühle (persönliche Fragen dieser Art freuten ihn sehr, so als spürte er in ihnen die Anbahnung einer noch engeren Freundschaft). Er antwortete sofort: „Abends, vor dem Schlafengehen. Aber wenn die Sonne aufgeht, bin ich wieder guten Mutes.“

Wenn wir uns bei jeder Begegnung ein wenig näher kamen, so geschah dies auf Wunsch des Generals. Es schien, als langweilte und verfolgte ihn das Bild, das die Öffentlichkeit sich von ihm gemacht hatte, und als wünschte er nichts sehnlicher als eine Privatperson zu sein und mit einem Freund offen über alles mögliche sprechen zu können, ohne jedes seiner Worte abwägen zu müssen.

Wir waren unterwegs zu einer Abordnung von Yucca-Bauern, die ihre Beschwerden vorbringen wollten. Nach der Landung, auf der Fahrt zu ihrem Dorf, erzählte mir Torrijos, er habe beschlossen, ihrer Forderung nach einer Preiserhöhung von einem Dollar fünfundzwanzig auf einen Dollar fündundsiebzig pro Kiste stattzugeben. „Dieses Yucca-Anbauzentrum war ein Fehler — unser Fehler, nicht ihr Fehler. Außerdem möchte ich das Geld sowieso umverteilen: mehr für das Land und weniger für die Städte.“ Trotzdem, setzte er hinzu, würde er sie eine Weile zappeln lassen — zu seinem und ihrem Vergnügen.

Die Versammlung fand im Freien statt, und vor mir aufgereiht sah ich die gleichen Gesichter mit den gleichen komischen Hüten und den gleichen abstehenden Fledermausohren wie im Hof unseres Sandalenschusters. Ich bin sogar fast sicher, daß auch einer der Bauern darunter war, denen ich schon in Ocú begegnet war, denn einer fixierte mich die ganze Zeit und zwinkerte mir zu. Viele der Bauern hatten Goldzähne und einige auch goldene Ringe — Kolumbus hätte daraus möglicherweise geschlossen, daß Eldorado nicht weit entfernt sein könne. Sie versuchten angestrengt, alle gleichzeitig zu reden und dabei eine grimmige, entschlossene Miene aufzusetzen, und soviel ich sah, amüsierte sich der General königlich.

„Wir wollen die einfachen Punkte zuerst besprechen", begann er, „und uns die schwierige Frage des Yucca-Preises für den Schluß aufheben." Das war ein geschickter Schachzug, um zu einem raschen Ende zu kommen, denn die Bauern waren nur an der Yucca-Frage interessiert, so daß sie keine Einwände gegen seine übrigen Entscheidungen erheben würden. Es werde eine neue Brücke über den Kanal gebaut werden, versprach er, um den Verkehr auf der *Bridge of the Americas* zu entlasten; die Lagebesprechung über ein geplantes Kalkwerk wurde auf einen späteren Zeitpunkt verschoben, ebenso die Diskussion über einen zu vierzig Prozent verstaatlichten Viehzuchtbetrieb. Seinen Zuhörern war es nur recht, alles außer dem Yucca-Problem auf später zu verschieben, einschließlich der Frage eines Salinenprojekts und der Verwendung von Meersalz beim Straßenbau.

Schließlich kam, zum merklich wachsenden Interesse der Versammelten, der Yucca-Preis zur Sprache. Die Regierung sei bei der Förderung des Yucca-Anbaus übereifrig gewesen, sagte der General. Es habe viele Irrtümer gegeben. Dennoch sei er nicht ganz sicher, daß er eine Erhöhung des Erzeugerpreises zusagen könne. Woher sollte er denn das Geld dafür nehmen? Es müßte ja schließlich von irgendwoher kommen.

Der anwesende Regierungsberater wollte das Wort ergreifen. Torrijos unterbrach ihn mit der Bemerkung, er sei gekommen, um die Bauern anzuhören.

Wieder unterstrich er die Schwierigkeiten einer Preiserhöhung – die Exporte dürften nicht gefährdet werden. Wie wäre es mit einer Anhebung um zwanzig Cent...?

Und er fing an, um einzelne Cents zu feilschen. Doch sein Blick verriet Belustigung. Er neckte sie zum Spaß.

Bald durchschauten die Bauern das Spiel; sie diskutierten nun mit leichtem Grinsen weiter, und in ihre Argumente mischte sich ein Anflug von Humor, bis der General plötzlich nachgab. Gelächter brach aus und alle klatschten. Sie hatten erreicht, was sie wollten, vor allem aber hatten sie eine Menge Spaß dabei gehabt. Fröhlich löste sich die Versammlung auf.

Was dann folgte, war weniger lustig — ein langweiliges Mittagessen im Haus eines Grundbesitzers, wo sich eine Anzahl stumpfsinniger Frauen um den General scharte, der in seiner unvermeidlichen Hängematte lag, und wo wir nahezu ungenießbares Schweinefleisch und völlig ungenießbaren Yuccabrei vorgesetzt bekamen. Yucca hieß übrigens hier die Pflanze, die ich unter dem Namen Maniok kannte. Die Auswahl der Getränke beschränkte sich auf Wasser und Pepsi. Ein Königreich für einen Whisky oder ein Glas Rum, aber es war nicht Sonntag. Selbst der General trank Wasser. Meine Geduld war schon fast am Ende, als mir plötzlich Chuchu zuzwinkerte, der vor der Tür Wache hielt. Ich ging zu ihm hinaus. Er hatte mir in einem anderen Zimmer außer Sichtweite der Gesellschaft einen Drink bereitgestellt.

Nachdem das Flugzeug den General in Rio Hato abgesetzt hatte, fuhr ich mit Chuchu zurück nach Panama City. Wir hielten beim Spukhaus und genehmigten uns einen Drink in der Bar nebenan, denn wie gesagt, gewöhnte sich Chuchu in meiner Gegenwart die europäische Sitte an, an jedem Tag der Woche zu trinken.

Ich hatte Torrijos von unserem ersten Besuch erzählt, und er erinnerte sich, schon als Kind von dem Spuk gehört zu haben. Es war angeblich das Gespenst einer weißen Frau ohne Kopf. Der Besitzer des Hauses mußte mittlerweile fast achtzig sein, also war er wohl etwa dreißig gewesen, als der Spuk begonnen hatte. Ich war überzeugt, daß er die Frau in seinem Haus ermordet hatte. Ihre Schreie waren gehört worden, und darum hatte er diese Gespenstergeschichte erfunden. Wahrscheinlich lag ihre Leiche unter dem Fußboden vergraben. Ich schlug dem General vor, die „Wildschweine" dort eine Übung abhalten zu lassen. Im Anschluß an eine vorgebliche Belagerung könnten sie das Haus stürmen und vielleicht eine kleine Grabung veranstalten. Aber der General hielt nichts von der Idee. Jede Durchsuchung müsse legal sein, meinte er.

Chuchu und ich schnüffelten wieder ein wenig herum. Wir fragten den Barkeeper, ob er den Besitzer gesehen hätte. Oh ja, er habe ihm von unserem Besuch berichtet, aber ohne seine Einwilligung sei leider nichts zu machen. Er sei jeden Sonntag in der Bar. Dann würden wir also am kommenden Sonntag wiederkommen, sagten wir.

In Panama City schlug Chuchu vor, die „reiche Frau" zum Abendessen einzuladen (so nannte er sie immer zur Unterscheidung von seinen anderen Frauen, doch ich glaube nicht, daß sie besonders wohlhabend war). Er hatte ohnehin vorgehabt, die Nacht mit ihr zu verbringen — in einem Hotel, wegen des Kindes. Sie würde um sechs Uhr aufstehen müssen, um nach Hause zu gehen. „Und was ist mit dem Mädchen, mit dem du momentan zusammenlebst?" wollte ich wissen.

Ach, die sei ganz in Ordnung. Sie stelle keinerlei Ansprüche an ihn. Frauen schienen ihn zu mögen, gestand Chuchu. „Bist du ein guter Liebhaber?" Nein, darum ginge es eigentlich nicht, antwortete er. Er kümmere sich nicht um die verschiedenen Stellungen und derlei Unsinn, und er glaube auch gar nicht, daß Frauen diesen unwichtigen Details wirklich Wert beimäßen. Was sie an ihm mochten, glaubte er, sei die Zärtlichkeit, mit der er sie immer behandelte, nachdem sie miteinander geschlafen hatten. Die besagte Frau – er bezeichnete sie als „seine Frau" – sei jedenfalls sehr schön.

Wir tranken jeder drei Glas Rum-Punsch in der hervorragenden Bar des „Señorial", die uns eine attraktive junge Frau namens Flor zubereitete. Offensichtlich war sie verliebt in Chuchu, doch er zeigte eine ungewöhnliche Scheu davor, ihr den Hof zu machen. („Sie ist eine gute Frau. Die Sache könnte allzu ernsthaft werden.") Danach fuhren wir los, um uns mit der Dichterin zu treffen. Chuchu war bereits leicht betrunken.

Beim Abendessen wurde er noch wesentlich betrunkener, wobei er immer wieder vom mir verlangte, die Schönheit seiner Freundin zu bewundern. Gewiß, sie war eine gutaussehende und intelligente Frau Ende vierzig oder Anfang fünfzig, doch es war schwer, sich mit ihr zu unterhalten, weil Chuchu alle paar Minuten sagte: „Sieh sie dir an, Graham, sieh sie doch an, ist sie nicht wunderschön?" Meiner Ansicht nach legte sie eine Engelsgeduld an den Tag.

Ziemlich unsicher fahrend brachte er mich in mein Hotel zurück, und dann fuhren die beiden gemeinsam weiter. Mir erschienen seine Aussichten auf eine angenehme Nacht mit ihr äußerst gering.

Da hatte ich mich allerdings geirrt. Als er mich am nächsten Tag abholte, war er strahlend glücklich und immer noch ein wenig betrunken. (Bevor sie um sechs Uhr morgens nach Hause gegangen war, hatte er zum Frühstück eine halbe Flasche Wein geleert.) Es sei eine „wundervolle Nacht" gewesen, sagte er. Ich gestand, daß mich das überraschte, nachdem er sie beim Abendessen so behandelt habe.

„Was meinst du damit?"

„Du hast mich die ganze Zeit aufgefordert, sie anzusehen und ihre Schönheit zu bewundern. Du hast überhaupt von nichts anderem geredet."

„Das verstehst du nicht, Graham", erwiderte er. „Sie ist in einem Alter, in dem sie Selbstbestätigung braucht."

Er war wirklich weit mehr als nur Professor der marxistischen Philosophie und der Mathematik und Sergeant der Leibwache — er war ein lieber, herzensguter Mensch, mit einer Menschenkenntnis, die wesentlich größer war als die meine. Wahrscheinlich hat meine tiefe Zuneigung für ihn an jenem Tag angefangen, als er zu betrunken war, um den Wagen sicher zu steuern. Er überfuhr rote Ampeln und beschädigte ein geparktes Auto, ehe wir endlich vor einem Buchladen landeten, der von einem griechischen Kriegshelden geführt wurde. „Wir müssen ihn unbedingt zu deiner Party am Freitag einladen", sagte Chuchu.

„Zu *meiner* Party?"

Anscheinend hatten der General und Chuchu gemeinsam beschlossen, mir zu Ehren eine Party zu geben. Die Nationalgarde würde für die Getränke sorgen, und stattfinden sollte sie im Haus von Rogelio Sinan, einem alten panamaischen Schriftsteller. Torrijos selbst würde nicht teilnehmen können, denn er war mit dem „Kühlschrank", dem alten Elsworth Bunker und dessen amerikanischer Delegation beschäftigt. „Wir werden auch die Kubaner einladen", sagte Chuchu (den Defekt an der russischen Pistole hatte er ihnen längst verziehen), „aber Señor V. laden wir nicht ein." Es gäbe da einen Amerikaner, warnte er mich, der ganz sicherlich aufkreuzen würde — ob mit oder ohne Einladung —, ein Schriftsteller namens Koster, der in Panama City wohne und vermutlich ein CIA-Agent sei. Er hatte sich bereits bei Chuchu nach mir erkundigt. „Was macht denn der alte Ziegenbock hier?“ hatte er gefragt. Ich freute mich schon darauf, den Mann kennenzulernen.

11

Am nächsten Tag lieh uns der General einen Armeehubschrauber, der uns am Nachmittag auf dem Strand von Taboga vor dem kleinen Motel der Insel absetzte. Man würde uns zwei Tage später rechtzeitig für die Party in Panama City wieder abholen kommen. Die Insel war sehr klein; sie bestand nur aus einem Dorf und dichtem Urwald. Irgendwo im Dschungel versteckt — doch leider konnten wir den Pfad nicht finden — lag ein englischer Friedhof; die dort Bestatteten konnte man also als doppelt begraben betrachten. Vor vielen Jahren, etwa zu der Zeit, als Panama sich mit Kolumbien zu einer Nation verband, hatte es auf der Insel eine britische Handelsniederlassung gegeben, wahrscheinlich im Zusammenhang mit de Lesseps' Kanalprojekt. Gauguin war zweimal auf Taboga gewesen, hatte sich bei seinem zweiten Besuch jedoch sehr enttäuscht gezeigt, weil er den Frieden durch eine Außenstelle der Kanal-Baugesellschaft gestört fand. Nun war der Frieden wieder eingekehrt.

Wir schwammen vorsichtig in der Nähe des Ufers, denn es gab Haifische, obwohl man uns versichert hatte, daß sie aus unerfindlichen Gründen hauptsächlich die Gewässer rund um die Nachbarinsel heimsuchten, die allerdings nur allzu deutlich in einer Meile Entfernung zu sehen war. Wir nahmen Sandwiches und Bier zu uns und gingen im Dorf spazieren. Am Abend legte das einzige Fährschiff an und brachte die Inselbewohner heim, die auf dem Festland arbeiteten. Die Ruhe dieses Ortes ohne Autos war so vollkommen, daß sie mir wie eine Melodie in den Ohren klang. Im Korridor vor meinem Zimmer hing ein höflich formulierter Anschlag mit englischer Übersetzung: „Sollten Sie Besucher des anderen Geschlechts erwarten, so empfangen Sie diese bitte in den allgemein zugänglichen Räumen des Hotels." Für Panama schien mir dies eine merkwürdig puritanische Aufforderung zu sein. Ich ließ mich auf ein Flipper-Turnier mit Chuchu ein, kann mich jedoch nicht mehr erinnern, wer von uns gewann. Dann legte ich mich schlafen und träumte — als Reaktion auf die friedliche Stille —, ich hätte ein beunruhigendes Telegramm von zu Hause erhalten.

Am Morgen erwachte ich aus meinem Traum zu derselben Melodie von Frieden, Frieden, und nochmals Frieden, und wir verbrachten auch den Tag auf dieselbe Weise: Wir schwammen, wir frühstückten, wir machten einen Spaziergang durch das Dorf und nahmen dann noch ein Bad im Meer. Es war, als hätten wir schon viele stille Monate auf dieser Insel verbracht. Nur ein falscher Ton störte die Ruhe: Chuchu wurde aus dem Wasser geholt, um einen Anruf von Señor V. entgegenzunehmen. Gott sei Dank plante er nicht, auch auf die Insel zu kommen, wie ich schon befürchtet hatte, aber er hatte sämtliche Vorbereitungen für die Party übernommen, zu der wir ihn nicht einmal hatten einladen wollen. An diesem Abend, erinnere ich mich, war das Licht besonders schön, und es gelang uns, Señor V. zu vergessen. Die weißen Hochhäuser von Panama City schimmerten zehn Meilen entfernt über dem Wasser im Dunst, wie auf einem Kupferstich des Paradieses von John Martin.

Vor dem Schlafengehen las ich Joseph Conrads *Herz der Finsternis,* das ich zuletzt 1958 im Kongo gelesen hatte. Mein Roman, so glaubte ich, nahm in Gedanken langsam Gestalt an; die Hoffnung war zurückgekehrt, und ich fand bei Conrad sogar ein gutes Motto für *Auf dem Rückweg.* Doch wenn ich seine Erzählung heute an der Stelle aufschlage, die ich mir angestrichen hatte, scheinen mir die Sätze viel besser zu dem Buch zu passen, das ich jetzt schreibe:

> Mir kommt es vor, als versuchte ich euch einen Traum zu erzählen — versuchte es vergebens, denn niemals kann die Erzählung eines Traumes das Traumhafte wiedergeben: jene Mischung aus Ungereimtheit, Überraschung und Bestürzung in einer Aufwallung hilfloser Empörung, jene Vorstellung, vom Unfaßlichen eingefangen zu sein...

In der Stille Tabogas fühlte ich mich von Panama restlos gefangen, von seinem Kampf mit den Vereinigten Staaten, von den Bauern, die wie Hunde bellten, von Chuchus sonderbarer Weisheit und seinem komplizierten Liebesleben, von den Trommelwirbeln in den Slums von El Chorillo, von den Todesträumen des Generals; aber auch ein Gefühl der Auflehnung sollte ich in den folgenden Jahren bisweilen verspüren — Heimweh nach Europa und seinen spezifischen, verständlichen Problemen.

Am nächsten Morgen versuchte ich in mein Notizbuch die ersten Sätze des Romans niederzuschreiben; die Schilderung also, wie die junge französische Journalistin von dem modischen Redakteur einer linken Pariser Zeitschrift den Auftrag erhält, für ein Interview mit dem General nach Panama zu fliegen. Später stellte sich heraus, daß es nicht die ersten Sätze des Kapitels bleiben sollten, das ich zwar zu Ende schrieb, dann aber verwarf:

Er war groß und schlank und hätte einen Eindruck von geradezu überwältigender Distinguiertheit gemacht, wäre sein graues Haar in nicht ganz so vollendeten Wellen über die Ohren gelegt gewesen, die ebenfalls die genau richtige Größe für einen Mann hatten. Sie hätte ihn vielleicht für einen Diplomaten gehalten, wenn sie nicht gewußt hätte, daß er Chefredakteur einer sehr anspruchsvollen Wochenzeitschrift war, die sie nur selten las, da sie keine Sympathie für deren modisch-linke politische Tendenz empfand. Bei vielen Männern zeigt sich nur in den Augen ihre Lebendigkeit; seine Augen aber waren tot, und nur in den Gesten seines eleganten Körpers erwachte er zum Leben.

Ich gebe zu, daß ich dabei einen ganz bestimmten Redakteur vor Augen hatte, dem ich einmal in einer Bar in Lissabon begegnet war, und daß ich als Romancier zum ersten Mal den Fehler beging zu versuchen, lebende Personen — den General, Chuchu, sogar diesen Redakteur — als Vorbilder meiner Romanfiguren zu verwenden. Sie entstammten der Wirklichkeit und nicht meinem Unterbewußtsein, und standen deshalb in meinem Geist so regungslos wie Statuen — sie konnten sich nicht entwickeln, waren nicht imstande, etwas Unerwartetes zu sagen oder zu tun — es waren lebende Menschen, und sie konnten in meiner Phantasie kein unabhängiges Eigenleben führen.

12

Der Helikopter, der uns abholen kam, landete mit militärischer Pünktlichkeit auf dem Strand, und wieder in

Panama City angekommen, hielt ich zunächst eine längere Siesta, um mich auf diese merkwürdige Party vorzubereiten, bei der ich den Gastgeber für einen Haufen fremder Leute spielen sollte, die von Chuchu und Señor V. ausgewählt worden waren. Der griechische Buchhändler war der einzige, den ich wenigstens vom Sehen kannte.

Auf den Einladungskarten stand, die Party würde von acht bis zehn stattfinden. Chuchu und ich trafen pünktlich ein, wie auch viele der Gäste, nicht jedoch die Getränke. Ohne sie verging die Zeit nur sehr langsam. Die Party schleppte sich flau dahin. Es wurden massenhaft trostlose Gruppenfotos geschossen. Chuchu sah müde aus. Er erzählte mir, daß er den Nachmittag mit einer Prostituierten verbracht hätte. Die Gesellschaft wurde immer größer, doch zu trinken gab es immer noch nichts, und auf äußerst bittere Weise kam mir die Heuchelei solcher Gesellschaften zu Bewußtsein: Niemand geht auf Parties, um andere Leute kennenzulernen – man kommt bloß wegen der Gratisdrinks. Aber es gab keine Drinks, und ich sollte den Gastgeber spielen.

Ich entwickelte eine heftige Abneigung gegen den kubanischen Attaché für politische Angelegenheiten, der mich mit tiefem Mißtrauen zu betrachten schien, nachdem ich ihm gesagt hatte, daß ich seit der Revolution dreimal in Kuba gewesen sei und das Land schon zur Zeit Batistas kannte.

Zum Glück rettete mich ein netter junger kubanischer Pressereferent vor ihm. Chuchu verschwand (auf der Suche nach den Getränken, erklärte er mir) und schien mir sehr lange fortzubleiben, kehrte dann aber triumphierend mit einer ganzen Lastwagenladung Flaschen zurück. Offenbar hatte er der Nationalgarde eine falsche Adresse angegeben.

Schlagartig verbesserte sich die allgemeine Stimmung. Als sehr freundlicher Mensch erwies sich der führende Kommunist von Panama. Er erklärte mir, seine Partei unterstütze die „besonnene“ Politik des Generals. Ein junger schwarzer Architekt stimmte mit mir darin überein, daß es Unsinn sei, in El Chorillo Apartmenthochhäuser zu bauen — da seien ja selbst die Slumhütten von Hollywood noch besser, meinte er. Mich verwirrte diese Bemerkung ein wenig, da ich mit Hollywood eher Filmstars als Slums assoziierte. „Die Menschen in Hollywood hängen sehr an ihren Behausungen“, fuhr er fort. „Die Lebensbedingungen dort sind fürchterlich, aber für sie bedeutet es dennoch ein Zuhause.“ Etwas verspätet wurde mir klar, daß Hollywood wohl der Name eines sehr armen Viertels der Stadt sein mußte.

Chuchu zupfte mich am Ärmel. „Da ist Koster.“

Der Schriftsteller — oder CIA-Agent — wanderte eifrig von Grüppchen zu Grüppchen und kam uns dabei immer näher, außer wenn er einen Ausfall zur Seite unternahm, um sein Glas nachzufüllen.

Die Nationalgarde hatte uns gut versorgt, und ich fühlte mich nun bereits leicht beschwipst. Koster erreichte mich schließlich und streckte die Hand aus.

„Koster“, sagte er.

„Der alte Ziegenbock“, stellte ich mich vor.

„Wie bitte?“

„Chuchu hat mir erzählt, Sie wüßten gerne, was der alte Ziegenbock hier zu suchen hätte.“

„So etwas habe ich niemals gesagt.“

Er entfernte sich eilig, um sich zwischen den übrigen Gästen zu verstecken. Wie Chuchu mir später erzählte, verbreitete er die ziemlich absonderliche Geschichte, daß ich ein notorischer Homosexueller sei. Sind Ziegenböcke homosexuell?

Es war schon lange zehn Uhr vorbei; der Getränkevorrat war unerschöpflich, und um Mitternacht trafen immer noch neue Gäste ein. In dem Bewußtsein, ein unhöflicher Gastgeber zu sein, zog ich mich mit Chuchu und seiner Gefährtin zurück. Die etwas abgezehrt aussehende Frau war die von ihm bewunderte Argentinierin, die vor Videlas Diktatur geflüchtet war. Es gab viele solche Flüchtlinge in Panama City, und man hatte ihnen ein Haus zur Verfügung gestellt, das in der Umgegend als der „Taubenschlag" bekannt war, denn sobald die Bewohner Arbeit gefunden oder die Einreisegenehmigung für ein anderes Land erhalten hatten, flogen sie wieder fort. Chuchu unterstützte die Exilierten mit Geld vom Privatkonto des Generals.

Im Verlauf der Party hatte Chuchu mir anvertraut, daß die einzige Frau, die er wirklich geliebt hatte (mit ihr war er auch legal verheiratet), am nächsten Tag, um ihre Mutter zu besuchen, aus den Vereinigten Staaten eintreffen würde, wo sie mit ihrem neuen Mann, einem Professor, zusammenlebte. Sie würde auch Chuchus zwei Kinder mitbringen, die er seit sieben Jahren nicht mehr gesehen hatte. Ihr Gatte sollte wenige Tage später nachkommen, doch ich spürte deutlich, daß Chuchu sich dennoch Hoffnungen machte, und die Argentinierin ihm zur Zeit wenig bedeutete.

Am Tag nach der Party erfüllte sich einer meiner größten Wünsche: Chuchu brachte mich nach Portobelo. Zwar nicht nach Nombre de Dios, das ich erst zwei Jahre später kennenlernen sollte, aber schließlich ist Portobelo Bay der Ort, wo Sir Francis Drake begraben liegt. Ein amerikanischer Offizier half den Panamaern einmal bei der Suche nach seinem Sarg, die allerdings ergebnislos blieb.

Portobelo ist unglaublich schön. Nur wenig scheint

sich seit Drakes Zeiten verändert zu haben, als diese Ansiedlung am Ende der Goldstraße lag. Noch steht hier das Schatzhaus, wo das Gold vor der Verschiffung nach Spanien gelagert wurde, die drei Forts, mit denen die Stadt befestigt war, die alten Festungswälle, auf denen heute die Geier hocken. Auch auf dem Kreuz der Kathedrale und darum herum saßen Geier. Vom Tor der Kathedrale aus sah man nichts von der Ortschaft, sondern nur den Dschungel, der düster und undurchdringlich wie ein Vorhang fünfzig Meter vom Tor entfernt begann. Zwischen den steinernen Ruinen war offensichtlich selbst für die geringe Einwohnerzahl von zweitausend nicht Platz genug. Eine schwarze Christusstatue stand über dem Altar. Sie war nach einem Schiffbruch auf dem Weg zum Vizekönig von Peru hier an Land gespült und von Indios geborgen worden.

Nach der Ankunft in Panama City wollte ich eine Siesta machen, doch es sollte anders kommen. Chuchu weckte mich gleich wieder, um mir zu sagen, der General bitte uns, in Rory González' Haus zu kommen – Mr. Bunker und die Amerikaner waren schon nach wenigen Tagen von Contadora wieder abgeflogen, und der General wollte diesen Anlaß feiern.

Es war unser erstes regelrechtes Trinkgelage. Zum Mittagessen trank Torrijos sonst nur Wasser, und erst als ihm mein europäisches Bedürfnis nach einem richtigen Drink bewußt wurde, gestand er mir ein Glas Rum zu. An diesem Tage floß der Black Label jedoch schon reichlich, als ich um fünf Uhr mit Chuchu ankam, und er floß immer noch, als ich gegen zehn wieder ging.

Auch Señor V. war anwesend, doch befand er sich bereits auf dem besten Wege zu einem mächtigen Rausch, so daß er keine Bedrohung meiner Unabhängigkeit mehr darstellte, und es sollte außerdem das letztemal sein, daß ich den armen Menschen lebend sah. Der junge panamaische Botschafter in den Vereinigten Staaten war ebenfalls anwesend, und natürlich Rory González.

Erleichtert über das Ende der langweiligen Verhandlungen, war der General glücklich und zuversichtlich. Er zeigte mir Fotos von seiner Frau mit ihrem nun wiedergewonnenen Vater. Die beiden sahen ebenso glücklich aus wie der General. Er witzelte über die schöne Kolumbianerin, derentwegen er nach Bogotá geflogen war. „*Sie* haben sie nur gesehen", sagte er, „aber ich habe sie gemessen." Trotzdem erzählte er mir, vielleicht aus Ritterlichkeit — denn er war ein Kavalier —, es sei enttäuschend gewesen, nichts habe sich zwischen ihnen abgespielt, sie sei nicht einmal in sein Flugzeug eingestiegen.

„Wir feiern übrigens den Abschied von Panamas berühmtestem Junggesellen", sagte er dann. „Rory will am 27. Dezember heiraten." Er selbst hatte mit dreiundzwanzig geheiratet und meinte, er bereue es nicht, obwohl es Schwierigkeiten gegeben habe. Seine junge Frau hatte einmal ein Versteck mit Liebesbriefen entdeckt. „Sie war nicht hysterisch", sagte er, „sondern sie war historisch." Er war buchstäblich zum Gefangenen in seinem eigenen Haus geworden und hatte Rory bitten müssen, ihn zu befreien.

Der Black Label bewirkte, daß die Stunden wie im Flug vergingen. Es war schon fast neun Uhr, und Chuchu drängte mich im Flüsterton zum Gehen. Er mußte zum Flughafen, um seine geschiedene Frau und seine Kinder abzuholen. „Bitte komm mit mir, Graham", bat er mich. Doch ich fühlte mich wohl und wollte noch nicht gehen.

„Dann leih mir bitte deine Sonnenbrille."

„Aber wozu denn? Es ist doch stockfinstere Nacht draußen."

„Damit sie meine Tränen nicht sehen", sagte er.

Der General brachte das Gespräch auf den Bananenkrieg, der vor mehreren Jahren zwischen der United Fruit Company und den Bananen-Anbaustaaten ausgebrochen war. Der Reihe nach hatten sich alle Länder mit der Company arrangiert, bis schließlich nur noch Panama Widerstand leistete. „Die Leute von der Company sagten. sie wären bereit, mir drei Millionen Dollar zu zahlen. Wenn sie mir zwei Miss Universum angeboten hätten, wer weiß...?"

Um zehn konnte ich nichts mehr trinken, und der General war verschwunden. Rory bot mir an, mich in seinem Wagen nach Hause bringen zu lassen, da Chuchu nicht zurückgekommen war. Ich bat ihn, dem General meinen Dank auszurichten. „Ich glaube, er ist bei einer Frau", sagte er. Señor V. luden wir auf den Rücksitz. Er war sternhagelvoll, und ich verstand kein Wort von dem, was er auf der Fahrt vor sich hinredete.

Das Glücksgefühl begleitete mich bis zum Einschlafen. Panama hatte noch keine eigene Währung — der Dollar war das einzige Zahlungsmittel — doch der General hatte die baldige Einführung einer Landeswährung versprochen... wenn erst einmal die Frage des Panamakanals geklärt wäre... Im Halbschlaf dachte ich mir Entwürfe für die künftigen panamaischen Münzen aus. Sollte man nicht auf die eine Seite das Porträt des Generals und auf die andere Seite Chuchus Porträt prägen — die Bildnisse zweier Romantiker, die einander mehr vertrauten als jeder Frau, jedem Politiker und jedem Intellektuellen?

13

Chuchu kam mit den beiden hübschen, klugen Kindern zu mir ins Hotel, die er mit der Frau gezeugt hatte, die er am meisten liebte. Bei einer späteren Gelegenheit, nach einer weiteren Ehe und einem weiteren Kind, bemerkte er mir gegenüber einmal voll Bedauern über diese Frau: „Ach ja, *sie* war keine reinliche Frau.“ Er meinte damit wahrscheinlich, daß sie nicht pedantisch auf Ordnung und Reinlichkeit gehalten hatte. Sie war kein „Hausmütterchen“ gewesen.

Wieder versuchten wir, ein Flugzeug nach Bocas del Toro zu bekommen, jener Insel, von der ich mittlerweile schon fast so besessen war wie von dem Dorf Nombre de Dios, und wieder gelang es uns glücklicherweise nicht. Also fuhren wir statt dessen mit den Kindern über die „Panamericana“ südwärts in Richtung Kolumbien, auf jenes Gebiet zu, das auf den Landkarten als großer grüner Fleck zu erkennen ist und den dichten, unwegsamen Dschungel von Darién bezeichnet, ein Reservat unzähliger Indios. Es gab Pläne (unter anderem von japanischen Ingenieuren), einen Kanal quer durch diesen Urwald zu bauen, der unter Einsatz atomarer Techniken gerodet werden sollte, doch der General war ein überzeugter Gegner dieser Idee. „Wir wissen nicht, wie viele Tausende Indios dabei getötet oder vertrieben würden.“

Am Rand dieses gewaltigen Reservats lag der Bayano-See, wo mit jugoslawischer Hilfe ein Staudamm errichtet worden war. Wir erreichten ihn, nachdem wir zu Mittag in einer Kaserne für junge Rekruten gegessen hatten — es war Sonntag, der Besuchstag für die Familienangehörigen, und in mir stiegen Erinnerungen an die Festtage in meiner Schule in England auf, an stolze Mütter und verlegene Jungen.

Der Dammbau hatte zumindest ein altes indianisches Dorf zerstört, das nun unter dem Wasserspiegel lag. Wir fuhren zu dem neuen Dorf hinauf, das an seiner Statt erbaut worden war, und wurden dort in der Versammlungshütte vom Häuptling empfangen, einem alten Mann von unglaublicher Würde, der zwei Federn am Hut trug und einen Streifen grünen Stoffes über die Schulter geworfen hatte. Mehrere Dorfbewohner saßen auf dem Boden der Hütte und hörten schweigend zu, während ein Übersetzer die Beschwerden des Häuptlings über die Regierung vorbrachte. Die günstige Gelegenheit unseres Besuchs konnten sie sich nicht entgehen lassen.

Die Regierung hatte ihre Versprechungen nicht eingehalten, erfuhren wir — die Entschädigungssumme, die man den Indios für die Umsiedlung garantiert hatte, war schon seit drei Monaten ausständig; man hatte sie zu einer Zeit umgesiedelt, als es bereits zu spät für den Anbau war; es mangelte ihnen an Zucker und an Saatgut; die wilden Tiere, die ihnen zur Nahrung gedient hatten, waren durch die Bauarbeiten am Staudamm verscheucht worden, und sämtliche Fische in dem Fluß waren umgekommen. Wenn sie offiziell an den General appellieren wollten, müßte dieser Appell mit allen übrigen Stammeshäuptlingen abgesprochen werden, und der Mann, der höchstwahrscheinlich zu ihrem Vertreter gewählt werden würde, war ihrer Meinung nach ein schlechter Mann, der nichts zur Unterstützung seines Volkes unternahm. Wir versprachen dem Häuptling, daß wir den General direkt darauf ansprechen würden, und er glaubte uns — wenn auch vielleicht mit einer gewissen Skepsis.

Chuchus Kinder hörten mit großem Ernst zu. Sie mußten sich wohl weltweit entfernt von ihrem Zuhause in den Vereinigten Staaten und ihrem Stiefvater auf dem Universitätscampus fühlen. Zwar war Chuchu auch ein

Professor, doch in seiner Armeeuniform mit den Sergeantenstreifen dürfte er ganz anders als die Professoren gewirkt haben, die sie in den USA zu sehen gewöhnt waren. Chuchu lockte seinen Sohn sehr geschickt aus der Reserve. „Was fällt dir dazu ein?" fragte er ihn, und dann wieder: „Was meinst du dazu?" Der Junge reagierte rasch und war nie um eine Antwort verlegen.

Später, in Panama City, gingen Chuchu und ich wider Willen und nur, weil uns der Weg zum Senorial zu weit war, ins „Holiday Inn", um jeder drei Glas Rum-Punsch zu trinken — die sich als so schlecht erwiesen, wie wir befürchtet hatten — und dort unsere Pläne für den nächsten Tag zu besprechen. Wir wollten einen Armeehubschrauber zu einer der Inseln des San-Blas-Archipels nehmen, auf denen der Stamm der Cuna-Indios in weitgehender Autonomie lebte und wo es laut Chuchu ausgezeichnete Hummer gab. Dann fuhren wir ins „Marisco" zum Abendessen. Dort fiel Chuchu ein, daß er seine Brille vergessen hatte, also fuhr er sie holen — doch tatsächlich hatte er noch mehr als seine Brille vergessen, denn er kam in Begleitung des „kleinen Mädchens" zurück, das allein zu lassen er nicht übers Herz gebracht hatte. Sie war ein reizendes Kind und keineswegs so einfältig, wie er immer behauptet hatte.

14

In Panama City verliefen die Dinge niemals nach Plan. Anstatt den Hubschrauber zu den San-Blas-Inseln zu nehmen, gingen wir einkaufen, weil der General uns in Rorys Haus gebeten hatte, wo wir ihm beim Mittagessen Gesellschaft leisten mußten (er vertrug es nicht, allein zu essen). In der Absicht, ihn zu einer Änderung seiner Trinkgewohnheiten zu bewegen, hatte ich ihm eine Flasche irischen Whiskey gekauft (eigentlich hatte ich ihm zeigen wollen, wie man Irish Coffee macht, mußte jedoch feststellen, daß er nicht einmal wußte, daß in Irland Whiskey erzeugt wird) und dazu eine Flasche Glenfiddich, um seine Lieblingsmarke Black Label auszustechen. Außerdem schenkte ich ihm einen der Schätze, die ich immer mit mir trug: einen falschen Dollarschein, der auf der Rückseite mit Propaganda gegen den Vietnamkrieg bedruckt war. Dieses Geschenk machte ihm wohl mehr Freude als der Whiskey, denn seinem Black Label blieb er bis zum Ende treu. Es waren meine Abschiedsgeschenke — am nächsten Tag sollte ich mit einer KLM-Maschine nach Amsterdam zurückfliegen.

Wir berichteten ihm von den Klagen der Indios in Bayano; er versprach, sich darum zu kümmern und gab Chuchus Notizen an seinen Sekretär weiter. Danach sprachen wir von diesem und jenem, während er das einfache Mahl achtlos verzehrte und mit Wasser (der Sonntag war vorüber) hinunterspülte. Wir unterhielten uns über Träume (er erinnerte sich nur sehr selten an seine Träume, und die, die er noch wußte, waren so beunruhigend wie der Traum über seinen verstorbenen Vater), über Frauen („Als junger Mann ißt man alles, aber in meinem Alter wird man schon wählerischer") und über die Vorahnungen, die ihm oft zu schaffen machten. Meistens bezogen sie sich auf seinen eigenen, gewaltsamen Tod. Ich sagte ihm, wie grauenhaft ich die Walt-Disney-Figuren entlang der Straßen der Republik fände, an denen die Ortstafeln von Dörfern und Städten angebracht waren. „Wenn die Studenten das nächstemal gegen die USA demonstrieren wollen, können Sie ihnen dann nicht den Tip geben, all diese Donald Ducks zu verbrennen?“ Leider wurde mein Vorschlag bisher nicht aufgegriffen. Die Comic-Figuren existieren immer noch.

Während wir uns unterhielten, beobachtete uns der einsame Wellensittich aus seinem Käfig. „Ohne einen Gefährten wird er niemals einen Ton von sich geben“, meinte ich zu Torrijos.

„Oh doch, das wird er“, entgegnete er und ging ins Nebenzimmer, um eine Tonband-Kassette zu holen. Er hatte das Geplapper eines Wellensittichs aufgenommen, das er jetzt dem kleinen Vogel vorspielte, worauf dieser tatsächlich prompt zu zwitschern begann. Wie konnte man diesen Mann nicht gernhaben? dachte ich.

Abends ging ich mit Chuchu in das Restaurant Panama, wo man im Freien sitzen konnte. Der Pazifik lag wie eine dunkle Rasenfläche vor uns und die Sterne erschienen mir viel heller und näher, als ich sie zu Hause je erlebt hatte. Wir waren mit seiner Ex-Frau und den Kindern verabredet, und während wir auf sie warteten, beschrieb Chuchu sie mir als die schönste Frau, die ich wahrscheinlich je gesehen hätte. Da er wußte, wie unsagbar traurig er sein würde, wenn er sich nach dem Abendessen von ihr würde trennen müssen, hatte er zum Trost bereits ein Rendezvous mit einer Prostituierten an einer bestimmten Straßenecke ausgemacht — sein „kleines Mädchen“ zu Hause wäre auf keinen Fall imstande, seinen Schmerz zu lindern.

Dann traf Chuchus Ex-Frau ein. Sie war hübsch, intelligent und sicher eine sehr nette Person, doch schien sie mir kaum mit Chuchus Traum übereinzustimmen. Sie war in Begleitung einer hübschen jungen Ärztin gekommen (wohl zum Schutz vor Chuchus Aufmerksamkeiten), die vor Mißtrauen geradezu die Nackenhaare aufstellte. Chuchu hatte seine beste Uniform angelegt; er hatte sich das widerspenstige Haar gekämmt und machte sich nun daran, seine dreizehnjährige Tochter zu becircen. Genau wie Chuchu war sie eine Romantikerin – einige Jahre später sollte ich sie in Nicaragua wiedersehen, in Khakiuniform und mit einem Revolver im Gürtel.

Das ganze Abendessen über sprach Chuchu davon, wie einsam er sich in Panama fühlte: vergessen waren die reiche Frau und ihr Baby, sein „kleines Mädchen", das zu Hause wartete, und auch die Prostituierte, die mittlerweile auf dem Weg zum Treffpunkt sein mußte. „Wenn du schon in die Staaten zurückgehen mußt", flehte er seine ehemalige Frau an, „dann laß mir doch wenigstens meine Tochter hier." Die Tochter hielt seine Hand und weinte um den einsamen Mann an ihrer Seite – in jener Nacht war er nicht der Professor, sondern der Soldat. Ihr jüngerer Bruder war aus härterem Holz geschnitzt und gab stolz einen „Gedanken" zum Besten, wie sein Vater ihn gelehrt hatte: „Wie kann er einsam sein, wenn er doch die ganze Welt im Kopf hat?" Die Ärztin beobachtete Chuchus Darbietung mit zynischem Blick, und seine Tochter weinte unaufhörlich.

Ich war wütend auf Chuchu und beschimpfte ihn heftig, als er mich ins Hotel zurückfuhr. „Du hattest kein Recht, deine Tochter mit den Geschichten über deine Einsamkeit so durcheinanderzubringen. Einsamkeit! Was denn für eine Einsamkeit?"

„Aber ich bin tatsächlich einsam", erwiderte er. Er hielt an einer Ecke und seine Augen suchten die Straße in beiden Richtungen ab. „Jetzt ist sie weg", sagte er. „Wir sind um fast eine Stunde zu spät gekommen."

Am nächsten Tag ging ich mit Chuchu ins „Marisco" – mein Abschied von Panama –, und der baskische Besitzer lud uns auf das Essen ein. Es war sehr leicht und vornehm, nichts als gebratene Fischwangen und dazu chilenischen Wein eines Vor-Pinochet-Jahrgangs.

Es kam mir nicht in den Sinn, daß ich Chuchu oder den General oder Panama jemals wiedersehen würde, doch der Roman, den ich nie schreiben sollte, verfolgte mich noch lange, und in den folgenden Monaten schrieb ich einzelne Dialoge nieder – allerdings nicht einen von denen, die ich wirklich gehört hatte.

„Sie urteilen über uns", sagt der General nicht zu mir, sondern zu der Journalistin in *Auf dem Rückweg*. „Sie nennen uns Lateinamerikaner, weil Sie nicht tief genug in ihr eigenes Inneres schauen wollen – wo Sie uns ebensogut finden könnten.

Wer war der erste Lateinamerikaner? Nicht Kolumbus, sondern Cortez. Kolumbus blieb in der Portobelo Bay auf seinem Schiff und ging nicht an Land. Er war alt, genau wie Europa."

Doch ein Satz, den der General wirklich ausgesprochen hatte, verfolgte mich aufgrund seiner Rätselhaftigkeit immer noch. Was hatte er gemeint, als er sagte: „Sie und ich, wir sind beide selbstzerstörerisch"? Mir war, als hörte ich einen Freund sprechen, der mich besser kannte, als ich selbst mich kannte.

TEIL II: 1977

1

Auch nach meiner Rückkehr nach Frankreich ließ mir der Roman *Auf dem Rückweg* Tag und Nacht keine Ruhe. Diese Figuren, die ich so unbedacht dem Leben entlehnt hatte, gingen mir nicht aus dem Kopf. Ständig erinnerte ich mich an Chuchu und seinen prahlerischen Ausspruch: „Ich werde niemals sterben", seinen komplizierten Theologiebegriff – „Ich glaube an die Existenz des Teufels, aber an Gott glaube ich nicht" – und an seine Weise, auf die Existenz des Teufels daraus zu schließen, daß er immer den falschen Flügel der Schwingtür aufzustoßen versuchte. Doch Chuchu und der General führten ihr Leben im fernen Panama weiter und weigerten sich, zu Figuren in meinem Roman zu werden. Und Panama selbst – so vieles in dem kleinen Land hatte ich noch nicht gesehen, und es kam mir äußerst unwahrscheinlich vor, daß ich jemals Gelegenheit zu einem zweiten Besuch finden würde. Nicht einmal so nahe wie Columbus war ich an die vielgeschmähte Insel Bocas del Toro herangekommen; Nombre de Dios blieb für mich weiterhin nur ein Name in einem Historienspiel und einem Gedicht; und es war uns auch nicht gelungen, in das Spukhaus einzudringen. Irgendwann erreichte mich die Nachricht, vermutlich über meinen Freund Diederich, daß Señor V., der arme Kerl, an einem Herzinfarkt gestorben war. Hatte ihm die Black-Label-Party damals etwa den Rest gegeben? Für meinen Roman, an dessen Fertigstellung ich selbst nicht mehr glaubte, war es ganz wesentlich, daß er am Leben blieb, denn er spielte eine wichtige Rolle. Nach Chuchus Tod durch die Autobombe – in David? – sollte der General nämlich Señor V. aussenden, um die Reporterin mit dem Hubschrauber zurück nach Panama City zu bringen, und in der Gesellschaft dieses unsympathischen Menschen sollte sie all jene Orte überfliegen, die sie mit Chuchu „auf dem Rückweg" zu besuchen geplant hatte.

In den folgenden Monaten brachte ich die ersten zwei Seiten des aussichtslosen Buches zu Papier. Genau wie ich kam auch Marie-Claire, die französische Journalistin, zum erstenmal nach Panama, um den General zu besuchen.

> In dem kleinen Innenhof einer weißen Vorstadtvilla fand sie sich von halbindianischen Gesichtern umringt. Die Männer trugen alle Revolver im Gürtel, und einer von ihnen hielt ein Walkie-Talkie dicht an sein Ohr gepreßt, als wartete er mit der Inbrunst eines Stammespriesters auf eine Botschaft von einem seiner indianischen Götter. Diese Männer erscheinen mir ebenso fremd, dachte sie, wie die Indios vor fünfhundert Jahren Kolumbus erschienen sein müssen. Die Tarnmuster ihrer Uniformen sehen aus wie Malereien auf nackter Haut.

Viel weiter war ich mit dem Roman nicht gekommen, als in Antibes einmal spät abends das Telefon neben meinem Bett klingelte. Ich erkannte die Stimme von Chuchu, der mich aus Panama anrief: „Wann kommst du?"

„Wie meinst du das?"

„Der General möchte wissen, wann du kommst."

„Aber..."

„Dein Ticket wartet schon im KLM-Büro auf dich."

Also werde ich Panama doch noch einmal wiedersehen, dachte ich mit einem leichten Glücksgefühl.

Diesmal flog ich von Paris nach Amsterdam, um den KLM-Nachtflug zu erwischen, und am nächsten Morgen trank ich wieder Bols über dem Karibischen Meer. In meinem Tagebuch notierte ich: „21. August — Mächtige Wolkengebirge über Trinidad. Wunderschöne Steilküste Kolumbiens, dann der dichte Dschungel von Darién. Chuchu holte mich am Flughafen ab."

Es war, als wäre ich nie fort gewesen. Mein Leben paßte sich mühelos dem Rhythmus Panamas an: eine Siesta, ein schlecht gemixter „Planter's Punch" im Holiday Inn mit Chuchu, dann wieder zurück zu meinem Whisky im Hotel, abends ein gutes Essen bei dem baskischen Wirt im „Marisco". Dennoch waren einige wichtige Veränderungen eingetreten, und Chuchu brachte mein Wissen auf den neuesten Stand. Auch sein eigenes Leben war nicht stehengeblieben. Seine geliebte Ex-Frau hatte ihren amerikanischen Ehemann verlassen, aber sie hatte Chuchu in einem Brief geschrieben, sie würde nicht zu ihm zurückkehren (wohl eher zu seiner Erleichterung, glaube ich), weil sie sich in seiner Gegenwart nicht frei fühle. Er meinte nur: „Sie versucht dauernd, etwas hundertprozentig zu sein, dabei möchte sie in Wirklichkeit alles nur zu fünfzig Prozent sein — halb-frei, halb-intelligent, halb..." Er pflegte immer noch Umgang mit der geflohenen Argentinierin, aber mittlerweile kam es manchmal vor, daß sie sich aus Eifersucht mit ihm prügelte.

Und der General? Wie ging es dem General? Er sei unglücklich, erzählte mir Chuchu, über die Bedingungen des Kanalvertrags, denen er schließlich zugestimmt hatte — er schlafe nicht gut und trinke nicht einmal am Wochenende: ein schlechtes Zeichen. Chuchu war sehr dafür, die Studenten gegen die Zone demonstrieren zu lassen, bevor der amerikanische Senat zusammentrat, um über den Vertrag zu beraten, schon um den Amerikanern zu zeigen, daß Panama nicht bereit war, jede beliebige Änderung zu akzeptieren, die sie sich einfallen lassen würden. Doch seine größte Sorge war, daß der General politisch ein wenig nach rechts rücken könnte.

In der *New York Review of Books* hatte ich einen Artikel über das „Land mit fünf Grenzen" veröffentlicht, in dem ich unter anderem geschrieben hatte, daß einige der höheren Offiziere der Nationalgarde besondere Privilegien genössen, zum Beispiel bei der Vergabe von Wohnungen, denn, so hatte der General mir erklärt: „Wenn ich sie nicht bezahle, bezahlt sie der CIA", und ich hatte auch Oberst Flores beschrieben, wie er Kaugummi kauend bei der Versammlung in El Chorillo saß. Chuchu hatte den Artikel für eine panamaische Zeitung übersetzt und den General gefragt, ob er vielleicht meine Bemerkung über die Offiziere der Nationalgarde weglassen sollte. „Nein, du wirst an keinem seiner Worte etwas verändern", hatte der General erwidert. Soviel also zu meinem künftigen Verhältnis zum Chef des Stabes. Ich konnte nur hoffen, daß während meiner Anwesenheit in Panama kein Militärputsch stattfand.

Chuchu stellte mir das Problem so dar: „Natürlich gibt es Korruption unter einigen der höheren Offiziere. Du kennst doch die Geschichte von dem Mann, der versucht, sein verstopftes Klosett mit einer von diesen Sauggglocken aus Gummi freizubekommen, was ihm nicht gelingt. Darauf sagt jemand zu ihm: ‚So schaffst du es nie.

Du mußt mit den Händen in die Scheiße greifen und sie herausholen.' Der General wird mit den Händen in die Scheiße greifen müssen."

Am nächsten Vormittag schickte der General sein Flugzeug, um uns abzuholen und zum Mittagessen in sein Haus bei Farallón an der Pazifikküste zu bringen. „Nimm eine Reisetasche mit", warnte mich Chuchu. „Ich habe so eine Ahnung, daß wir heute nicht mehr in die Stadt zurückkommen werden."

Chuchu behielt recht. Vor dem Haus wartete ein Helikopter, in dem wir unsere Reisetaschen zurückließen.

Nach allem, was Chuchu mir erzählt hatte, erstaunte es mich, wie entspannt, wie jung und sogar glücklich der General wirkte — er grüßte mich bei meinem Vornamen und umarmte mich, so daß ich es ihm nachtat und er für mich von diesem Tag an Omar hieß. Er sagte, mein Artikel habe ihm sehr gefallen, denn „du beschreibst mich als lebendigen Menschen, nicht als einen Computer". Es stimmte, fuhr er fort, die Verhandlungen über den Kanalvertrag seien sehr schwierig und anstrengend gewesen. Die Amerikaner hätten sie in dem Vorsatz begonnen, keines ihrer Rechte preiszugeben. Nun sei das letzte Wort darüber gesprochen, und die Sache läge jetzt in den Händen Gottes beziehungsweise des Senats. Einige Nächte zuvor hatte der General einen sehr lebhaften Traum gehabt: Der Guerillakrieg, den er in gewissem Sinne herbeisehnte, war ausgebrochen. Er selbst war im Dschungel und merkte, daß er seine Stiefel nicht anhatte. Er hatte sich furchtbar gedemütigt gefühlt, denn nun würde er gleich zu Beginn des Krieges gefangengenommen werden, nur weil er keine Stiefel hatte.

Nach dem Essen wurden die Motoren des Hubschraubers angeworfen, doch dann führte uns der General zu einem Wagen, an dessen Steuer er selbst sich setzte. Im

Hubschrauber blieben nur unsere Taschen liegen. Diese Änderung in letzter Minute erfolgte aus Sicherheitsgründen — eine Maßnahme gegen einen Anschlag auf sein Leben, mit dem er, so schien mir, nun jederzeit rechnete. Wir saßen zu fünft in dem Auto: außer mir selbst noch Chuchu, der General, sein Sekretär und seine Freundin, ein junges Mädchen mit einem hübschen Gesicht, dessen Schnitt eine Spur chinesischen Blutes verriet. Bei diesem ersten Zusammentreffen kam sie mir ein wenig hochgestochen und wie eine Möchtegern-Intellektuelle vor — sie studierte Soziologie in den Vereinigten Staaten, ein Fach, in dem es von Banalitäten und abstraktem Kauderwelsch nur so wimmelt —, doch ich täuschte mich gewaltig in ihr. Sie war eine kluge und mutige, zärtliche und treue Frau, und sie war genau die Richtige für Omar.

Wie sich herausstellte, fuhren wir nach Santiago, um dort zu übernachten, und am nächsten Tag würde der Hubschrauber uns erst nach David und dann zu einer panamaischen Bananenplantage bringen — der einzigen von nennenswerter Größe, die dem Staat gehörte. Alle übrigen Plantagen ringsum befanden sich in amerikanischem Besitz.

Santiago war der Geburtsort des Generals. Unterwegs erzählte er mir, wie er mit sechzehn mit einem Mädchen von zu Hause durchbrennen wollte und dazu den Wagen seines älteren Bruders gestohlen hatte. „Ich habe aber noch Glück gehabt", meinte er. „Die Polizei hat uns angehalten, als wir gerade aus Santiago hinausfuhren. Ich sehe das Mädchen manchmal noch auf der Straße. Sie ist inzwischen eine unwahrscheinlich fette Frau geworden."

Am Ortsrand von Santiago hielten wir vor dem Haus eines Fuhrunternehmers, der ein alter Freund von Omar war. Der Mann hatte vor kurzem heimlich eine vorgeschichtliche Grabstätte geöffnet und dabei mehrere prächtige goldene Halsketten gefunden. Er behauptete, sie seien viertausend Jahre alt, und der General riet ihm, sie versteckt zu halten, bis er es arrangieren könnte, daß die Regierung ihm einen fairen Preis dafür zahlte. Dann fuhren wir weiter nach Santiago hinein, und er zeigte mir das kleine Holzhaus seines Vaters und seines Großvaters. In diesem kleinen Ort, der seine Heimat war, fühlte er sich glücklich und unbeschwert. Es war auch keinerlei angeberisches Gehabe an ihm zu bemerken.

Wir besuchten einen Automechaniker, mit dem er zur Schule gegangen war, und saßen in Schaukelstühlen vor dessen Haus, umringt von Nachbarn, die ebenfalls auf Schaukelstühlen saßen und mit uns den Whisky tranken, den Omar unauffällig hervorgezaubert hatte. Bevor wir dort hinkamen, hatte er mir erzählt, daß er bei einem früheren Besuch diesen Freund einmal seiner Trunksucht wegen beschimpft hatte, worauf dieser ihm geantwortet hatte: „Das sagst du nur, weil ich dich nicht vom Flughafen abgeholt habe. Ich bin kein Arschkriecher, und wer von uns beiden ist wohl der Glücklichere? Ich kann den ganzen Tag lang trinken, wenn ich Lust habe, und keinen kümmert's.“ Als sein Freund gerade außer Hörweite war, bemerkte Omar: „Wenn ich hier geblieben wäre, dann ginge mein Horizont heute nicht über diese Veranda hinaus“, doch in seiner Stimme schwang dabei ein entschuldigender Ton mit, so als machte er sich Vorwürfe wegen seiner Flucht aus diesem Ort.

Nach den Klatschgeschichten über die Vergangenheit kam die Rede unweigerlich wieder auf den Kanalvertrag. Der Mechaniker teilte die Unzufriedenheit des Generals über die vereinbarten Bedingungen nicht.

Später gesellte sich noch eine Lehrerin mit einigen ihrer älteren Schülerinnen zu uns: der General sprach mit ihnen, und das keineswegs von oben herab. An diesem Abend schrieb ich in mein Tagebuch:

> Ich habe noch nie erlebt, daß er jemanden von oben herab behandelt hätte – nicht einmal ein fünfjähriges Kind. Mit den Bauern reißt er derbe Witze, aber das tut er auch mit uns manchmal. Die älteste Schülerin, ein großgewachsenes Mädchen von vielleicht siebzehn Jahren, habe ich gefragt, was geschehen sollte, falls der Vertrag nicht ratifiziert wird, und sie hat mir ohne zu zögern darauf geantwortet: „Die Hauptsache ist, daß nie wieder Blut in den Straßen vergossen wird."

Nach dem Essen unterhielten wir uns über frivolere Themen. Omar machte keinesfalls den Eindruck, als hätte er das Trinken aufgegeben, obwohl es kein Wochenende, sondern ein Montag war. Das Gespräch drehte sich um Sex. Ich kann mich nicht mehr erinnern, über welche Aspekte weiblicher Gefühle oder Wünsche ich mich dabei äußerte, ich weiß nur noch, wie heftig Omar mir widersprach. Seine junge Geliebte sagte etwas zu meiner Verteidigung, und mit einem Grinsen klagte der General: „Deinetwegen hängt jetzt mein Haussegen schief." Es war ein fröhlicher, beschwipster Abend, von keinerlei Bedenken hinsichtlich des Kanalvertrags getrübt.

2

Nach dem Frühstück empfing der General zwei Besucher aus dem Städtchen, einen jungen Mann und dessen Mutter. Freundlich und geduldig hörte er ihre umständlich erzählte Geschichte an, die traurig und sehr alltäglich war: der Gatte der Frau war kürzlich gestorben, und der Junge hatte keine Arbeit. Ihr Problem erwies sich jedoch als wesentlich einfacher lösbar als die Probleme mit Mr. Bunker. Omar gab ihnen zwei Schreiben mit — eine Weisung an die Gemeindeverwaltung, die Miete der Mutter herabzusetzen, und eine briefliche Aufforderung an den Leiter einer Zuckerfabrik, dem Jungen eine Anstellung zu verschaffen. In meinen Augen praktizierte der General damit eine direkte Form der Demokratie, obwohl seine Gegner diese Vorgangsweise wohl ‚populistisch' genannt hätten, ein heutzutage fälschlicherweise verächtlich verwendeter Begriff. (Mein *Oxford Dictionary* von 1969 gibt zwei verschiedene Definitionen an: ein Populist ist demnach entweder ein „Anhänger einer politischen Partei der USA, die für die Verstaatlichung der Eisenbahnen usw. eintritt" oder ein „Anhänger einer politischen Partei Rußlands, deren Ziel der Kollektivismus ist.")

In der Zwischenzeit war der Hubschrauber mit unserem Gepäck eingetroffen. Wir ließen den Wagen zurück, um nach David zu fliegen, von wo es nach einem kurzen Aufenthalt gleich weiter ging, auf die Suche nach der Bananenplantage, die sehr schwer zu finden war. Da sie von lauter anderen Plantagen umgeben war, die sich im Besitz von United Brands befanden (mit diesem Namen versuchte die United Fruit Company, sich von ihrer unrühmlichen Vergangenheit loszusagen), konnte man sie aus dreihundert Meter Höhe von diesen schwer unterscheiden, mit dem Ergebnis, daß wir zweimal auf amerikanischen Plantagen landeten.

Beim erstenmal tat Omar so, als wäre die Landung beabsichtigt gewesen. Er fragte nach dem Weg zur Schule, wo er vom Lehrer mit einer gewissen Ehrfurcht und von den Schülern mit aufgeregtem Getuschel begrüßt wurde. Er sprach eine Weile zu den Kindern und sah sich ihre Schulbücher an. Am Eingang versammelten sich einige Bauern. Ich fragte einen von ihnen, was zu tun sei, falls der Vertrag nicht ratifiziert würde. „Kämpfen natürlich!", antwortete er, und sein Nachbar pflichtete ihm mit einem Grunzen bei. Wie ich erfuhr, hatten sich die Leute dieses Dorfes, dessen Grund und Boden sich in amerikanischer Hand befand, lange Zeit vergebens um die Errichtung einer Schule bemüht. Jeder, der sich öffentlich für die Schule eingesetzt hatte, war von der amerikanischen Firma als Kommunist betrachtet worden, viele hatte man einfach in die Vereinigten Staaten in ein Gefängnis gebracht, was völlig illegal war, denn die Plantage lag nicht innerhalb der Kanalzone. Einmal hatte ein Polizeioberst den Befehl erhalten, die Dorfbewohner zu prügeln, was er jedoch verweigert hatte. Inzwischen hatten sie ihre Schule, doch der Kampfgeist war ihnen geblieben.

Dem General wurden einige kluge Fragen über die zukünftige Entwicklung gestellt, denn gemäß den Bedingungen des Vertrags sollte ein großer Teil der amerikanischen Zone, mit Ausnahme der Militärbasen, sofort an Panama zurückfallen. Es würden dort keine privaten Bauvorhaben genehmigt werden, versicherte ihnen der General. Jener Teil der Kanalzone, der direkt an das ärmste Viertel von Panama City grenzte — das man scherzhafterweise Hollywood getauft hatte — würde in einen öffentlichen Park umgewandelt werden. Außerdem plante er ein Waisenhaus... „Jedenfalls werden wir die weißen Großgrundbesitzer nicht gegen kaffeebraune auswechseln", erklärte er. Er freute sich über direkte Fragen aus seinem Volk. Nur jene, die ihm von Journalisten gestellt wurden, mochte er nicht. Ich erinnere mich noch gut, was er einem Reporter auf die Frage antwortete, ob er Marxist sei: „Ein Interview ist doch keine Beichte. Ich bin nicht verpflichtet, Ihnen meine Gedanken mitzuteilen. Frage ich Sie etwa, ob Sie ein Päderast sind?“ Wenn er also ein Populist war, dachte ich, dann wäre mir Populismus für Panama weitaus lieber als Marxismus, Konservatismus oder Liberalismus.

Zurück zum Hubschrauber und weiter zur nächsten Plantage, die sich wieder als eine amerikanische herausstellte. Diesmal gab der General die Hoffnung auf, die staatliche Plantage aus der Luft zu erkennen, und telefonierte nach einem Wagen. Es war sehr heiß, die Wartezeit lang, und als der Wagen endlich kam, wurde Chuchu noch von einem Schwarm Kinder umgerissen, die unbedingt mit dem General sprechen und seine Arme berühren wollten.

Auf der panamaischen Plantage gingen wir endlos an Reihen von Bananenstauden entlang. Ich erinnerte mich, daß mir auf Jamaica einmal ein Verwalter erzählt hatte, der Anbau von Bananen besäße eine eigene, besondere Faszination, doch ich war zu müde, um sie zu entdecken. Nach dem Rundgang gab es einen kalten Lunch, bei dem ein schwarzer Lehrer dem General erzählte, wie ihm mit vierzehn einmal sein Fahrrad gestohlen worden war und er sich an Omar gewandt hatte, der damals erst ein junger Major der Nationalgarde war, und wie Omar ihm mit der Bemerkung, es gäbe eine Menge Fahrräder auf dem Polizeirevier, die niemand mehr abholte, ein Schreiben mitgegeben hatte, so daß er sich das schönste Rad dort aussuchen durfte. Der Lehrer schloß seine Geschichte mit den Worten: „Und jetzt habe ich endlich die Gelegenheit, Ihnen zu danken.“ War schon der junge Major Torrijos ein Populist gewesen, oder einfach ein freundlicher Mensch, der Kinder gern hatte? Im Hubschrauber flogen wir nach David zurück — alle waren schweigsam und müde, sogar Omar. Er fuhr in die Privatwohnung, die er dort in einem Hochhausblock besaß, und Chuchu und ich nahmen ein Hotelzimmer. Wir waren uns einig, daß wir von vorausgeplanten Ausflügen nun genug hatten. Am kommenden Tag würden wir uns mit dem Auto auf eigene Faust auf den Weg machen.

Das bot uns die Gelegenheit, auf dem Rückweg nach Panama City noch einmal beim Spukhaus vorbeizufahren, und obwohl es kein Sonntag war, betrat der alte Besitzer die Bar, als wir dort gerade einen Drink nahmen. Er ging stark gebückt und hatte ein krankes Auge, das ständig zu Boden blickte. Einlaß in das Spukhaus könne er uns nicht gewähren, sagte er, denn er habe die Schlüssel gar nicht bei sich. Außerdem gebe es dort ohnehin nichts zu sehen. Ein Gespenst? Derartige Geschichten erfänden die Leute doch über jedes verlassene Haus.

Ich hätte ihn fragen sollen: ‚Warum steht es eigentlich seit vierzig Jahren leer?‘, aber ich hoffte immer noch, er würde uns hineinlassen.

„Trotzdem würden wir gerne einmal einen Blick hinein werfen“, sagte ich. „Wann wäre das möglich?“

„Wann kommen Sie denn das nächstemal hier vorüber?“

„Wir können kommen, wann immer Sie wollen. Wir wär's mit Sonntag?“

„Nun ja...“

„Also Sonntag um wieviel Uhr?“

„Um drei.“

„Okay.“

„Aber ich kann Ihnen nichts versprechen.“

Wir waren beide überzeugt, daß er keineswegs die Absicht hatte, am Sonntag da zu sein, und beschlossen daher, am nächsten Tag um fünf überraschend wiederzukommen.

In der Stadt gingen wir ins „Señorial“, wo wir einen ausgezeichneten Rum-Punsch von Flor serviert bekamen, deren Ehrlichkeit und Klugheit Chuchu immer noch verunsicherten.

Chuchus Sexualleben war zur Zeit problematisch. Seine Freundin — welche, hatte ich immer noch nicht herausgefunden — war schwanger, das Kind sollte in etwa drei Wochen zur Welt kommen. „Jetzt beginnt sie mich zu hassen“, erklärte er. Ich gab zu bedenken, die Schwangerschaft sei wohl schon ein bißchen zu weit fortgeschritten, um noch miteinander zu schlafen, doch das war ein Gedanke, den er energisch zurückwies. „Nein, nein“, sagte er. „Sie ist sehr klug und kommt damit sehr gut zurecht.“ Bisher hatte ich erst zwei seiner Kinder kennengelernt. Er mußte aber noch mindestens zwei weitere aus einer früheren Ehe haben — dann gab es da natürlich noch die Tochter der Dichterin mit dem vollen Kühlschrank, und jetzt diesen Neuankömmling. Aber ich sollte weder über Chuchus Herkunft noch über die Zahl seiner Kinder jemals etwas Genaues erfahren, und er war sich darüber wohl selbst nicht ganz sicher. Einem Freund antwortete er auf die Frage nach der Zahl seiner Kinder einmal: „Ungefähr zwölf, glaube ich.“

Zum Abendessen trafen wir uns mit einem panamaischen Ehepaar, das mir von Chuchu als „ultralinks“ beschrieben worden war. Der Mann hatte einen dieser gutmütig wirkenden, lang herabhängenden Schnurrbärte, die für die Linken ebenso typisch zu sein scheinen, wie es der kurze, militärische Schnauzer für dir Rechten ist. Chuchu hatte sich einmal für den Mann eingesetzt, als dieser von der G-2 (der Sicherheitspolizei) und einem Führer der christlich-demokratischen Partei fälschlicherweise, wie er behauptete, der tätlichen Drohung angeklagt wurde. Er war damals untergetaucht, und Chuchu hatte seinen Fall dem General vorgebracht. Die Lösung, die dieser vorschlug, war eines Salomon würdig: Der Mann könne sich entweder – zur Sicherheit in des Generals eigenem Wagen – nach Costa Rica absetzen, oder aber er solle sich der Polizei stellen, und zwar in Gegenwart Chuchus, um zu gewährleisten, daß ihm keine schlechte Behandlung widerführe. Er entschied, sich lieber den Behörden zu stellen, und wurde zu einem Monat Haft verurteilt, aber nicht im Gefängnis, sondern in dem von Chuchu verwalteten, bequemen Wohnhaus für Flüchtlinge, dem „Taubenschlag". Beim Essen im „Marisco" erklärte mir die Frau dieses Mannes beharrlich, sie seien eigentlich gar keine Ultras. Die beiden waren zum Zeitpunkt von Pinochets Militärputsch aus Chile geflohen.

Ein sonderbarer Zufall wollte es, daß ausgerechnet an diesem Abend der Chef der G-2 in einem Extrazimmer des Marisco speiste, und Chuchu hätte mich ihm gerne vorgestellt, doch dieser Gedanke erschreckte die beiden sehr. „Bitte ein andermal", flehte uns der Mann mit dem traurigen Schnurrbart an. „Nicht in unserer Gegenwart."

Später schilderte uns Chuchu einen Raubüberfall am hellichten Tag, den er in der Stadt beobachtet hatte. Er war durch die alte Innenstadt gefahren, als er sah, wie zwei Touristen in einer Seitenstraße niedergeschlagen wurden. Er hatte angehalten und eigentlich einen Schuß in die Luft abgeben wollen, doch als die Männer seinen Revolver sahen, waren sie geflüchtet. „Warum hast du nicht auf ihre Beine gezielt?" wollte ich wissen.

„Wozu hätte ich sie verletzen sollen. Sie waren ja bloß hinter dem Geld her. Es waren arme Leute."

Das war Panama.

Am nächsten Tag ging es nach Punta Chane — ein außergewöhnliches, aber fehlgeschlagenes Projekt, hinter dem die Bank of Boston stand. Man hatte ein ausgedehntes Straßennetz angelegt, mit elektrischen Straßenlaternen, Ampeln und Verkehrsschildern, und Plakate zeigten die zukünftige Lage geplanter Hotels und Banken, doch war noch nicht einmal der erste Grundstein gelegt — die Straßen und Verkehrsanlagen führten nur zu ein paar Baracken am Strand, und es gab keinerlei Anzeichen dafür, daß schon Arbeiten im Gange waren. Anschließend fuhren wir in das Hügelland nach El Valle, wo es meinem *South American Handbook* zufolge Bäume mit viereckigen Stämmen und goldene Frösche geben sollte. Es war eine herrliche Fahrt, die enttäuschend endete — wir fanden weder eckige Bäume noch goldene Frösche.

Omar hatte ich während dieses zweiten Besuchs bisher kaum gesehen. Ich hatte den Eindruck, er ließ mich absichtlich allein, damit ich mir ansehen konnte, was ich wollte, damit ich Panama auf meine Weise, unbeeinflußt von ihm kennenlernen und meine eigenen Kontakte zu den Sandinisten und den übrigen Flüchtlingen anknüpfen konnte, die sich nach Panama in Sicherheit gebracht hatten.

Nach meiner Rückkehr aus El Valle traf ich zum erstenmal mit Sandinisten zusammen. Ein junger nicaraguanischer Arzt namens Camilo, dessen Bruder von Somoza umgebracht worden war, lud Chuchu und mich zum Abendessen ein. Sein Bruder war der Anführer der Guerilleros gewesen — der *Commandante Cero,* ein Titel, der auf seinen Nachfolger überging. Chuchu erzählte mir auf der Hinfahrt, Somoza habe geschworen, Ceros Blut zu trinken. Camilo lebe jetzt mit der panamaischen Freundin seines Bruders zusammen, die María Isabel hieß. Ich versprach, mir nicht anmerken zu lassen, daß ich von ihrem Verhältnis wußte. An der Wand würde ich ein Foto des toten Bruders hängen sehen, fügte Chuchu hinzu.

Das Foto hing tatsächlich dort, aber ein Geheimnis machten die beiden aus ihrem Verhältnis nicht. Die Frau war klug und schön, wenn auch aus irgendeinem Grunde eine gewisse Feindseligkeit zwischen ihr und Chuchu bestand. Vielleicht war er ein wenig eifersüchtig auf ihre enge Beziehung zu dem jungen Sandinisten. Außerdem aber war Chuchu in Nicaragua geboren, während der Großvater des Mädchens Präsident von Panama gewesen war. Mag sein, daß er als Maya-Abkömmling Menschen rein spanischer Abkunft mißtraute. Er hatte keinerlei Anlaß, ihrer Loyalität gegenüber der sandinistischen Sache zu mißtrauen, möglicherweise aber hegte er berechtigte Zweifel an ihrer Besonnenheit. Camilo hatte noch einen anderen jungen Sandinisten namens Rogelio zum Essen eingeladen, einen Mathematiker wie Chuchu. Er war mit Lidia, einer jungen Italienerin, verheiratet, und Chuchus Freundschaft mit den beiden sollte sein ohnehin schon schwieriges Geschlechtsleben noch weiter komplizieren, denn er heiratete bald darauf Lidias Schwester Silvana, um wieder einmal eine Familie zu gründen.

Diese jungen Sandinisten waren keine Flüchtlinge aus dem Guerillakrieg — sie waren selbst Teil dieses Guerillakrieges. Es existierte bereits so etwas wie ein sandinistisches Außenministerium. Der junge Arzt legte mitunter ganz plötzlich einen neuen Anzug und eine neue Krawatte an, um mysteriöse Aufträge in Mexiko auszuführen. Ich traf ihn einmal zufällig am Flughafen von Panama City, und als ich ihn wegen seines eleganten Äußeren neckte, vertraute er mir ganz ernst an: „Wenn man gut angezogen ist, prüfen sie den Paß nicht so genau."

Nach diesem Abend mit Camilo und seiner Freundin hatte ich das Gefühl, langsam von den Sandinisten in ihren Bann gezogen zu werden. Selbst Chuchu trat in den Hintergrund. Tatsächlich verschwand er ein oder zwei Tage vollkommen von der Bildfläche, und aus meinem Tagebuch ersehe ich, daß es mir allmählich auf die Nerven fiel, ständig dieselben Gesichter zu sehen – Camilo und María Isabel, den Mathematiker und seine Frau Lidia, und auch die beiden Ultras tauchten mehrmals täglich auf. Wo Chuchu geblieben war, hatte ich keine Ahnung. Soweit ich wußte, war es gut möglich, daß er mit seinem kleinen Flugzeug Waffen nach Nicaragua oder in das Grenzgebiet von Costa Rica brachte. Mir war, als würde ich in Richtung einer Grenze gedrängt, die ich nicht im Namen einer Sache überschreiten wollte, von der ich zu wenig wußte, um sie zu meiner eigenen zu machen. Auch Omar hatte mich davor gewarnt, diese Grenze zu überschreiten. Es wäre allzu einfach für Somoza, den Sandinisten die Schuld an meinem Tod in die Schuhe zu schieben.

Und doch hatte ich auch Grund, ihnen dankbar zu sein, denn dank María Isabels Hilfe sah ich tatsächlich die goldenen Frösche von El Valle und sogar einen viereckigen Baum, wenn auch erst nach einem strapaziösen Marsch durch den Urwald, bei dem ich ziemlich schlimm von Insekten zerstochen wurde. Noch wichtiger war jedoch, daß sie mir Zutritt zum Spukhaus verschaffte. Es war ein Sonntag, und wir hatten ursprünglich vorgehabt, auf die San-Blas-Inseln zu fliegen, fuhren dann statt dessen aber zu der Bar neben dem Spukhaus, die geöffnet war. Wenige Minuten später fuhr der alte Mann vor.

„Laß mich einmal mit ihm sprechen“, sagte María Isabel. Er hielt die Hausschlüssel in der Hand, konnte also nicht mehr vorgeben, er hätte sie nicht. Sein Alibi war geplatzt, und María Isabel war eine schöne Frau. Sie erzählte ihm, ich sei ein englisches Medium auf dem Rückflug von einer Spiritismus-Konferenz in Australien, und bei meinem Zwischenaufenthalt in Panama seien mir Gerüchte über dieses Haus zu Ohren gekommen.

„Das ist doch alles Unsinn!"

„Trotzdem..."

Murrend willigte er ein, uns „einen Teil des Hauses" zu zeigen.

Er schob den stählernen Rolladen hinauf, öffnete die schwere Stahltür, und dann standen wir im Wohnzimmer des Hauses, wo nahezu vollständige Finsternis herrschte. Es gab keine Beleuchtung und so konnten wir uns nur mit Hilfe unserer Feuerzeuge umsehen. Gespenst gab es vielleicht keines, aber auf jeden Fall spukten Erinnerungen in diesem Haus herum. An den Wänden standen Glasschränke voll Porzellangeschirr und zwischen den Schränken hingen viktorianische Gemälde von Frauen in durchsichtigen Musselingewändern, die wie Reproduktionen von Bildern Leightons aussahen. Durch eine offene Tür blickte ich in ein Zimmer, in dem ein Stahlbett stand. Die Bettlaken waren zerwühlt, als wäre der Bewohner des Zimmers eben erst aufgestanden, und eine Fledermaus flatterte mir entgegen.

Der Alte deutete auf den Fußboden des Wohnzimmers und fragte mich: „Wissen Sie, was darunter liegt?"

Mir fehlte die Zivilcourage, ihm darauf zu antworten: „Das Gerippe einer Frau."

Er wurde wesentlich gesprächiger, sobald wir wieder sicher im Freien standen. Er erzählte, daß es in dieser Gegend eine Menge Gespenster gäbe, da wir uns an der ehemaligen Goldstraße nach Portobelo befänden. Die Spanier hätten hier viel Gold vergraben, und neben dem

Gold lägen auch die Indios begraben, die es hatten tragen müssen. Die Geister dieser Indios griffen jeden an, der danach suchte.

Zum Abschied machte ich ihm mit den Fingern ein Zeichen, das für ein Erkennungssignal der Freimaurer gehalten werden konnte, vorauf der Alte mich seinen Bruder nannte. „Auch ich bin ein Medium", sagte er. „Ich bin ein bewußtes, Sie dagegen ein *inconsciente.*" Zuerst dachte ich, er beschuldige mich, ein gewissenloses Medium zu sein, doch María Isabel klärte mich auf. Er hatte nur gemeint, daß er sich im Gegensatz zu mir beim Erwachen aus dem Trancezustand erinnern konnte, was geschehen war.

Plötzlich bemerkte er, daß er die Stahltür nur angelehnt hatte, und ging eilig noch einmal zurück, um sie zu schließen und doppelt abzusperren.

Während Chuchus Abwesenheit ermöglichten mir die Sandinisten einen Besuch in Hollywood, dem Slum an der Grenze zur amerikanischen Zone. Wie sie mir sagten, sei es gefährlich, ohne die Begleitung eines Ortsansässigen dorthin zu gehen, aber einer von ihnen kannte jemanden, der für unsere Sicherheit sorgen würde.

Hollywood erwies sich als ein schauerliches Gewirr von Holzhäusern, die im Regenwasser versanken und wie gekenterte Boote aussahen, dazwischen öffentliche Bedürfnisanstalten, die zum Himmel stanken und deren Abwässer sich mit dem Wasser der Pfützen vermischte. In einem windgeschützten Winkel saß eine alte Frau, die Marihuana verkaufte, und durch die aufgeweichten Gassen verfolgte uns auf Schritt und Tritt ein von der Droge halb Wahnsinniger, der ständig Fragen stellte, auf die wir ihm keine Antwort gaben, und uns an Orte führen wollte, zu denen es unseren Begleiter und Beschützer überhaupt nicht hinzog.

Verwundert dachte ich an die ordentlichen Rasenflächen, die Golfplätze und die dreiundfünfzig Kirchen jenseits der nur eine halbe Meile entfernten, nicht markierten Grenze. Omar hatte Hollywood einmal vollständig abreißen und dort neue Wohnhäuser erbauen wollen (es gab auch zumindest ein Apartmentwohnhaus, von dessen Wänden die Feuchtigkeit nur so herabtropfte — wir durchwanderten die unbeleuchteten Korridore mit rascheren, nervöseren Schritten, ohne einer Menschenseele zu begegnen), doch hatte er diese Idee wieder fallen lassen. Die Bewohner von Hollywood hingen an ihren undichten Häusern, denn sie gehörten ihnen und ihre Eltern und Großeltern waren darin geboren, deshalb sprach er nun von „Verbesserungen", wenn eines Tages der Vertrag endlich unterzeichnet wäre: sanitäre Einrichtungen, Wasserleitungen, elektrisches Licht. Ich hielt dies allerdings für undurchführbar, denn man brauchte eine Hauswand nur zu berühren oder ein schadhaftes Dach zu flicken versuchen, und das ganze Gebäude würde unweigerlich einstürzen, um in der Wasserlache vor der Tür zu versinken.

Ich glaube, daß dieser Besuch in Hollywood für meine nächtlichen Schuldgefühle verantwortlich war. Ich träumte, ich hätte mit der Frau gestritten, die ich liebte, und sei danach mit der U-Bahn zum alten Gebäude der *Times* in der Queen Victoria Street gefahren, um zu kündigen — doch mit welchem Recht reichte ich meine Kündigung ein, da ich doch schon monate-, wenn nicht sogar jahrelang nicht mehr dort gewesen war, und das bei voller Bezahlung?

3

Mit dem jungen sandinistischen Arzt fuhr ich am nächsten Tag noch einmal nach Colón, wo er das Krankenhaus besuchen wollte. Auch er hatte in der Nacht schlecht geträumt – von seinem Bruder, den Somozas Leute ermordet hatten. In dem Traum hatte der Bruder Camilos jetzige Tätigkeit verurteilt. Wahrscheinlich empfand er ebenso irrationale Schuldgefühle wie ich, weil er sich in Sicherheit befand, während in Nicaragua der Bürgerkrieg tobte, doch er handelte auf Befehl und für die Sache der Sandinisten.

Er erzählte mir ein wenig von seinem Bruder, der jünger als er gewesen war. Der Bruder war bei Siemens zum Ingenieur ausgebildet worden und mit siebzehn nach Deutschland geflogen, nachdem er ein Stipendium erhalten hatte. Seine Eltern hatten ihn nie wieder gesehen, bis mehrere Jahre später die Polizei sie eines Tages abgeholt hatte, um den Leichnam des *Commandante Cero* zu identifizieren. Sie hatten keine Ahnung gehabt, daß ihr Sohn der berühmte Cero war, der Somozas Gewaltherrschaft den ersten entscheidenden Schlag versetzte, indem er in einem Kommandounternehmen mehrere Minister und ausländische Botschafter entführen ließ, als sie gerade von einem Empfang kamen, und damit die Freilassung von vierzehn politischen Gefangenen erreichte, die alle nach Kuba in Sicherheit gebracht wurden.

Mein neuer Freund Camilo hatte jahrelang nichts über das Schicksal seines Bruders gewußt, den er als Junge nach Frankfurt abfliegen gesehen hatte. Dann hatte er ihn einmal durch puren Zufall in Mexiko City getroffen und war von ihm für die Propagandaabteilung der sandinistischen Bewegung angeworben worden. Von seinem Tod hatte er in Panama durch das Radio erfahren.

Als wir wieder in die Stadt kamen, hörte ich mit Freuden von Chuchus Rückkehr, obwohl ich nie erfuhr, wo er gewesen war. „Das Problem mit Chuchu ist“, sagte Camilo, „daß er Politik mit Sex vermischt.“ Das mochte wahr oder falsch sein, jedenfalls schien er eine neue Freundin zu haben, die Frau eines Gangsters, der nach einer Schießerei im Krankenhaus lag — eine eher gefährliche Beziehung, wie man hätte meinen sollen —, und auf einer chaotischen Party mit unseren sandinistischen Freunden tauchte abends ein schwangeres Mädchen auf — war das Chuchus neue Freundin? —, die jedoch zu keinem der Anwesenden zu gehören schien. Es wurden Witze darüber gerissen, wer wohl der Vater des Kindes sein mochte.

Er sei in Vietnam gefallen, sagte sie.

„Dann müßtest du aber schon zwei Jahre schwanger sein.“

„Ich meine ja auch, in Korea.“

„Das ist noch länger her.“

Sie deutete mit dem Finger auf Rogelio.

„Naja“, lachte er. „Wer weiß? Das könnte schon sein.“

An diesem Abend bat ich Chuchu, nüchtern zu bleiben. „Selbstverständlich bleibe ich nüchtern“, erwiderte er. „Ich vermische Politik niemals mit Alkohol oder Sex.“

4

Der San-Blas-Archipel — er besteht aus dreihundertfünfundsechzig Inseln — liegt im Atlantik vor der Küste von Darién und ist ausschließlich von Cuna-Indios bewohnt, die dort ein praktisch autonomes Leben führen. Sie zahlen keine Steuern, senden Abgeordnete zur Nationalversammlung und haben sogar einen eigenen Handelsvertrag mit Kolumbien abgeschlossen. Touristen dürfen nur auf zwei der Inseln übernachten; die übrigen dreihundertdreiundsechzig kann man als Fremder nur tagsüber besuchen. Die Hummer von San Blas sind in Panama hochgeschätzt, doch obwohl der, den ich dort aß, ganz frisch aus dem Meer kam, fand ich ihn zäh und ohne Geschmack.

Weitaus interessanter als die Hummer waren die Frauen. Mit welcher Begierde hätten sich wohl die *conquistadores* auf sie gestürzt, denn jede trug in der Nase und den Ohren Goldringe. Niemand konnte mir sagen, woher sie das Gold hatten, denn Panama besitzt keine Goldminen. Selbst in den Tagen der spanischen Kolonialherrschaft, als die Goldkarawanen von Panama City nach Portobelo zogen, mußte das Edelmetall erst mit Schiffen von Peru bis an die Pazifikküste gebracht werden.

Doch auch abgesehen von ihrem wertvollen Schmuck und ihrer Kleidung, die an die der alten Ägypter erinnert, waren die Frauen der Cuna interessant zu beobachten. Die langhaarigen Mädchen sind noch unverheiratet; jene mit kurzgeschorenem Haar haben bereits einen Mann. Zwischen ihnen bestehen strenge Unterscheidungen, bis hin zum Gebrauch von Musikinstrumenten. Als sie für uns tanzten – zu einem sehr bescheidenen Fixpreis –, rasselten die unverheirateten Mädchen mit Kalebassen, während die verheirateten auf kleinen Flöten aus gebündelten Pfeifen spielten. Die Frauen leisten ihren Beitrag zur Wirtschaft der Cuna, indem sie viereckige Stoffstücke mit Stickereien verzieren, die dann unter dem Namen *molas* als Schmuckeinsatz für Blusen dienen. An jenem Tag begleiteten mich Camilo und Lidia, die Frau Rogelios. Es war Lidias Geburtstag, und sie ließ sich eine *mola* von mir schenken, die ihr jedoch schon wenige Tage darauf unter den für Panama City typischen, sonderbaren Begleitumständen gestohlen wurde.

Am Abend kam Chuchu, um mir zu sagen, daß Omar den Wunsch geäußert habe, ich solle in fünf Tagen zusammen mit der panamaischen Delegation nach Washington zur Unterzeichnung des Kanalvertrages fliegen, über dessen Bedingungen man sich nach jahrelangem Ringen nun endlich geeinigt habe. Am selben Morgen hatte der *Miami Herald* zwar berichtet, daß sich die jetzige Version in nichts vom Vertragsentwurf des Jahres 1967 unterscheide, der noch vor der Machtergreifung des Generals aufgesetzt worden war, aber dies traf absolut nicht zu — möglicherweise war es nur ein Versuch der Amerikaner, auf internationaler Ebene Stimmung gegen Torrijos zu machen. Durch den neuen Vertrag würde mit sofortiger Wirkung ein fünfzigmal größeres Territorium in den Besitz Panamasübergehen als im ursprünglichen Entwurf vorgesehen war. Allerdings sollten die amerikanischen Militärstützpunkte noch bis zum Jahr 2000 bestehen bleiben, erst dann würde der Kanal vollständig in panamaischen Besitz übergehen. Doch abgesehen von diesen Stützpunkten würde die amerikanische Zone zugleich mit der Vertragsunterzeichnung aufhören zu bestehen.

Ich hatte eigentlich keine Lust, nach Washington zu fahren. Mein Rückflug war bereits gebucht, und ich hatte es eilig, nach Frankreich zurückzukehren, um mich wieder meiner Arbeit zu widmen. Ich gab zu bedenken, daß ich kein Visum für die USA hätte, was eine Notlüge war, denn es traf nicht mehr zu. „Das macht nichts", erwiderte Chuchu, „denn du wirst einen panamaischen Diplomatenpaß erhalten."

„Ich möchte aber auch nicht die ganze Reise hierher zurück machen müssen, um den Rückflug nach Amserdam anzutreten."

„Brauchst du ja auch nicht. Du fliegst mit der Concorde zurück. Der General wird dir einen Direktflug von Washington nach Paris buchen." Der General werde bereits angegriffen, meinte er, weil der Vertrag nicht so günstig sei, wie die Leute gehofft hatten. In einer Rede vor Studenten habe er gesagt: „Ich bemühe mich so gut ich kann um weitere Fortschritte, aber wie soll ich mehr erreichen, wenn die fortschrittlichen Kräfte des Landes mir ihre Unterstützung versagen?"

Ich gab nach. „Wenn der General wirklich wünscht, daß ich mitkomme", sagte ich.

„Er möchte es wirklich."

Am Abend besuchte ich eine Schriftstellerin aus Nicaragua, die von Somozas *guardia* gefoltert worden war. Erst am Vortag hatte sie ohne Komplikationen ein Baby zur Welt gebracht. Aus Angst, ihre Familie zu gefährden, erzählte sie nur wenig, und an ihrem gequälten Gesichtsausdruck war deutlich zu erkennen, wie sehr sie sich danach sehnte, die Vergangenheit zu vergessen. Doch es waren noch andere Leute anwesend, die ebenfalls gelitten hatten und die bereitwillig darüber sprachen. Eine Argentinierin beschrieb, wie sie mit Elektroschocks gefoltert worden war. Eine Chilenin erzählte, daß man ihr ein Bajonett in die Vagina gestoßen hatte. Ein Peruaner berichtete von seiner Ausweisung, ein Nicaraguaner von seiner Flucht vor den Verfolgungen der Polizei. Für wie viele Menschen aus wie vielen lateinamerikanischen Ländern — Argentinien, Chile, Nicaragua, El Salvador — war Panama dank dem General eine sichere Zufluchtsstätte geworden... Zur Regierungszeit der Familie Arias war das anders gewesen.

5

Ich litt noch unter den Folgen meiner Suche nach den viereckigen Bäumen im Urwald von El Valle. Eine Entzündung an den Fußknöcheln ließ mich die ganze Nacht kein Auge zutun, und so ging ich auf Chuchus Rat zu einem jungen schwarzen Arzt in der Kaserne der Nationalgarde. Er gab mir eine Waschlotion, eine Salbe und Tabletten und meinte, ich sei von einem winzigen Insekt namens *chitra* gestochen worden, das den „Wildschweinen" nur allzu gut bekannt war. Danach fuhren wir zum Flughafen, um uns mit einem mexikanischen Filmproduzenten zu treffen, der sich um eine Co-Produktion für einen Anti-Kriegsfilm bemühte. Man hatte ihm schon in Mexiko, Kolumbien, Frankreich und Kuba Unterstützung angeboten, aber Panama war als einziger Staat bereit, ihm auch Truppen zur Verfügung zu stellen.

Chuchus Überschwenglichkeit versetzte den Mexikaner, glaube ich, in Erstaunen. Anscheinend war er es nicht gewohnt, mit Sicherheitsbeamten zu tun zu haben, die zugleich Dichter und Professoren waren. Er machte den Eindruck eines verblüfften, harmlosen Menschen.

Am Flughafen trafen wir auch Camilo. Er war modisch gekleidet, ganz der junge Mediziner, und hatte einen mysteriösen Auftrag der Sandinisten in Mexiko City zu erledigen. Einige Tage zuvor hatte er mir einen Brief an eine Pariser Adresse anvertraut, den ich in Frankreich absenden sollte, doch da er nun erfuhr, daß ich über Washington zurückkehren wollte, machte er sich große Sorgen um dessen Sicherheit. „Sie dürfen den Brief auf keinen Fall in Ihrem Koffer liegen lassen!" meinte er. „Ihr Gepäck wird in Washington bestimmt durchsucht werden. Versprechen Sie mir, ihn immer bei sich zu tragen, auch während der Nacht!" Ich versprach es ihm.

Dann kam jemand, um den mexikanischen Produzenten abzuholen, der mit wachsender Bestürzung meinem Gespräch mit Camilo zugehört hatte. Dieser Jemand befand sich in Begleitung einer ausgesprochen häßlichen Frau, einer Venezolanerin mit rotgefärbtem Haar, die mir ganz offensichtlich hinter Chuchu her zu sein schien.

Diesmal kamen wir noch davon, doch in Panama City taucht niemand nur ein einziges Mal auf. Wie in einem Theater mit zu kleinem Ensemble erscheinen dieselben Schauspieler immer wieder in neuen Rollen. Eigentlich wäre ich an diesem planlos verlaufenden Abend mit einem peruanischen Flüchtling verabredet gewesen, doch die Verabredung wurde im letzten Moment abgesagt, und so schlug ich Chuchu vor, wir könnten Camilos Frau zum Essen einladen, die sich ohne ihren Mann vielleicht ein wenig einsam fühle. Aus irgendeinem Grund konnte Chuchu jedoch Camilos Haus nicht wiederfinden, obwohl wir mehrmals zusammen dort gewesen waren, und aus einem noch unerfindlicheren Grund war er überzeugt, daß María Isabel uns im Haus des panamaischen Botschafters in Venezuela anrufen würde — oder war es der venezolanische Botschafter in Panama? —, und der Botschafter, dessen war sich Chuchu ganz sicher, würde uns zu einem typisch venezolanischen Abendessen einladen, was immer darunter zu verstehen war. Natürlich rief María Isabel nicht an, sondern es erschien statt dessen die häßliche Venezolanerin (hatte Chuchu das vorausgesehen?), und der Botschafter dachte gar nicht daran, uns zum Essen einzuladen. Ich möchte sogar bezweifeln, daß er überhaupt begriff, was uns zu ihm geführt hatte. Also verabschiedeten wir uns wieder, wobei wir beim Verlassen des Hauses auf den mexikanischen Filmproduzenten trafen, den unser Anblick in noch größere Verwirrung zu stürzen schien als je zuvor, und schließlich aßen Chuchu und ich eine Geflügelsuppe in meinem Hotel.

Diese letzten Tage in Panama gingen immer rascher und konfuser vorüber. Omar hatte ich seit mehreren Tagen nicht mehr gesehen – es kam mir vor, als hätte anfangs immer er alle Ereignisse gelenkt und als sei das jetzige Chaos mit dem mexikanischen Produzenten, der Venezolanerin und Chuchus Gedächtnisverlust nur auf seine Abwesenheit zurückzuführen. Am nächsten Morgen mußte ich früh aufstehen, da ich auf Omars Wunsch eine kollektiv verwaltete Rinderfarm in dem Bergdorf Coclesito (ein für Panama recht ungewöhnliches Projekt) besuchen sollte. Die Farm war von Omar, der sich dort in der Nähe auch ein eigenes Haus gebaut hatte, begründet worden, nachdem er einmal versehentlich mit dem Hubschrauber in Coclesito gelandet war und gesehen hatte, in welch hoffnungsloser Isolation und Armut die Einwohner dieses Dorfes lebten. Ihre kleinen Anwesen waren von einem Hochwasser hinweggespült worden, bei dem auch der Sohn des Häuptlings ertrank. Was den General allerdings auf die Idee einer Rinderfarm gebracht hatte, habe ich nie erfahren. María Isabel kam mich morgens abholen und beschwerte sich vehement darüber, daß Chuchu am Vorabend mein Rendezvous mit dem peruanischen Flüchtling platzen hatte lassen. Und warum in aller Welt seien wir denn zum Haus des venezolanischen Botschafters gefahren? Ob es wohl möglich wäre, fragte ich mich, daß Chuchu nur diese häßliche Frau hatte wiedersehen wollen?

Chuchu wartete am Flughafen auf die Militärmaschine, die er dorthin bestellt hatte, und mit ihm warteten mehrere Studenten aus Guatemala, Ecuador und Costa Rica in Begleitung ihrer Professoren. Unser Ausflug zur

Rinderfarm war also ganz offensichtlich als Lehrfahrt gedacht. Wir warteten und warteten, doch das Flugzeug kam nicht. Anscheinend war der Pilot, ein Offizier der Luftwaffe, darüber verärgert, daß ihm ein kleiner Sergeant Befehle erteilte. Nach zwei Stunden sandten wir eine Nachricht an den Sekretär des Generals, es sei nun schon zu spät für eine Besichtigung der Rinderfarm, und dann marschierten wir alle gemeinsam ins Kultusministerium, wo sich auch noch die beiden Ultras und Rogelio, der sandinistische Mathematiker, zu uns gesellten und wir einen langen, schrecklich langweilen Videofilm über panamaische Volkstänze über uns ergehen lassen mußten. Volkstänze waren mir schon immer ein Greuel, seit ich als Kind einmal sah, wie Männer in Hosenträgern einen Moriskentanz aufführten. (Diese Tänze beeindruckten damals aus unbegreiflichen Gründen vor allem die Ehefrauen in ihren Kleidern aus Schillerseide, die sie bei „Liberty's“ gekauft hatten.)

Während des Films rief man Chuchu in einer dringenden Angelegenheit hinaus. Offenbar war einige Tage zuvor ein guatemaltekischer Professor, den der Dekan der Universität von Guatemala empfohlen hatte (derselbe, der sich auf der Fahrt mit Chuchu nach David so betrunken hatte), von der G-2 ins Gefängnis geworfen worden, weil man ihn des Versuchs beschuldigte, im Hotel Continental gefälschte Dollarscheine loszuwerden.

María Isabel, die beiden Ultras und ich wurden nach dem Film von Señor Ingram, dem Kultusminister, zum Mittagessen eingeladen, und während wir noch bei den Cocktails waren, traf Chuchu mit dem Rektor der Universität von Panama und dem guatemaltekischen Professor ein — einem großen, rothaarigen, gutaussehenden Mann amerikanisch-deutscher Abstammung, der direkt aus dem Gefängnis kam und daher verständlicherweise noch etwas verwirrt wirkte. Er hatte wohl nicht damit gerechnet, aus seiner Zelle plötzlich in das beste Restaurant von Panama City gebracht zu werden, um dort Cocktails zu trinken und gut zu essen. Ebenso wenig begriff er, was ein englischer Schriftsteller hier zu suchen hatte, denn anscheinend hatte er einige meiner Bücher gelesen und mißtraute mir. Er erzählte uns, die Offiziere der G-2 hätten mit Gewaltanwendung gedroht, und er habe seine Zelle mit sieben anderen Männern geteilt, darunter zwei Sittlichkeitsverbrechern — der eine hatte das Mädchen nach der Vergewaltigung getötet — und einem Vatermörder. Dennoch hatten sich alle seine Mitinsassen als äußerst mitfühlend erwiesen, und mit ihrem Profi-Wissen hatten sie ihm auch geholfen, eine Botschaft an den General aus dem Gefängnis zu schmuggeln, der er die Empfehlung des Dekans der guatemaltekischen Universität beigelegt hatte. Als Torrijos seine Nachricht erhielt, entschied er, die ganze Affäre müsse wohl ein Komplott der guatemaltekischen Polizei gegen einen als linksgerichtet bekannten Professor sein. Er veranlaßte daher unverzüglich seine Freilassung, wenn auch auf diskrete Weise über Chuchu als Mittelsmann; er hielt es auch für klüger, daß der Professor nach einigen Tagen der Erholung wieder nach Guatemala zurückkehrte. Was wir später noch mit dem Professor erlebten, ließ mich daran zweifeln, daß er ganz so unschuldig war, wie er behauptet hatte. Auch der weitere Verlauf der Ereignisse trug dazu bei, daß dieser Tag mir als einer der konfusesten, die ich in Panama je erlebte, in Erinnerung blieb. Nichts funktionierte so, wie es sollte, und bald fühlte ich mich ebenso verwirrt wie der Professor aus Guatemala und der mexikanische Filmproduzent. Chuchu und ich hatten eigentlich vorgehabt, an diesem Abend etwas Substanzielleres als Geflügelsuppe zu uns zu nehmen. „Nacht es dir etwas aus, wenn ich das magere Mädchen (die Freundin des Gangsters) mitbringe?“ fragte er. „Ich möchte heute nacht mit ihr schlafen.“ Er telefonierte und ich hörte ihn sagen, wir stünden in fünf Minuten vor dem Haus, in dem sie wohnte.

Wir fuhren mehrmals rund um den ganzen Block, doch niemand kam, und so setzten wir uns in ein Café, wo eine Gruppe von Reaktionären beim Trinken über den General herzog. Ich mischte mich mit Gegenargumenten in ihr Gespräch ein, während Chuchu noch einmal telefonieren ging. Niedergeschlagen kam er zurück. Eine fremde Frauenstimme hatte ihm gesagt, das Mädchen sei schon im Bett, doch vergeblich versuchte Chuchu nun zu erraten, mit wem.

Also aßen wir statt dessen mit Rogelio und Lidia zu Abend, und natürlich tauchte dabei wieder der guatemaltekische Professor auf — die Sandinisten hatten sich bereit erklärt, ihn unterzubringen, denn er wollte nicht allein sein, weil er immer noch Angst vor der G-2 hatte. Er wollte in zwei Tagen nach Guatemala zurückfliegen, und hatte auch schon eine Menge Leute zum Flugplatz bestellt, um zu verhindern, daß man ihn unbemerkt verschwinden ließ. Ob der Dekan auch dort sein würde, fragte ich. Ja, er rechne mit dessen Anwesenheit.

Auf dem Weg zu meinem Zimmer wurde ich im Fahrstuhl von einem Offizier der Nationalgarde besonders freundlich gegrüßt. Später erkundigte ich mich bei Chuchu, der einigen der Armee-Offiziere nicht traute.

„Er hat sich mir als Oberst Diaz vorgestellt“, sagte ich.

Chuchu beruhigte mich: „Der beste Mann nach dem General!“, versicherte er mir.

Ich sollte Diaz erst fünf Jahre später wiedersehen, als der General schon tot und er selbst Leiter der Sicherheitsabteilung war.

6

Am nächsten Tag flogen wir mit den Professoren und Studenten doch noch nach Coclesito. Die Länge der Piste reichte gerade zum Landen. Es war brütend heiß, das Dorf lag knöcheltief im Schlamm, die Rinder waren so uninteressant, wie Rinder nun einmal sind, und ringsum war die Farm von Urwald umgeben. Die Studentinnen und die Professoren nahmen ein Bad im Fluß, und auch ein paar Rinder folgten ihnen ins Wasser. Der Fluß sah aus, als wäre er nahe daran, wieder über die Ufer zu treten. Auf der Kollektiv-Farm bereitete man uns ein recht schmackhaftes Mittagessen zu, doch gegen den Durst gab es nur Wasser.

Ich sah mich in der Dorfkirche um. Sie war halb verfallen und im Mittelgang liefen Hühner spazieren. Mir fiel ein, was der General über vernachlässigte Friedhöfe gesagt hatte — dies hier war eindeutig eine vernachlässigte Kirche, und ich dachte voll Ärger an den panamaischen Erzbischof McGrath. Hatte er sich denn wirklich um so viele Kirchen in der Republik zu kümmern, daß er diesem Dorf nicht einmal einen Besuch abstatten konnte, in dem der General sich sogar ein kleines Haus gebaut hatte? Während des ganzen vergangenen Jahres war kein Priester in den Ort gekommen. Die Menschen dort erwarteten Hilfe vom General, nicht von der Kirche. Ich erkundigte mich, wie viele Tage im Jahr es durchschnittlich regnete. „Hier fragt man nicht nach der Anzahl der Regentage", bekam ich zur Antwort. „Man fragt, an wie vielen Tagen es *nicht* regnet, und das sind insgesamt vier."

Zu Abend aß ich an diesem Tag in der Wohnung eines brasilianischen Flüchtlings, und mein Verdacht gegenüber Chuchu erhärtete sich, denn er kam in Begleitung der fürchterlichen Venezolanerin – ob er sich wohl schon wieder in den Schlingen der Zärtlichkeit verfangen hatte? Unter den Gästen war auch ein exilierter peruanischer General, der ehemals Vorsitzender der Sozialistischen Partei gewesen war. Er erzählte mir, er habe in Peru den Befehl über hundert Panzer gehabt und hätte ohne weiteres einen Putsch veranstalten können, doch er habe darauf verzichtet und sei „um seiner Soldatenehre willen“ ins Exil gegangen. Was für ein Glück, dachte ich, daß Omar Torrijos seine „Soldatenehre“ 1968 nicht im Weg gestanden hatte, denn andernfalls wären wohl nur wenige der anwesenden Flüchtlinge noch am Leben.

Mein Aufenthalt ging dem Ende zu, und ich empfand dieselben Gefühle wie im Jahr zuvor, eine Mischung aus Abschiedsschmerz und ungeduldiger Erwartung, wieder nach Hause zu kommen. Wie versprochen hatte Omar einen Concorde-Flug von Washington nach Paris für mich gebucht, und er kümmerte sich auch um meinen panamaischen Diplomatenpaß. Zur Zeit hatte er sich in das Haus von Rory González zurückgezogen, wo er die Rede anläßlich der Vertragsunterzeichnung aufsetzte und nicht gestört werden durfte.

Diesmal hatte ich ihn weniger oft gesehen als im Vorjahr, aber dennoch war meine Zuneigung gewachsen. Ich begann langsam zu begreifen, was er zustande gebracht und wieviel er aufs Spiel gesetzt hatte, um seinen Traum von einem sozialistischen, aber nicht marxistischen Mittelamerika zu verwirklichen, das zwar von den Vereinigten Staaten unabhängig war, aber trotzdem keine Bedrohung für sie darstellte. Gefühlsmäßig war Omar mir Freund und Lehrmeister zugleich. Sogar wenn ich nicht in seiner Nähe war, lernte ich von ihm etwas über die Probleme Mittelamerikas.

Am Tag vor unserer Abreise nach Washington fuhr

ich mit Chuchu zum Flughafen, um den kolumbianischen Schriftsteller Gabriel García Márquez zu empfangen, der ebenfalls als ausländisches Mitglied der panamaischen Delegation in die Vereinigten Staaten mitkommen sollte. Es regnete an diesem Tag in Strömen, und seine Maschine hatte sich um unbestimmte Zeit verspätet. Wir hinterließen ihm die Nachricht, er könne uns in dem peruanischen Restaurant „Pez de Oro" erreichen, doch kaum hatten wir dort zwei *pisco sours* — einen Cocktail, den ich in Chile, Allendes Chile, schätzen gelernt hatte — bestellt, klingelte das Telefon. Der General bat mich dringend zu sich.

Ich traf ihn in einem kleinen Zimmer von González Haus, wo er über einem Manuskript brütete — der Rede, die er in Washington halten sollte. Dafür einen Ghostwriter zu engagieren, kam nicht in Frage. Der handschriftliche Entwurf war durch die vielen Korrekturen fast so unleserlich geworden wie meine Manuskripte.

„Ich bin nervös", gestand er mir, „aber Carter ist noch nervöser, und das tröstet mich ein wenig." Dann erzählte er mir die Geschichte von dem bolivianischen Offizier — warum ausgerechnet ein Bolivianer? —, der vor dem Beginn des Kampfes merkt, daß ihm die Knie zittern. Streng sagt er darauf zu seinen Beinen: „Ihr Hundesöhne, das ist doch gar nichts gegen das, was euch noch bevorsteht!"

Der General war unglücklich darüber, daß Carter die südamerikanischen Militärdiktatoren zu der feierlichen Vertragsunterzeichnung eingeladen hatte — Argentiniens Videla, Boliviens Banzer, Stroessner aus Paraguay und den Präsidenten von Guatemala. Er hätte viel lieber nur jene gemäßigten Staatschefs dabeigehabt, die ihm während der langwierigen Verhandlungen den Rücken gestärkt hatten, die Regierungsoberhäupter von Kolumbien, Venezuela und Peru. Doch Carter hatte darauf bestanden, sie alle einzuladen – mit Ausnahme Fidel Castros, den wiederum Omar gerne dort gesehen hätte, und sei es nur wegen dessen unbequemen, aber weisen Ratschlägen zur Besonnenheit, die schließlich zu dem neuen Vertrag geführt hatten. Somoza hatte abgesagt, da er vollauf mit dem Bürgerkrieg beschäftigt war, und Haiti sollte nur durch seinen Botschafter vertreten sein.

Omar las mir seine Rede vor. Er war etwas unsicher wegen des boshaften und witzigen Anfangs, den er sich ausgedacht hatte. Ich sprach ihm zu, diese großartige Passage unbedingt beizubehalten, war aber dennoch nicht ganz sicher, ob er sie in Washington tatsächlich in unveränderter Form vortragen würde. Einen Satz fügte ich sogar noch hinzu, doch an den Wortlaut dieses meines kleinen persönlichen Beitrags zur Geschichte kann ich mich leider nicht mehr erinnern. Auch gelang es mir, die geeignete Stelle für einen Gedanken zu finden, der sehr gut war, den Omar jedoch zu verwerfen bereit war, da er ihn nirgendwo hatte unterbringen können.

Er ist mir in sehr lebhafter Erinnerung geblieben, wie er über diese ihm fremde Arbeit gebeugt saß, sorgenvoll und unsicher. Einige solche Bilder von Omar haben sich meinem Gedächtnis besonders tief eingeprägt: Omar als Anfänger in der Kunst des Schreibens, dem die Wahl seiner Worte Schwierigkeiten bereitet; Omar als Gast in seiner Heimatstadt Santiago, wie er sich im Schaukelstuhl auf der Veranda seines alten Schulfreundes, des Automechanikers, erholt; und noch ein Erinnerungsbild, das allerdings erst drei Jahre später entstehen sollte, ist mir unvergeßlich: das Bild eines todmüden, vielleicht ein wenig betrunkenen Mannes, der eingeschlafen ist, den Kopf an die Schulter seiner jungen Geliebten gelehnt, die ihm vor kurzem ein Kind geboren hat.

Es war der letzte Abend meines Aufenthaltes in Panama, und ich ging mit Chuchu zum Abendessen zu Rogelio und Lidia. Der Professor aus Guatemala war wieder nach Hause geflogen und hatte dabei die Stickerei mitgehen lassen, die ich Lidia auf den San-Blas-Inseln geschenkt hatte, ihre Gastfreundschaft mit einem kleinlichen Diebstahl vergeltend.

7

Als wir tags darauf Kuba überflogen, ließ Omar über Funk eine Grußbotschaft an Fidel Castro senden, obwohl Carter sich geweigert hatte, Castro nach Washington einzuladen. Omar war ein Mann, der seinen Freunden die Treue hielt, selbst wenn er ihre politischen Ansichten nicht restlos teilte.

Es war schon dunkel, als wir um acht Uhr auf dem Militärflugplatz außerhalb von Washington landeten. Eine Ehrengarde der Marines, das grelle Licht der TV-Scheinwerfer, Außenminister Vance, der am Ende eines langen roten Teppichs darauf wartete, Omar zu begrüßen, die beiden Nationalhymnen, die kein Ende zu nehmen schienen, während wir, die Mitglieder der panamesischen Delegation, eng aneinandergedrängt auf dem Teppich standen — nie hätte ich mir träumen lassen, einmal unter solchen Umständen in die Vereinigten Staaten einzureisen, wo man mir lange Zeit ein mehr als drei Wochen gültiges Visum verweigert hatte.

Im Sheraton-Hotel erwartete mich eine Neunzig-Dollar-Suite mit einem riesigen Wohnzimmer, und über dem Schreibtisch hing eine Chagall-Reproduktion, die eine Ansicht von Vence zeigte, einer Stadt in der Nähe meines Hauses in Antibes. Beim Anblick des Bildes fühlte ich mich plötzlich einsam und verspürte Heimweh nach Frankreich. Omar und Chuchu waren beide weit weg in der panamaischen Botschaft, und ich wußte nicht einmal, ob ich sie jemals wiedersehen würde, außer aus großer Entfernung in dem Saal, wo die Vertragsunterzeichnung stattfinden sollte. Ich ging hinunter zur Rezeption, um mich nach meinem Gepäck zu erkundigen, und empfand es als merkwürdig, daß rings um mich alle amerikanisch sprachen, so sehr hatte ich mich inzwischen schon an die spanischen Stimmen gewöhnt. An diesem Abend ging ich traurig zu Bett, nachdem ich Camilos Brief in die Tasche meines Schlafanzugs gesteckt hatte. Ich schaltete das Radio ein — es brachte gerade ein Interview über Abtreibung. Ich schaltete auf einen anderen Sender um — hier ging es um die Wiederaufbereitung von Abwässern. Ich zog es vor, zu schlafen.

Am nächsten Tag zeigten sich die Dinge in freundlicherem Licht. Gemeinsam mit García Márquez ging ich zum Lunch in die panamaische Botschaft, wo ich wieder vertrauten Gesichtern begegnete. Omar war nach einem Gespräch mit Jimmy Carter bester Laune. Carter hatte ihn um Rat gefragt, wie er sich allen diesen in Washington versammelten Diktatoren gegenüber verhalten sollte, und Omar hatte ihm geantwortet: „Auf jeden Fall weigern Sie sich, ihnen Waffen zu liefern."

War es bei dieser Gelegenheit, daß Omar einen Zusammenbruch erlitt und in den Armen seiner Frau weinte — Carter beschreibt die Szene in seinen Memoiren —, oder geschah es am darauffolgenden Tag, unmittelbar vor der Zeremonie der Vertragsunterzeichnung, bei der er einen sehr gelassenen Eindruck machte? Ich war nicht überrascht zu lesen, daß Omar in dem Augenblick Tränen vergoß, in dem sich der Traum, dem er schon so lange nachhing, zu erfüllen versprach. Seine Sensibilität, die er meist streng unter Kontrolle hielt, war immer zu spüren, eine Sensibilität Gefühls, die sich hie und da entladen mußte, in Gegenwart eines Freundes etwa, dem er traute (Carter vertraute er), oder nach mehreren Gläsern Black Label. In einem solchen Augenblick gab er sein Wesen schonungslos preis, so wie damals, als ich ihn gefragt hatte, wovon er am häufigsten träumte, und er mir, ohne eine Sekunde lang zu zögern, geantwortet hatte: „Vom Tod." Jahre später erzählte mir Chuchu, er habe Omar oft weinen gesehen, und daß ich ihn so liebgewonnen habe, lag vielleicht nicht zuletzt daran, daß Omar absolut nichts von einem südländischen Macho an sich hatte.

Omar erzählte mir, er sei mit dem Präsidentenberater Hamilton Jordan sehr gut ausgekommen, und auch mit Vize-Präsident Mondale, der einen Baseballschläger besaß, den ihm ein berühmter panamaischer Spieler in den USA persönlich gewidmet hatte. Im Scherz hatte Mondale gemeint, daß er eigentlich vorgehabt habe, ihn dem General zu schenken, doch sei es ihm dann doch ratsamer erschienen, ihn nicht ins Weiße Haus mitzubringen, damit ihm niemand vorwerfen könne, er hätte seine Gäste mit einem großen Knüppel empfangen.

Diese Stunden waren sozusagen die Flitterwochen des Kanalvertrags, der am kommenden Tag unterzeichnet werden sollte. Der Kongreß hatte den Vertragstext verabschiedet, und der General konnte nicht vorhersehen, auf welche Weise der Senat noch nach der Unterzeichnung daran herumpfuschen würde. Die beiden Unterschriften auf der Urkunde hatten für ihn, wie für jeden Panamaer, einen endgültigen Schlußpunkt unter diese Angelegenheit bedeutet. Als der Senat nachträglich wesentliche Korrekturen am Text vornahm, kam das einem Wortbruch gleich. Sogar uns in Europa fällt es schwer zu begreifen, wie Staatsoberhäupter es zuwege bringen, einen Festakt zur Unterzeichnung eines vom Kongreß genehmigten Vertrages zu veranstalten, um dann zuzusehen, wie der Senat ihn abändert – der ganze Aufmarsch von Diktatoren und Delegationen bedeutete also letztlich überhaupt nichts.

In den Straßen Washingtons sollten an jenem Abend zwei Demonstrationen stattfinden: eine gegen den Vertrag, und eine gegen die Anwesenheit Pinochets. García Márquez bat mich, ihn zu der Kundgebung gegen Pinochet zu begleiten. Mit Bedauern lehnte ich ab. Ich verließ mich nicht darauf, daß die Amerikaner einen lateinamerikanischen General vom anderen unterscheiden können.

Im Sitzungsgebäude der Organisation Amerikanischer Staaten fand ein gigantischer Empfang für die Staatsoberhäupter und ihre Delegationen statt, mit einem überladenen Büffet für tausend Gäste. In den beiden unteren Stockwerken, wo sich die Leute um das Büffet drängten, konnte man kaum noch stehen, deshalb führte mich die reizende Panamaerin, die sich um mich kümmerte, in die zweite Etage hinauf, wo es nichts zu essen gab, und man daher genügend Platz hatte. Überdies war dort auch die Wahrscheinlichkeit größer, zumindest einem der Diktatoren zu begegnen, die sich bestimmt nicht am Büffet um das Essen prügeln würden. Sollte ich das Glück haben, auf Pinochet zu stoßen, beschloß ich, so würde ich zu ihm sagen: „Wir haben, glaube ich, einen gemeinsamen Bekannten… Dr. Allende."

Doch Pinochet ließ sich nicht blicken, aber Videla und der Präsident von Guatemala waren dort, beide in demokratisch wirkendem Zivil, und ich suchte mir einen Platz in nächster Nähe von Stroessner aus Paraguay, der ebenfalls einen Anzug trug. Das letztemal hatte ich ihn 1968 am Nationalfeiertag in Asunción gesehen, wo er in Generalsuniform auf einer Tribüne gestanden hatte, um die Parade der verkrüppelten Veteranen des unnötigen Krieges gegen Bolivien zu begrüßen, die sich in Rollstühlen vorbeischoben, während die Militärs stocksteif in ihren Wagen standen wie die Kegel auf einer Bowlingbahn. Jetzt, ohne seine Uniform, sah er mehr denn je wie der rotgesichtige Inhaber einer deutschen Bierstube aus. Er war von mehreren untertänigen Gestalten umringt, die an seinen Lippen zu hängen schienen, aber vielleicht spielten sie auch nur Theater und waren in Wirklichkeit zu seinem Schutz abkommandierte Leibwächter. Ich überlegte: Hätte ich eine Pistole und das Zeug zum Selbstmörder, wie leicht wäre es, die Welt von einem Tyrannen zu befreien...

Ein Mann kam an uns vorüber und wollte sich zu Stroessners Gruppe gesellen, als ihn meine Begleiterin aufhielt: „Dieser Herr ist einer von General Stroessners Ministern", sagte sie. „Darf ich Sie miteinander bekanntmachen?" Wir streckten beide höflich die Hand aus — „Das ist Mr. Graham Greene." Die Hand des Ministers fiel schlagartig herab, so daß ich ins Leere griff. „Sie sind einmal durch Paraguay gefahren", beschuldigte er mich mit zornbebender Stimme und begab sich zu seinem General. Daß es mir offenbar gelungen war, die Abneigung noch eines Diktators auf mich zu ziehen, machte mich zugegebenermaßen ein wenig stolz. Ziemlich das gleiche Gefühl hatte ich empfunden, als in Haiti „Papa Doc" Duvalier ein Pamphlet veröffentlichte, das den zweisprachigen Titel trug: „Graham Greene démasqué — Graham Greene Finally Exposed" — Graham Greene endlich entlarvt.

Bis auf Stroessners Minister begegnete mir jeder, mit dem ich bei dieser riesigen Versammlung von Lateinamerikanern sprach, mit unerwarteter Freundlichkeit. Ein Schriftsteller, der fern seiner Heimat umherreist, rechnet nicht mit Freundlichkeit. Er beleidigt mit seinen Werken wahrscheinlich mehr Menschen, als er damit erfreut. Daß ein Ausländer ungeachtet seiner unzulänglichen Kenntnisse über fremde Länder schreibt, verärgert mit Recht jene, die dort geboren und zu Hause sind. Deshalb freute ich mich, an diesem Abend Mexikaner kennenzulernen, die *Die Kraft und die Herrlichkeit* lobten, und Argentinier, denen *Der Honorarkonsul* gefallen hatte.

Am nächsten Morgen kam ein Anruf des panamesischen Erzbischofs McGrath, und wir verabredeten, gemeinsam zur Vertragsunterzeichnung zu fahren. Im Wagen erzählte er mir, er habe für den Fall, daß man ihn bat, die Feier zu eröffnen, ein eigenes Gebet verfaßt. Er sprach es mir sogar vor, und ich konnte mich dabei des Gedankens an die Hühner im Hauptgang der verfallenen Kirche nicht erwehren, die zu besuchen er sich nie die Mühe gemacht hatte; er wurde dann übrigens gar nicht zum Beten aufgefordert. Mir kam er vor wie einer dieser umgänglichen Geistlichen, deren Tonfall immer der gleiche bleibt und die von vornherein genau wissen, wie viel oder wie wenig sie einem mitteilen werden. Die Kirche von Coclesito gehörte zwar zu demselben Land, nicht aber zu derselben Welt wie der Erzbischof. McGrath wurde von einem Laien begleitet, der genau so aussah, wie er hieß — Quigley. Für diesen Namen könnte ich eines Tages noch Verwendung finden, dachte ich, in der Himmel weiß welchem Roman.

8

Sie war zweifellos eine sensationelle Show, diese Unterzeichnung des Kanalvertrages. Die Delegationen der einzelnen Länder saßen in Blöcken beisammen, Panama neben den Senatoren der Vereinigten Staaten auf der einen und flankiert von Venezuela auf der anderen Seite. Wir Panamaer waren eine bunt gemischte Gruppe, nicht nur dank García Márquez und mir, sondern, viel passender, auch wegen der Mutter eines Studenten, der von amerikanischen Marinesoldaten während der großen Unruhen 1964 getötet worden war.

Ein derartiges Aufgebot an Stars hatte ich seit dem Film *Die Reise um die Welt in achtzig Tagen* nicht mehr gesehen. Alle von unzähligen Bildschirmen und Zeitungsfotos bekannten Schauspieler schienen anwesend zu sein — alle außer Elizabeth Taylor. Noch bevor die Delegierten in den bequemen Sitzen Platz nahmen, sah man Kissinger in dem riesigen Konferenzsaal der Organisation der Amerikanischen Staaten die Runde machen und mit seinem weltbekannten Grinsen ständig auf irgend jemanden einreden. Fünf Reihen vor mir erkannte ich Nelson Rockefeller, der sich mit angestrengter Liebenswürdigkeit um „Ladybird", die Witwe Präsident Johnsons, bemühte, als müßten sie durch ihre Konversation die Dauer eines Tanzes überbrücken. Ex-Präsident Gerald Ford saß in derselben Reihe, viel blonder, als ich ihn vom Fernsehschirm kannte — oder war er beim Friseur gewesen? Auch Mr. und Mrs. Mondale waren da, Mrs. Carter... zwei Reihen vor mir saß Andy Young, munter und jungenhaft. Alle spielten sie ihre Bedeutung bewußt herab, wie die Filmstars in der *Reise um die Welt*, die nur zum Spaß kleine Nebenrollen übernommen hatten. Hierher waren sie nicht gekommen, um in einer bestimmten Rolle aufzutreten, sondern nur um gesehen zu werden, wie Partygäste, die erfreut sind, lauter vertrauten Gesichtern zu begegnen — „Na, auch hier?“

Die wichtigen Charakterdarsteller befanden sich oben auf der Tribüne — ein unerfreulicher Anblick zwar, aber wesentlich beeindruckender als das Staraufgebot im Parkett: General Stroessner aus Paraguay, General Videla aus Argentinien, dessen Gesicht wie zusammengedrückt und so schmal war, daß die listigen Augen darin kaum Platz fanden, und General Banzer aus Bolivien, ein kleiner, verängstigter Mann mit zuckendem Schnurrbart — eine Fehlbesetzung, die das falsche Kostüm trug.

Und dort saß auch der größte aller Charakterdarsteller: General Pinochet persönlich — der Mann, den alle mit Vergnügen hassen. Wie Boris Karloff hatte er es dahin gebracht, daß jeder ihn sofort erkannte; er konnte es sich leisten, mit amüsierter Geringschätzung auf die hochbezahlten, frivolen Hollywoodtypen unten im Saal herabzusehen. Sein Kinn steckte so tief im Hemdkragen, daß es aussah, als hätte er überhaupt keinen Hals; seine gewitzten, humorvollen, trügerisch gutmütigen Augen schienen ausdrücken zu wollen, wir sollten all diese Gerüchte von Mord und Folterungen in Südamerika doch nicht so ernst nehmen. Kaum zu fassen, daß erst eine Woche verstrichen war, seit ich in Panama der Chilenin zugehört hatte, die erzählte, wie man ihr ein Bajonett in die Vagina gerammt hatte, und dabei weinend zusammenbrach. Hinter den Diktatoren hockte der alte Elsworth Bunker, der „Kühlschrank“, der *seinen* Vertrag nicht aus den Augen ließ und dabei an seinen vertrockneten Lippen nagte. Er glich einem uralten Storch, dem man für eine Bilderbuchillustration menschliche Züge verliehen hat — sein Kopf ragte hoch über den Rumpf hinaus.

Ich bin sicher, daß Pinochet ganz genau wußte, wie sehr er die Szene beherrschte — er war der einzige, gegen dessen Anwesenheit die Leute auf den Straßen Washingtons mit Transparenten demonstrierten — aber möglicherweise konnten sie bloß Stroessners Namen nicht buchstabieren und hatten von Banzer noch nie etwas gehört. Pinochet war sehr taktvoll, er winkte seinem Bundesgenossen Kissinger unten im Versammlungsraum nicht zu, und Kissinger sah kein einziges Mal zu ihm hinauf. Dann erhoben wir uns alle von den Plätzen, als die beiden Nationalhymnen erklangen und Carter mit General Torrijos den Saal betrat, um den Vertrag zu unterzeichnen — einen schon etwas mitgenommenen Vertrag, denn immerhin hatte man ihn dreizehn Jahre lang hin und her gedreht und immer wieder umformuliert —, dennoch war ich sicher nicht der einzige, der Pinochet weiter im Auge behielt. Genau wie Karloff hatte er keine Sprechrolle nötig — er brauchte nicht einmal zu grunzen.

Carter machte einen furchtbar unglücklichen Eindruck. Er hielt eine banale kleine Rede, die trotz der vielen Mikrofone schon in der fünften Sitzreihe kaum noch zu hören war. Als zeitweiliger Panamaer war ich dann jedoch stolz auf Omar Torrijos, der mit völlig anderer Stimme sprach als Carter und mit einer Schärfe, die die Stille durchschnitt. Zu meiner Erleichterung begann er genau den Text vorzutragen, den er mir in Panama vorgelesen hatte — abrupt, ohne konventionelles „Herr Präsident, Eure Exzellenzen" und so weiter als Einleitung, so daß sogar die Filmstars im Parkett die Ohren spitzten. Einen Moment konnte man glauben, er griffe eben den Vertrag an, zu dessen Unterzeichnung er gekommen war:

„Der Vertrag ist sehr zufriedenstellend, äußerst vorteilhaft für die Vereinigten Staaten und, wie wir gestehen müssen, weit weniger vorteilhaft für Panama."

Kurze Pause, dann setzte der General hinzu: „So Außenminister Hay im Jahre 1903."

Es war ein gelungener Scherz auf Kosten der Senatoren, die fast vollzählig versammelt waren und ihn gar nicht lustig fanden, zugleich aber viel mehr als ein Scherz. Torrijos unterzeichnete den neuen Vertrag mit sehr gemischten Gefühlen; wie er mir einmal gesagt hatte, tat er es nur, „um das Leben von vierzigtausend jungen Panamaern zu retten". Vor allem zwei Vertragsklauseln waren ihm ein Dorn im Auge: die Frist bis zur vollständigen Übernahme des Kanals durch Panama im Jahr 2000, und die Klausel, die den USA auch nach diesem Datum noch ein Recht auf Intervention einräumte, falls die politische Neutralität des Kanals gefährdet wäre. Sollte der Senat die Ratifizierung des Vertrags ablehnen, wäre er vielleicht gar nicht so unglücklich darüber, dachte ich bei mir; dann bliebe ihm nämlich nichts als der einfache Ausweg der Gewalt, den er schon so oft erwogen hatte, wobei sich, wie bei einer Begegnung mit dem anderen Geschlecht, Verlangen und Besorgnis immer die Waage hielten.

Die Vereinigten Staaten konnten froh sein, es mit Omar Torrijos zu tun zu haben, einem Patrioten und Idealisten, der keiner formellen Ideologie anhing, außer daß er ganz allgemein eher links als rechts stand und Bürokraten verachtete. Er befand sich in einer schwierigen Situation, denn als Einzelkämpfer fehlte ihm einerseits der Rückhalt einer politischen Partei, und andererseits bestanden die alten Parteien in seinem Schatten ja weiterhin fort – die Christdemokraten, die sich aus der Bourgeoisie rekrutierten, wo man ihn haßte; die Kommunisten, die ihm zumindest für den Augenblick taktische

Unterstützung gewährten; und die linksextremen Gruppierungen, die sich ausnahmslos gegen den Vertrag ausgesprochen hatten (ironischerweise aus weitgehend gleichen Gründen wie der General). Den jüngeren Offizieren der Nationalgarde konnte er trauen, und auf die „Wildschweine“ konnte er sich verlassen – doch das war auch schon alles. Einige ältere Offiziere der *guardia* waren bereits mit größerer Vorsicht zu genießen. Sollte der Vertrag nicht ratifiziert werden, dann würde Panama den General brauchen, und sowohl seine Stellung wie seine Popularität wären gesichert. Kam aber die Ratifikation zustande, stand dem General und Panama eine unsichere Zukunft bevor, wie sich noch erweisen sollte.

Mit der Ratifikation würden mehr als siebenhundert Quadratkilometer wertvollen Grundbesitzes unverzüglich wieder in panamaischen Besitz übergehen – und außerdem viel Geld. Zahlreiche Taschen wurden schon in freudiger Erwartung aufgehalten, und die Inhaber dieser Taschen hatten kein Interesse an den Vorhaben des Generals, wie kostenloser Schulspeisung, Gratismilch für jedes Kind, Beseitigung der Slums von Colón und Panama City, einem Waisenhaus und einem Erholungspark für die Armen, die jetzt dazu verdammt waren, ihre Freizeit in so grauenvollen Vierteln wie Hollywood zu verbringen. Die Grundstücksbesitzer von Panama City – unter ihnen waren auch mehrere hochrangige Armeeoffiziere – hatten wohl gänzlich andere Pläne. Sobald der Vertrag ratifiziert war, würde sich keine Versicherungsgesellschaft von einer Lebensversicherung des Generals Gewinn versprechen, denn er war nicht der Mann, den man wie einen Politiker einfach nach Miami abschieben konnte. Kein Wunder, daß er so oft vom Tod träumte, und daß diese Träume sich in seinen Augen spiegelten.

Es saßen noch acht andere Generäle aus südamerikanischen Staaten auf der Tribüne und sahen Torrijos zu, wie er einen Vertrag unterschrieb, der ihm nicht recht war, und ich nehme an, daß viele der Demonstranten in Washington keinen Unterschied zwischen ihnen machten — sie waren alle Generäle, in gewisser Hinsicht waren sie auch alle Diktatoren, und der Protest gegen Pinochet kam einem Protest gegen alle anderen gleich. Omar war sich dieser Gefahr sehr wohl bewußt.

Er hatte sich, wie gesagt, ja gewünscht, daß nur die Regierungschefs mit besserem Ruf anwesend sein sollten, aber Carter hatte darauf beharrt, eine Einladung an alle Mitgliedstaaten der OAS ergehen zu lassen. Carters Hartnäckigkeit war ein Triumph für Pinochet und sehr peinlich für Torrijos.

Nach der feierlichen Unterzeichnung verließen Carter und Torrijos in entgegengesetzter Richtung die Tribüne, um die Staatsoberhäupter zu begrüßen. In Lateinamerika ist die übliche Form der freundschaftlichen Begrüßung eine Umarmung, doch ich bemerkte, daß Torrijos nur die Vertreter von Kolumbien, Venezuela und Peru umarmte und sich bei den Generälen von Bolivien und Argentinien auf einen formellen Händedruck beschränkte, während er sich langsam Pinochet näherte. Aber auch Pinochet war das aufgefallen, und seine Augen funkelten vor boshaftem Vergnügen. Als die Reihe an ihn kam, ergriff er Torrijos' Hand und warf den Arm um seine Schulter. Falls ein Journalist in diesem Augenblick den Auslöseknopf seiner Kamera betätigte, mußte es aussehen, als hätte Torrijos Pinochet umarmt.

Bevor ich am nächsten Tag die Concorde nach Paris bestieg, sprach ich noch einmal mit Chuchu, und wieder dachte ich, es wäre das letzte Mal. Er war unglücklich über den Vertrag. Die Bedingungen seien nicht günstig, und dazu noch der Senat... Er sprach davon, aus der Leibwache auszuscheiden und an die Universität zurückzukehren.

„Bleib noch ein halbes Jahr!“ beschwor ich ihn. „Die größte Gefahr droht Omar, wenn der Vertrag ratifiziert ist. Er braucht dich. Er hat doch außer dir niemanden, dem er vertrauen kann.“ Chuchu ist geblieben, aber es lag dennoch nicht in seiner Macht, Omar zu retten. Wie hatte er schon im Motel zu mir gesagt: „Ein Revolver ist kein Mittel zur Verteidigung“.

Auf dem Heimflug nahm ich, wie ich glaubte, endgültig Abschied von jenem sonderbaren Intermezzo in meinem Leben. Zwei Jahre lang hatte Omar einen wohlgesinnten Beobachter gebraucht, während er um den Vertrag kämpfte. Nun war der Vertrag unterzeichnet, und ich konnte ihm nicht mehr von Nutzen sein. Kein Omar mehr, und kein Chuchu, dachte ich im Flugzeug, und die Unbequemlichkeit der Concorde paßte genau zu meiner trüben Stimmung. Der Steward konnte nicht einmal ein Stück Käse für mich beschaffen, während wir schneller als der Schall auf Paris zurasten — „Nur auf besonderen Wunsch.“

„Dies ist ein besonderer Wunsch.“

Irgendwo trieb er schließlich ein Eckchen Camembert auf.

Sicher verwahrt in meiner Tasche lag Camilos Brief.

TEIL III: 1978

1

Im fernen Antibes erfuhr ich nur aus den Zeitungen über den Bürgerkrieg in Nicaragua. Kaum ein Tag verging, an dem mich nicht ein Artikel an meine sandinistischen Freunde in Panama erinnerte. Dann kamen Panama und Nicaragua eines Tages völlig unerwartet nach Antibes, und zwar in Gestalt des jungen Mathematikers Rogelio. Er rief mich vom Bahnhof in Nizza an, er sei auf dem Weg nach Italien. Offenbar brauchte er ein Visum für Italien und hatte keines, doch machte er sich deshalb keine großen Sorgen. Schließlich war seine Frau Italienerin. Solche Dinge wie Einreisevisa ließen sich immer irgendwie regeln, meinte er am Telefon, doch würde er gerne seine Reise unterbrechen und sich ein wenig mit mir unterhalten.

Ich verschaffte ihm ein Zimmer für die Nacht, und wir trafen uns zum Abendessen. Begierig nahm ich seine Neuigkeiten auf. Er erzählte, Camilo habe nun doch endlich seine Feuertaufe erlebt, als er mit einer Gruppe von Sandinisten die costaricanische Grenze überquerte. Die Aktion sei nicht besonders erfolgreich verlaufen, denn man hatte sie aus der Luft beschossen, und sie besaßen keine Fliegerabwehrgeschütze. Rogelio befand sich daher jetzt auf einer Rundreise durch Europa, um Geld für den Ankauf von Waffen aufzutreiben. Er gab mir die Nummer eines Spendenkontos in Panama City an, falls ich reiche Sympathisanten kannte. Handfeuerwaffen seien kein Problem, meinte er. Gewehre ließen sich jederzeit in ausreichender Menge von Somozas Nationalgarde erbeuten. Was sie brauchten, waren Flak-Geschütze. Ich konnte ihm da freilich kaum helfen, ich konnte ihm nur einen kleinen Betrag von meinem eigenen Konto nach Panama senden, in der Hoffnung, er würde für ein paar Kugeln reichen — von denen eine vielleicht Somoza zum Schweigen bringen würde.

2

Mehrere Wochen vergingen, bis sich eines späten Abends im Juli wieder eine vertraute Stimme am Telefon meldete.

„Von wo sprichst du, Chuchu?"

„Aus Panama natürlich. Wo sonst soll ich denn sein? Wann kommst du? Der General will deinen Ankunftstermin wissen. Bei KLM liegt schon dein Ticket."

Diese Einladung überraschte mich sehr, und hastig begann ich nachzurechnen. „Am 19. August um neun Uhr dreißig vormittags. Reicht das?"

Doch um ein Haar hätte ich die Maschine verpaßt.

Es war frühmorgens am achtzehnten, und ich war auf dem Weg nach Amsterdam in London im Ritz abgestiegen — einem Hotel, in dem damals immer irgend etwas schiefging, was einer der Gründe dafür war, warum es mir dort so gefiel. Schreiben ist meist eine einsame und unbefriedigende Tätigkeit. Man sitzt an einen Tisch, einen Stuhl und einen Stapel Papier gefesselt. Nur mit strengster Selbstdisziplin konnte ich überhaupt weiterarbeiten, und so waren mir die unvorhergesehenen Ereignisse nur recht, mit denen das Ritz immer wieder aufwarten konnte – etwa die Portion geräucherten Lachs, die man statt der Spiegeleier zum Frühstück bekam, ein Vogel, der den ganzen Tag über im Schornstein flatterte, ein Fenster, das sich entweder nicht öffnen oder nicht schließen ließ, oder ein ägyptischer Zimmerkellner, der Schlagzeug spielte und die Frau im Nebenzimmer zu küssen versuchte, wenn er ihr das Frühstück brachte. So war es jedenfalls in der guten alten Zeit, bevor die Firma „Trafalgar House" das Hotel aufkaufte, scheußliche Bilder in den Korridoren aufhängte und das Personal zu langweiliger Verläßlichkeit erzog. An jenem Morgen des 18. August ging man dort allerdings doch ein wenig zu weit.

Ich erwachte heftig hustend und knipste das Licht an, konnte aber durch den dichten Qualm hindurch, der bestialisch stank und mir in der Kehle kratzte, nicht einmal das Fußende meines Bettes erkennen. Ich sah aus dem Fenster und versuchte es daraufhin zu schließen, was wie üblich mit größeren Schwierigkeiten verbunden war. Auf dem Nachbargrundstück hatte man ein in Bau befindliches Gebäude mit Plastikfolie überzogen, und diese Folie hatte Feuer gefangen. Unten auf der Straße waren Feuerwehrleute mit Taschenlampen und Gasmasken zu sehen. Ihre lauten Rufe hatten mich glücklicherweise geweckt. Als ich die Gangtür öffnete, um den Rauch abziehen zu lassen, sah ich einen Hotelangestellten zusammen mit einem Feuerwehrmann über den Flur kommen. Er bot mir ein anderes Zimmer an, doch da sich der Qualm bereits verzog und ich schon meine Koffer für den Flug nach Panama gepackt hatte, zog ich es vor, wenn auch hustend, zu bleiben, wo ich war. Dieser

Husten sollte mich während der nächsten zwei Wochen bis zu meiner Rückkehr nach Europa begleiten.

Einige Stunden später bestieg ich eine Maschine, die mich, wie ich glaubte, nach Amsterdam bringen würde — zum erstenmal in meinem Leben saß ich im falschen Flugzeug, was ja bei den vielen Flugscheinkontrollen gar nicht so einfach zu bewerkstelligen ist. Es fiel mir erst auf, als der Steward über die Bordlautsprecher ankündigte, wir würden in Kürze pünktlich in Rotterdam landen. Möglicherweise ist mir der Qualm an jenem Morgen nicht nur in die Kehle, sondern auch ins Hirn gestiegen, jedenfalls gewann ich allmählich die Überzeugung, daß sich die Schicksalsgötter gegen meine Panamareise verschworen hatten. Meine Maschine sollte in einer guten Stunde von Amsterdam abfliegen.

Im Eiltempo brachte ich Zoll und Einreisekontrolle hinter mich und nahm ein Taxi, hatte jedoch keine Gulden bei mir. Ich erklärte dem Fahrer mein Mißgeschick erst, als wir schon unterwegs waren. Er nahm es mit Fassung: „Was für Geld haben Sie denn dabei?"

„Französisches, englisches, und ein paar amerikanische Dollars", antwortete ich.

Er entschied sich für die Dollars, und ich war sicher, ich würde beim Umtausch sehr schlecht wegkommen, aber nein — er ließ über den Taxifunk bei einer Wechselstube anrufen und sich den Tageskurs nennen.

Die Schicksalsgötter ließen von mir ab. Ich erwischte gerade noch mein Flugzeug — ohne die Van-Gogh-Lounge genießen zu können —, und um neun Uhr morgens panamaischer Zeit (eine halbe Stunde zu früh) nahm mich Chuchu auf dem neuen internationalen Flughafen, den ich zum erstenmal sah, in Empfang. Er hatte den Wagen am Inlandsflughafen zurückgelassen und war mit seinem eigenen kleinen Flugzeug gekommen (das dreizehn Jahre alt war, wie er mir erzählte), um uns zu seinem Auto zurückzubringen. Ich hatte wenig Vertrauen in die Flugkünste eines Dichters und Professors, und fragte mich, ob die Schicksalsgötter wohl noch eine böse Überraschung bereithielten. Bernard Diederich erwarte mich im Hotel, sagte Chuchu, und der General wünsche, daß wir am nächsten Morgen nach Farallón in sein Haus am Pazifik kämen. „Ich werde euch hinfliegen. Es ist gerade genug Platz für zwei Passagiere in der Maschine."

„Könnten wir denn nicht auch auf der Straße hinkommen?"

„Unmöglich. Der General erwartet euch schon um neun."

Ich glaube kaum, daß Diederich den Flug am nächsten Morgen mehr genoß als ich. Das Wetter in Panama ist unberechenbar, und die Regenzeit stand kurz bevor. Während des Fluges war Chuchu zum Philosophieren aufgelegt. „Wenn Scheiße Goldes wert wäre", sinnierte er aus heiterem Himmel vor sich hin, „dann würden die Armen ohne Arsch geboren."

Als wir eintrafen, lag Omar mit Fieber im Bett, gesellte sich jedoch bald zu uns. Entspannt und gesprächig nahm er wie immer neben uns in der Hängematte Platz. Den Inhalt des Gespräches verdanke ich Diederich, denn er hat es auf Tonband aufgenommen.

Nach der Unterzeichnung des Kanalvertrags war es dem früheren Präsidenten Arias gestattet worden, auf seine Besitztümer in der Provinz Chiriquí nahe der Grenze zu Costa Rica zurückzukehren, und bei seiner Ankunft in Panama City vor zwei Monaten hatte er im Park von Santa Ana eine Rede gehalten, die — vielleicht weniger aus Sympathie als vielmehr aus Neugier — ein großes Publikum angezogen hatte. Er hatte derart haßerfüllte Anschuldigungen gegen Torrijos erhoben, daß seine Ansprache zumindest als Beweis für die Redefreiheit in Panama gelten konnte.

Während ich Omar betrachtete, der sich aus seiner Hängematte mit mir unterhielt, fiel mir wieder die Rede von Arias ein, die ich zwei Tage zuvor in der KLM-Maschine gelesen hatte. Arias hatte Omar als einen Tyrannen porträtiert, der politische Gegner aus Flugzeugen werfen und Gefangene foltern ließ. Niemals waren die Namen dieser „verschwundenen“ Opfer irgendwo veröffentlicht worden, niemals Witwen durch die Straßen von Panama City gezogen wie in Buenos Aires, denn selbstverständlich gab es keine solchen „Verschwundenen“. Ein politischer Dissident brauchte in Panama nur von einer Straßenseite auf die andere zu gehen, um in Sicherheit zu sein. Arias hatte seine Darstellung von Torrijos' Panama den Berichten über Videlas Argentinien und Pinochets Chile nachempfunden, während er in seinem sicheren Haus in Miami saß. In seiner Rede hatte er Omar als einen „Psychopathen, der in eine Irrenanstalt gehört“, geschildert, und jetzt lag dieser „Psychopath“ unmittelbar neben uns in seiner Hängematte und sprach fröhlich über seine Zukunft.

„Ich werde den Politikern eine Riesenüberraschung bereiten. Ich entwerfe gerade ein System — eine Partei —, um rauszukommen. Die anderen glauben natürlich, ich entwerfe ein System, um drinzubleiben. Aber die Politiker zielen mit ihren Kanonen in die falsche Richtung. Sie werden nur ihre Munition vergeuden, und dann sagen: ‚Der Scheißkerl ist wirklich unberechenbar.‘“ Er lächelte verschmitzt. „Alles, was ich mir wünsche, ist ein Haus, Rum und ein Mädchen.“

„Als wären seine Niedertracht und Infamie noch nicht genug“ — wieder sprach Ex-Präsident Arias in meiner Erinnerung —, „hat dieser Hochverräter unser Vaterland für eine Handvoll Münzen verkauft, genau wie Judas Unseren Herrn Jesus Christus, und wie Judas versucht er in seiner Dummheit nun, vor seinem Gewissen davonzulaufen, indem er sich mit alkoholischen Getränken" (vielleicht hätte er noch hinzufügen sollen: mit Black Label, hauptsächlich an Wochenenden) „und Rauschgift betäubt" (mit letzterem dürften die guten Havanna–Zigarren gemeint gewesen sein, die er von Fidel erhielt). „Es sollte niemanden überraschen, wenn er eines Tages an einem Baum in seinem eigenen Garten hängend gefunden würde."

Omar schaukelte in der Hängematte gemächlich hin und her. „Ich weiß nicht einmal, ob ich richtig oder falsch gehandelt habe. Es ist wie an der Tankstelle: Man bezahlt, und die Zapfsäule steht wieder auf Null. Wenn ich morgens aufwache, beginne ich jedesmal wieder bei Null."

Wieder hörte ich Arias' Rede: „Seit nahezu zehn Jahren sind wir nun im Exil und halten von unserer bescheidenen Veranda in Florida beständig Ausschau nach Süden, wo unser geliebtes Panama liegt, im Kopf nur einen Gedanken, im Herzen nur eine Hoffnung, auf den Lippen nur ein Gebet..."

Ich fragte Omar nach seiner Ansicht über Arias. „Politisch ist er eine archäologische Kuriosität", sagte er. „So etwas sieht man sich einmal im Museum an, aber keiner macht sich die Mühe, ein zweitesmal hinzusehen."

Er fuhr fort: „Es besteht hier eine politische Leere. Nach dem Kampf um den Kanalvertrag ist nun diese Leere zurückgeblieben. Um sie auszufüllen, müssen wir uns der inneren Front zuwenden. Wir müssen eine Partei gründen für die Wahlen, die demnächst stattfinden werden. Ich trete für die Sozialdemokratie ein. Ich habe mit

Felipe Gonzáles in Spanien Gespräche geführt, mit Kolumbien und mit der Dominikanischen Republik. Diese verdammte Erkältung habe ich mir bei Guzmáns Amtseinweihung geholt. Wenn allerdings Arias und seine Oligarchie wieder an die Macht kommen, dann wird's brenzlig für uns." Er lachte. „Wir haben so ziemlich gegen jeden Artikel der Verfassung verstoßen — *ihrer* Verfassung."

Seine neue Partei sollte den Namen PRD tragen — Demokratisch-Revolutionäre Partei. Ihre Gründung würde am 11. Oktober offiziell bekanntgegeben werden, dem zehnten Jahrestag seines Militärputsches. Gleichzeitig sollte auch das über die anderen Parteien verhängte Verbot aufgehoben werden, obwohl es niemals ein vollständiges Verbot gegeben hatte. Die Vorschrift hatte nur verlangt, daß bei den Wahlen jeder Kandidat, ob er nun Konservativer, Sozialist, Liberaler oder Kommunist war, als Einzelkandidat ohne Parteikennzeichen antreten mußte.

Omar fuhr fort: „Ich fühle mich zu alt, um über die Zukunft zu sprechen." (Der Mann war noch nicht fünfzig) „Die Zukunft gehört der Jugend. Eine Partei brauche ich jetzt nur deshalb, weil ich müde bin und die Politik satt habe — die Innenpolitik jedenfalls. Weißt du, wenn die Leute einmal einen Anführer gefunden haben, dann lassen sie ihn sich zu Tode schuften, genau wie ein Bauer einen guten Ochsen antreibt, bis er vor Erschöpfung zusammenbricht. Die Bauern reden offen mit mir, und ein Bauer merkt genau, daß man auf einem Bein hinkt, selbst wenn man sich in der Hängematte bequem einrollt oder unter der Decke liegt."

Ich fragte ihn nach dem Vertrag. Ich wußte, daß er schwer enttäuscht war über die Änderungen, die der Senat daran vorgenommen hatte, und daß er von seiner eigenen Linken heftig kritisiert wurde. Er selbst meinte dazu: „Mit den Ultralinken ist es, glaube ich, so: Wenn ihnen bewußt wird, daß *ihre* Revolution nicht durchführbar ist, dann treten sie feige den Rückzug an, indem sie Pläne für eine Revolution in ferner Zukunft schmieden, die aber niemals stattfinden wird. Dieses Land hat nicht einmal zwei Millionen Einwohner. Es gibt keinen Grund, hier einen hohen Preis für soziale Veränderungen zu zahlen. Wenn es nicht notwendig ist, warum sollte man es dann tun? Ich halte nichts von einem radikalen Standpunkt in einem so kleinen Land."

Er sprach die amerikanische Angst vor dem Kommunismus in Angola an, als er meinte: „Ich habe UNO-Botschafter Andrew Young gesagt, Afrika ist für eure Eitelkeit viel gefährlicher als für eure Sicherheit. In Afrika besteht keine Gefahr. Es ist ein Kontinent, der noch keine eigene Persönlichkeit entwickelt hat. In fünfzig Jahren werden die Leute dort in kleinen Volkswagen fröhlich über Autobahnen fahren, die Schönheit des Dschungels bewundern und die vielen Traktoren vergessen haben, die der Dschungel verschluckt hat."

Er hatte seine Enttäuschung über den Vertrag inzwischen verdaut und begann nun sogar, dessen Bedeutung herabzuspielen: „In vierzehn Monaten werden sie uns zwei Drittel des Territoriums der Kanalzone übergeben, und wir erhalten dann dreißig Cents für jedes Schiff, das den Kanal durchfährt — das ist beträchtlich mehr als vorher —, bis wir im Jahr 2000 die alleinige Kontrolle übernehmen. Aber viel wichtiger als der Kanal ist die Entwicklung unseres Kupferbergbaus. Bis jetzt haben wir nur Bananen und Souveränität exportiert." (Damit meinte er die panamaische Billigflagge und die internationalen Steuerflucht-Gesellschaften mit Sitz in Panama.) „Ab 1983 werden wir Kupfer ausführen." (Diese Prophezeiung erfüllte sich allerdings nicht.) „Und dann ist da noch unsere Kapazität an Wasserkraftwerken. Bald erzeugen wir ein Kilowatt pro Einwohner."

Wieder kam er auf den Kanal zurück. „Der Kanal hat anfangs vierzehntausend Menschen beschäftigt, und heute sind es immer noch vierzehntausend. Wir haben keine eigenen Häfen, und aus diesem Grund kostet uns der Export unserer Produkte siebzehn Dollar pro Tonne. Wenn der Kanal uns gehört, können wir mehr exportieren. Wir haben eine moderne Zementfabrik, die wirtschaftlich benachteiligt ist, weil sie nicht exportieren kann. Die Durchfahrtszölle können wir nicht weiter erhöhen, also müssen wir die Wirtschaftsentwicklung an den Ufern des Kanals vorantreiben."

Ich erinnerte mich daran, was er den Schulkindern im Vorjahr gesagt hatte: daß er die weißen Großgrundbesitzer nicht durch kaffebraune ersetzen wollte. „Wird es Bodenspekulation im großen Stil geben," fragte ich.

„Nein, nein", antwortete er, „wir werden mit den Ressourcen der Kanalzone sehr behutsam umgehen. Das Gelände können wir ja nicht wesentlich verändern. Die Urwälder sind für den Kanal notwendig zur Erhaltung des Grundwasserspiegels."

Wieder in meinem Hotelzimmer in Panama City, las ich noch einmal Präsident Arias' Ansprache. „11. Oktober 1968, ein verhängnisvoller Tag, an dem ein satanischer, aus Gier, Habsucht und Neid entsprungener Verrat unser geliebtes Vaterland mit sich fortriß und mit Wehklagen, Leid und Blut überzog..." Ich dachte an das „Monstrum", an den „Judas" in seiner Hängematte, und ich dachte auch an den Fischer, der es sich zur Gewohnheit gemacht hatte, jedes Wochenende an der Wache vorbei über den Strand zu spazieren und in seiner Trunkenheit wüste Beschimpfungen zu Omar hinaufzubrüllen, der auf seiner Veranda saß. Auf dem Rückweg allerdings, ernüchtert durch seinen Spaziergang, hüllte er sich in Schweigen. Omar fand großes Vergnügen an diesem Wochenendritual, vor allem wenn es sich im Beisein illustrer und wichtiger Gäste wie Mr. Bunker und seiner amerikanischen Delegation abspielte. Wie wohl Präsident Arias, als er noch an der Macht war, reagiert hätte, hätte ich gerne gewußt.

3

Am Abend ging ich mit meinen sandinistischen Freunden elend schlecht nicaraguanisch essen – und traf dabei zum erstenmal mit dem Dichter Padre Ernesto Cardenal zusammen, der inzwischen Kultusminister von Nicaragua ist. Mein Eindruck von ihm war, daß er etwas zu bewußt charismatisch auftrat mit seinem weißen Bart, dem wallenden weißen Haar und dem blauen Barett, und bewußt war er sich wohl auch seiner romantischen Erscheinung als Priester, Kommunist und Somoza-Flüchtling, dessen Kloster auf einer Insel inmitten des großen Nicaragua-Sees von dem Diktator zerstört worden war. Am Abend darauf traf ich ihn wieder, im Haus von Camilo und María Isabel auf einer Geburtstagsparty für den sandinistischen Guerillaführer Pomares, dem Omar das Leben gerettet hatte. Er war in Honduras gefangengenommen worden, von wo man ihn gerade nach Nicaragua und in den sicheren Tod abschieben wollte, als der General intervenierte.

Für ein Fest zu Ehren eines Guerillaführers erschien mir diese Party merkwürdig kindisch: Es gab einen Geburtstagskuchen, alle sangen „Happy birthday to you" – die Gesichter waren mir mittlerweile so vertraut wie die von Familienangehörigen –, im Hintergrund strahlte der alte Padre Cardenal wie ein Großvater, der Guerillero pustete jede der zwei Reihen Kerzen auf einmal aus, und mir schien, als brächten ihn Kuchen und Kerzen ein wenig in Verlegenheit. Auf mich wirkte er wie ein echter Kämpfer in einer Runde von Amateuren. Wenige Tage danach kehrte er nach Nicaragua zurück und fiel im Gefecht. Heute trägt Somozas ehemaliges Hauptquartier in Managua, das früher als der „Bunker" bekannt war, seinen Namen.

Ernesto Cardenal versuchte mich zu überreden, nach Nicaragua zu kommen, doch ich konnte mich des Gefühls nicht erwehren, daß mein Tod wohl ein allzu gefundenes Fressen für die Propaganda dort wäre. Beide Seiten würden einander des Mordes beschuldigen, mein Tod hätte viel mehr Wert für sie als jeder andere Gefallen, den ich ihnen erweisen konnte, und noch dazu würde dieser Gefallen höchstwahrscheinlich der falschen Seite zugute kommen. Außerdem wußte ich, daß auch der General gegen eine solche Reise war. Er war der Ansicht, der Bürgerkrieg in Nicaragua stehe kurz vor seinem Höhepunkt. Also zog ich das Touristendasein vor und machte am nächsten Tag mit dem Hubschrauber einen Ausflug zu der legendären Stadt meiner Träume, Nombre de Dios: eine Lichtung im Urwald, zu klein, um mit einem Flugzeug zu landen, und ein aus einigen Dutzend Hütten bestehendes Indiodorf. Nicht eine Mauerruine stand mehr von der früheren Siedlung, die einst ein größerer Hafen als Vera Cruz gewesen war, von Kolumbus *Puerto de Bastimentos*, der „Vorratshafen", genannt und später von Francis Drake geplündert, der jedoch aus Versehen eine Menge Silberbarren zurückgelassen hatte.

Bei unserer Rückkehr nach Panama City erfuhren wir, daß sich die Vorhersage des Generals über den Krieg in Nicaragua einigermaßen bewahrheitet hatte. In der Hauptstadt Managua hatte es Zusammenstöße gegeben, und eine kleine Gruppe von etwa einem Dutzend Sandinisten war in den Nationalpalast eingedrungen, wo sie tausend Abgeordnete als Geiseln festhielten und die Freilassung ihrer Kameraden aus dem Gefängnis verlangten.

In der Nacht hatte ich einen so bedrückenden Traum, daß ich traurig und deprimiert erwachte. Ich sehnte mich zurück nach Europa, ohne zu wissen, warum. Vor meiner Heimfahrt blieb mir jedoch noch eines zu tun, und das war der immer wieder aufgeschobene Ausflug nach Bocas del Toro, von dem mein *South American Handbook* eine so wenig einladende Beschreibung gab. Chuchu erklärte sich bereit, mich am nächsten Tag dorthin zu begleiten, doch es sollte anders kommen. Alle Pläne wurden wieder über den Haufen geworfen, und gleichzeitig besserte sich meine Laune schlagartig durch einen Anruf von Omar, der uns abends in einem italienischen Restaurant aufspürte, wo wir noch nie zuvor gegessen hatten. Irgendwie hatte er herausgefunden, wo wir waren. Chuchu wurde am Telefon verlangt.

Aufgeregt und ebenso wie ich schon leicht betrunken kam er zurück. Der General wollte am nächsten Morgen in aller Frühe — wahrscheinlich gegen fünf Uhr — ein Militärflugzeug nach Managua senden, um das sandinistische Kommando, die freigelassenen Gefangenen und einige der Geiseln abzuholen, und wir sollten mitkommen. Um vier Uhr sollten wir am Flughafen sein. Das Leben war nun wieder interessant geworden.

Am nächsten Morgen trafen wir pünktlich ein, doch das Flugzeug war bereits eine Stunde früher gestartet. Chuchu hatte entweder am Telefon falsch verstanden oder überhört, daß der General uns geraten hatte, die Nacht am Flugplatz zu verbringen. Chuchu war in Ungnade gefallen. Er erhielt den knappen Befehl, sich „bereit zu halten" – was vermutlich bedeutete, daß er zu Hause am Telefon in einer Art Stubenarrest zu warten hatte. Ich selbst versuchte, einen langen Tag über mit Lesen und Schlafen die Zeit totzuschlagen, bis Chuchu schließlich wieder in mein Hotel kam, ebenso deprimiert wie ich. Der General hatte uns in Rorys Haus zitiert.

Wir hielten es für das beste, vorher einige Gläser Rum-Punsch zu leeren, die uns Flor in der Bar des „Señorial" mixte, weil wir mit einem Verweis rechneten. Doch keine Spur davon: Omar war hervorragender Laune. Er hatte beschlossen, mich mit Chuchu in besonderer Mission nach Belize zu schicken, wo ich mit Premierminister George Price zusammentreffen sollte. Der Auftrag war Teil seines Planes, mir beizubringen, wie es um Mittelamerika stand, und zwar nicht nur vom panamamaischen Standpunkt aus. Er mochte Price sehr – eine seltsame Freundschaft, denn die zwei Männer waren charakterlich denkbar unähnlich, obwohl sie sich in politischer Hinsicht beide zu einem gemäßigten Sozialismus bekannten. Ihre Freundschaft hatte begonnen, als Panama bei den Vereinten Nationen Belize gegen das feindliche Guatemala unterstützte und Venezuela dazu bewog mitzuziehen – die zwei einzigen Länder Lateinamerikas, die sich gegen Guatemala stellten.

Zu Gast beim General war auch der Außenminister, der uns die augenblickliche Lage in Belize skizzierte, wo die konservative Opposition gegen die von Price angestrebte Unabhängigkeit protestierte, weil sie den Abzug der eintausendsechshundert britischen Soldaten befürchtete, die als eine Art Stolperdraht gegen eine Invasion aus Guatemala dienten. Price beabsichtigte zwar, Mitglied des Commonwealth zu bleiben, hätte aber statt der britischen Soldaten lieber Truppen aus einem anderen Commonwealth-Staat in Belize gesehen. Guatemala könnte sich eventuell mit einem kleinen Landstreifen mit Zugang zur See zufriedengeben, aber würde dann nicht der nördliche Nachbar Mexiko ebenfalls Territorialansprüche stellen? Und was würde in diesem Fall von Belize noch übrigbleiben?

„Du wirst dich mit Price gut verstehen“, sagte Omar. „Er ist ein Mann nach deinem Herzen. Eigentlich wollte er Priester werden, nicht Premierminister.“

Am Morgen, noch ehe der übliche panamaische Wirrwarr hinsichtlich unserer Reise einsetzte, begab ich mich in die Kaserne einer Einheit mit Namen „Tiger“, um das sandinistische Kommando und die befreiten Häftlinge zu besuchen, unter denen sich Tomás Borge befand, der mir heute ein guter Freund ist. Der Anführer des Kommandos, Eden Pastora, war schön wie ein Filmstar und wurde eben für das amerikanische Fernsehen von einem ganz besonders dummen Journalisten interviewt. „Stimmt es, daß Carter Ihnen einen Brief geschrieben hat? Wann werden Sie wieder nach Nicaragua zurückgehen?“ Blitzlichter flammten auf, Kameras klickten. Vielleicht hat in diesem Moment, in dem er sich plötzlich bewußt wurde, einem Millionenpublikum gegenüberzustehen, die Korrumpierung Pastoras begonnen, die ihn vier Jahre später dazu bewog, seine Kameraden, die Sandinisten zu verraten. Nach ihrem Sieg sollten sie ihn zum Oberbefehlshaber der *milice* ernennen — einer Art Heimwehr der Bauern, die eine Ausbildung in Selbstverteidigung erhielten —, nicht aber zum Oberkommandierenden der Armee; er bekam nicht den Posten des Verteidigungsministers, sondern wurde nur dessen Vize — und das, obwohl sein gewaltiger Erfolg bei der Einnahme des Nationalpalastes mit nur einer Handvoll Männer ihn außerhalb Nicaraguas berühmter gemacht hatte als

Daniel Ortega, den Chef der Junta, oder Humberto Ortega, den Oberkommandierenden der Armee, ja sogar berühmter als den heutigen Innenminister Tomás Borge.

Es war wohl unvermeidlich, daß sich nach dem Bürgerkrieg viele in ihrer Eitelkeit gekränkt fühlten, und zwei Menschen gab es, deren gekränkte Eitelkeit sich als besonders nachteilig für die Sandinisten erwies: Eden Pastora und Erzbischof Obando. (Der Erzbischof hatte mit Somoza die Bedingungen für die Freilassung der Geiseln ausgehandelt, und er saß im selben Flugzeug nach Panama wie Pastora, um die Sicherheit des Kommandos zu gewährleisten.)

Wie ich beinahe schon erwartet hatte, wurden dann alle unsere Pläne für die Reise nach Belize über den Haufen geworfen. Am Abend bekam ich einen Anruf von Camilo, der mir sagte, Chuchu könne mich nun doch nicht begleiten. Irgendein Franzose, den ich nicht kannte, würde ihn vertreten. Ich wurde wütend (weil ich zu unrecht eine Einmischung der Sandinisten vermutete) und sagte Camilo, ich würde eigentlich lieber nach Europa zurückfliegen. Ich sei ohnehin lange genug fortgewesen. Camilo erklärte sich einverstanden und versprach mir, mich am nächsten Tag abzuholen und mit mir um mein Ticket zum KLM-Büro zu fahren, aber am Morgen war dann Chuchu am Telefon.

„Warum sind denn gestern abend unsere Pläne alle ins Wasser gefallen?"

Er antwortete, er sei ein wenig betrunken gewesen und könne sich an nichts mehr erinnern.

„Und was ist das für ein Franzose, den sie mir da mitgeben wollen?"

„Was für ein Franzose?" Er wußte nichts von einem Franzosen. Der General habe vor, sagte er, mich noch am selben Tag in einer Sondermaschine loszuschicken, zusammen mit einer Frau, die früher einmal Konsul in den Vereinigten Staaten gewesen war. Ich hatte sie 1976 bei dem langweiligen Essen auf der Yucca-Farm kennengelernt und ganz besonders unsympathisch gefunden.

„Ich denke nicht daran, mit ihr nach Belize zu fahren. Ich fliege zurück nach Europa.“

„Der General wird sehr enttäuscht sein. Er legt großen Wert darauf, daß du nach Belize fliegst.“

„Also gut, dann nehmen wir einen Linienflug. Aber für heute ist es schon zu spät, und ich muß außerdem noch García Márquez vom Flughafen abholen.“

Wir nahmen García Márquez mit ins „Señorial“, um Flors Rum-Punsch zu kosten, und Márquez rief den kubanischen Botschafter an, der uns alle drei zum Essen ins „Pez de Oro“ einlud — das mir ein eher ungewöhnlicher Ort für einen kommunistischen Botschafter zu sein schien, und prompt tauchte er dort auch nie auf. Wir warteten über eine Stunde auf ihn, dann warfen García Márquez und ich eine Münze, um auszuknobeln, wer die Rechnung zu zahlen hätte, und ich gewann. Inzwischen hatte Chuchu den General angerufen — manchmal stellte ich mir Panama City als ein gigantisches Gewirr von Telefonleitungen und eine Kakophonie einander widersprechender Stimmen vor. Der General habe gesagt, daß Price uns an diesem Tag in Belize erwartet hätte, berichtete mir Chuchu.

„Und was ist mit dieser Frau Ex-Konsul?“

„Die hat er nicht erwähnt. Für heute ist es sowieso schon zu spät, um noch irgend etwas zu unternehmen.“

Auf der Heimfahrt sah ich einen Soldaten, der einen Tiger — oder war es ein Leopard? — an der Kette führte. Ein Maskottchen der „Tiger“?

Auch am nächsten Tag kamen wir noch nicht fort, weil ich mit einer Gruppe oppositioneller Studenten in einem Café verabredet war, die allerdings – ebenso wie am Vortag der kubanische Botschafter – nicht auftauchten. Wahrscheinlich trauten sie mir nicht, weil sie wußten, daß ich mit Omar befreundet war. Nur der Ultralinke mit dem herabhängenden Schnurrbart, der Juan hieß, tauchte überraschenderweise mit seiner reizenden Frau in dem Café auf, und kurz darauf erschien auch Chuchu. Ich erfuhr, daß Juan wie Rogelio und Chuchu Professor der Mathematik war. Anscheinend war ich von Mathematikern umzingelt. In einem Chinarestaurant bekamen wir ein schlechtes Mittagessen vorgesetzt, nach einem ebenso schlechten Rum-Punsch im Holiday Inn, wo ein amerikanischer Marineoffizier ganz für sich allein das Ereignis feierte, daß er soeben Urgroßvater geworden war. Unser Flug nach Belize sei bereits arrangiert, meinte Chuchu, aber wir müßten sehr früh aufstehen. Da ich mich noch allzu gut daran erinnerte, wie wir das Militärflugzeug nach Managua verpaßt hatten, nahm ich Juans Frau das Versprechen ab, Chuchu zu wecken.

Sie ließ mich nicht im Stich und brachte Chuchu und mich um 5.15 Uhr zum Flughafen. Die Reise nach Belize verlief im Schneckentempo, mit Zwischenlandungen in San José, Managua und San Salvador, wo die Rollbahnen von Jagdflugzeugen blockiert wurden. Mir war zwar nicht ganz wohl, weil Chuchu knapp vor dem Abflug bemerkt hatte, daß sein Reisepaß seit zwei Jahren abgelaufen war, und er kein Visum für Belize hatte. Aber wir befanden uns auf einer Mission im Auftrag des Generals, und so ging alles gut.

Wir wurden abgeholt und in die Stadt gebracht, die trotz ihrer Ärmlichkeit einen eigenartigen Zauber besitzt, mit ihren Holzhäusern, die auf Pfählen zwei Meter über den schlammigen Straßen zwischen Mangrovensümpfen stehen. Vielleicht beruht dieser Reiz auf dem

Eindruck des Provisorischen, Ungewissen, eines Lebens am Rand der Zerstörung. Die Bedrohung geht nicht allein von Guatemala aus, sie kommt auch vom Meer, das unmerklich aber unaufhaltsam einzusickern scheint wie eine Guerillatruppe, die die Stadt eines Tages einnehmen wird, was ja 1961 fast geschah, als der Hurrikan „Hattie" eine drei Meter hohe Flutwelle auslöste.

Die Zeit der Wirbelstürme stand kurz bevor, und an den Hausmauern hingen Plakate, die mich an die Tage des Blitzkriegs in London und an Kurt Weills Oper *Aufstieg und Fall der Stadt Mahagonny* denken ließen.

Sicherheitsvorkehrungen zum Schutz vor Wirbelstürmen
1978

ALLGEMEINE BEKANNTMACHUNG

BELIZE CITY

PHASE I:
Rote Flagge — Vorwarnung

PHASE II (Alarmstufe 1):
Rote Flagge mit schwarzem Kreis — *Hurrikan steht bevor*

PHASE III (Alarmstufe 2):
2 rote Flaggen mit schwarzem Kreis — *Hurrikan wird die Küste im Lauf der nächsten Stunden erreichen*

PHASE IV:
Grüne Flagge — *Entwarnung:*
Hurrikan abgezogen, Suchaktionen und Rettungsmaßnahmen können eingeleitet werden

Eine lange Namensliste wurde für die Hurrikansaison angekündigt, die meisten klangen wenig anziehend – wer wählt sie wohl aus, diese Namen? fragte ich mich. Für die kommende Saison erwartete man: Amelia, Bess, Cora, Debra, Ella, Flossie, Greta, Hope, Irma, Juliet, Kendra, Louise, Martha, Noreen, Ora, Paula, Rosalie, Susan, Tanya, Vanessa und Wanda. Wie schön, daß ich nur sehr kurz in Belize bleiben würde. Allenfalls Amelia würde ich vielleicht erleben, aber ich brauchte nicht abzuwarten, bis Vanessa und Wanda abgezogen waren.

Allmählich begriff ich, oder glaubte zumindest zu begreifen, was Omar an George Price und seiner bedrohten Hauptstadt so sehr anzog. Es war, als stellte Belize einen wesentlichen Teil jener Welt dar, in der Omar Torrijos beschlossen hatte zu leben – einer Welt der Konfrontation mit überlegenen Mächten, der Gefahren und der Ungewißheit, was der nächste Tag bringen würde: im Fall von Belize konnten es eine Invasion aus Guatemala oder ein vom Atlantik kommender Hurrikan sein. Das einzige, was von heute auf morgen feststand, war unser Mittagessen – Garnelensalat, die einzige genießbare Speise, die wir in Belize auftreiben konnten.

Nach dem Essen brachte man uns nach Belmopan, der neuen Verwaltungshauptstadt, die außerhalb des Einzugsbereichs der Wirbelstürme errichtet worden war. Sie erinnerte mich an ein Miniatur-Brasilia, und war wohl auch wie Brasilia dazu verurteilt, eines Tages so tot wie Washington zu sein, ohne aber dessen Schönheit zu besitzen.

In seinem Büro erschien mir Price als ein schüchterner, zurückhaltender Mann mit einem Anflug verlegener Demut, wie man ihn häufig bei Priestern beobachtet, die den Eindruck erwecken, als zweifelten sie ständig selbst an ihrer Aufrichtigkeit. Während der langen Fahrt in einem alten Landrover — seinem einzigen Auto — begann er jedoch plötzlich zu reden wie ein Wasserfall; wie ein Mann, der lange Zeit keine Gelegenheit hatte, sich mitzuteilen, sprach er über Theologie, Literatur, sein eigenes Leben. Er teilte mein Interesse für den Jesuiten Teilhard de Chardin, den die katholische Kirche zum Schweigen gebracht hatte, und für Hans Küng, und er war wie ich ein Bewunderer Thomas Manns. Wir stimmten sogar darin überein, daß *Lotte in Weimar* dem *Zauberberg* vorzuziehen sei.

Price fuhr mit uns zur Grenze Guatemalas, vorbei an mennonitischen Farmen, wo wir gestrenge, verschlossene deutsche Gesichter sahen — sie kennen weder Frauenemanzipation noch Mischehen —, und wir hielten bei den Maya-Ruinen von Xunantunich, wo Chuchu versuchte, diesmal allerdings vergeblich, sich mit seinen Vorfahren in Verbindung zu setzen. Wir ließen ihn eine Zeitlang allein, während er die massiven, unzugänglichen Steine mit seltsamen Lauten beschwor.

„Ich habe Ihnen vor Jahren einmal einen Brief geschrieben", sagte Price.

Ich überlegte angestrengt, aus welchem Anlaß der Premierminister von Belize mit mir wohl hätte korrespondieren können, doch mein Gedächtnis blieb so stumm wie die Tempel der Mayas.

„Ich wollte von Ihnen wissen, was eigentlich in der *Flugtasche* war."

Die Flugtasche war der Titel einer Kurzgeschichte, die ich vor vielen Jahren geschrieben hatte. Ich schämte mich bei dem Gedanken daran, wie viele solcher Briefe ich unbeantwortet in den Papierkorb geworfen hatte, deshalb war ich sehr erleichtert, als Price sagte: „Ich habe mich damals so gefreut, eine Antwort von Ihnen zu erhalten."

„Was habe ich Ihnen denn geschrieben?“

„Daß gar nichts in der Flugtasche gewesen sei.“

Es dürfte wohl der exotische Absender Belize gewesen sein, der mich zu einem Antwortbrief veranlaßt hatte, denn der Name George Price konnte mir damals unmöglich etwas gesagt haben. Mehr als zehn Jahre sollten vergehen, bevor ich dank Omar plötzlich in das politische Geschehen Mittelamerikas verwickelt wurde. Wie sonderbar, dachte ich, daß ich durch einen so banalen Brief einen Freund gewonnen hatte, denn im Verlauf jener Autofahrt zur guatemaltekischen Grenze und zurück spürte ich, daß ich mir seine Freundschaft erworben hatte.

Seine Freundschaft ist mir wertvoll, denn er ist einer der interessantesten politischen Führer der Gegenwart, verantwortlich für eine Pfarre von hundertvierzigtausend Einwohnern, unter denen sich Kreolen, Deutsche, Maya-Indios, schwarze Kariben, Araber, Chinesen und spanisch sprechende Flüchtlinge aus Guatemala befinden.

Ich sage eine „Pfarre“, weil George Price Belize meiner Meinung nach als solche betrachtet. Seinem religiösen Bekenntnis nach ist Price Katholik, seinem politischen nach ein Sozialist, der übrigens nie Politiker werden wollte. Sein Ehrgeiz war es, Priester zu sein. Nach der Schule besuchte er ein Priesterseminar, brach jedoch sein Studium ab, weil sein Vater starb und eine große Familie hinterließ, für die er sorgen mußte. Trotzdem führt er immer noch das Leben eines Priesters: Er ist unverheiratet und wohnt in einem der kleinen Pfahlhäuser von Belize City. Jeden Abend fährt er von Belmopan dorthin zurück und legt sich spätestens um neun Uhr zu Bett, denn morgens steht er schon um halb sechs auf, um zur Messe zu gehen und die tägliche Kommunion zu empfangen, und um 8.30 Uhr sitzt er wieder hinter seinem Schreibtisch in der neuen Hauptstadt. Er erzählte mir einen Traum, den er schon V. S. Naipaul erzählt hatte, als dieser Belize besuchte: Im Schlaf hatte er voll Neid und Empörung einem Priester, der für seine Lasterhaftigkeit bekannt war, dabei zugesehen, wie er die Messe las und das Sakrament der Wandlung vollzog — ein Ritus, der ihm, Price, verwehrt blieb.

Auf unserer Fahrt durch Belize wurde ich immer wieder an den Priester im Herzen des George Price erinnert. Wenn er jemandem zuwinkte, ähnelte seine Geste dem priesterlichen Segen, und er hielt den alten Landrover jedesmal an, wenn ein Indianer oder ein Schwarzer an der Straße stand, der mitgenommen werden wollte. Er war das krasse Gegenteil der Mennoniten, die uns in offenkundiger Mißbilligung unserer ungläubigen Lebensweise mit verdrießlicher Miene nachsahen, wenn wir an ihnen vorüberfuhren.

An der Grenze stand trotzig ein Schild mit spanischer Aufschrift, das die Unabhängigkeit und Souveränität von Belize verkündete — *Belice Soberano Independiente* —, und gegenüber, auf der guatemaltekischen Seite, ein anderes mit der englischen Aufschrift: *Belize is Guatemala.* Es machte Price Spaß, mit mir über die Grenze zum guatemaltekischen Zollgebäude zu gehen und dort mit den Beamten zu plaudern, die ihn wie einen alten Freund begrüßten.

Auf dem Rückweg kamen wir durch Orange Walk Town, das kaum größer ist als ein Dorf, aber ein Kino und mindestens zwei Hotels besitzt. Price hatte vor, dort ein internationales Filmfestival abzuhalten, weil der Ort außerhalb der Hurrikanzone lag. Er sagte mir, er wolle dazu weltbekannte Stars nach Belize einladen, doch ich bezweifle, daß sein Traum jemals verwirklicht wurde.

Ich stellte mir die großen Stars vor, wie sie vornehm Garnelensalat speisten, ehe sie sich zur Vorstellung in das Lichtspieltheater begaben, in dem ungefähr zweihundert Personen Platz finden mochten.

An der Furt durch den New River hielt uns ein Bauer an, um uns mitzuteilen, daß der Empfang in seinem Radio schlecht sei, und Price machte sich eine Notiz. Er machte sich viele solcher Notizen, und zwischendurch kehrten wir immer wieder zu Hans Küngs Ansichten über die Unfehlbarkeit des Papstes und zu Thomas Manns Beschäftigung mit Goethe zurück.

Am Abend saß ich mit Chuchu vor einem wenig schmackhaften Garnelengericht auf der Terrasse eines kleinen Cafés am Strand, von wo wir dem wütenden Geschrei eines schwarzen Redners auf der Straße unter uns lauschten. Zunächst dachten wir, es handle sich um eine politische Versammlung der oppositionellen Konservativen — wir hatten deren Mitglieder schon mit Jeeps durch die Stadt fahren sehen, die mit dem britischen Union Jack geschmückt waren —, doch das war ein Irrtum. Es war vielmehr eine religiöse Versammlung, und der Redner deklamierte seine Ansichten über Familienmoral und verkündete, die untreuen Ehemänner seien der Fluch von Belize. Verglichen mit der Weltoffenheit Panamas, kam ich mir vor wie auf einem anderen Kontinent.

Am nächsten Morgen jedoch drang die Außenwelt in die Lokalteile der Zeitungen ein — in Nicaragua hatte ein Putschversuch stattgefunden, zwölf Offiziere der Nationalgarde und mehr als hundert Zivilisten waren verhaftet worden, Somoza drohte damit, streikende Arbeiter erschießen zu lassen, und der *Reporter,* die Stimme der Opposition von Belize, schrieb über einen „sogenannten Schriftsteller namens Green", den der Kommunist Torrijos in unbekanntem und ganz gewiß unheilvollem Auftrag zu seinem kommunistischen Genossen Price geschickt habe.

Chuchu und ich lasen diese Darstellung unserer Mission bei der Rückkehr aus Corozal, einem kleinen Ort im Norden, nahe der mexikanischen Grenze. Price hatte mir erzählt, daß Dr. David Owen, der damalige englische Außenminister, und der britische Hochkommissar in Belize darauf drängten, mit Guatemala durch Abtretung eines Streifen Landes mit Zugang zur See ein Abkommen auszuhandeln. „Wie kann ein kleines Land mit hundertvierzigtausend Einwohnern denn ‚verhandeln'?" Wenn man Guatemala ein Stück des Kuchens gäbe, dann würde Mexiko bestimmt auch seinen Anteil verlangen, dort oben bei Corozal, und von Belize wäre bald kaum noch etwas übrig. Gerüchte über Ölvorkommen vor der Küste, die häufig jeder Grundlage entbehrten, erhöhten diese Gefahr nur noch.

Am darauffolgenden Tag sollten wir eigentlich nach Costa Rica fahren, wo Chuchu sich mit einem führenden Sandinisten treffen wollte. Vor der Abreise begaben wir uns noch zu der allwöchentlichen Sprechstunde des Premierministers und hörten zu, wie er sich mit den Problemen seiner Wählerschaft auseinandersetzte. Eine alte Bäuerin beklagte sich bitter über ihr total baufälliges Haus, und es wurde auch ein Polizeibeamter hereingerufen, der ihre Schilderung bestätigte. Price versprach ihr unverzügliche Abhilfe, worauf sie in die Hände klatschte und sagte, sie würde zur Feier des neuen Hauses ein Fest veranstalten.

Vor der Fahrt zum Flughafen gab es den in Belize üblichen Lunch, bei dem man nur die Wahl zwischen Garnelen und Hamburgers hatte, aber entweder aus Unachtsamkeit oder durch die Schuld von Chuchus Teufel (am

Alkohol konnte es nicht liegen) bestieg ich — zum zweitenmal in meinem Leben — mit ihm das falsche Flugzeug, und unversehens landeten wir in San Salvador, wo wir stundenlang auf einen Anschlußflug warten mußten. Wir warteten mit der größtmöglichen Engelsgeduld — nichts hätte uns dazu bewegen können, die Sicherheit des Flughafens zu verlassen, und ich betete darum, es möge keiner der Umstehenden Chuchu erkennen, und sein Kontakt zu den sandinistischen Rebellen niemandem hier bekannt sein.

Chuchu verachtete Costa Rica, den einzigen mittelamerikanischen Staat ohne Armee, obwohl das Land für seine geheimen Machenschaften äußerst günstig gelegen war. Er hatte schon mehrfach mit seinem kleinen Flugzeug von der Grenze zwischen Costa Rica und Nicaragua aus die Sandinisten mit Waffen versorgt. Ja, ich glaube, es ärgerte ihn sogar, daß diese Operationen so ungestört und reibungslos über die Bühne gingen. Dennoch hatte er mir Costa Rica schon seit langem unbedingt zeigen wollen, in der Hoffnung, daß ich seine Verachtung dann begreifen und teilen würde.

Ohne Frage empfand ich bei strömendem Regen San José als eine ziemlich trübselige Stadt, und überdies war ich verärgert, weil einer von Chuchus Kontaktleuten sich nicht im Hotel mit uns unterhalten wollte, sondern uns in ein kleines Restaurant am anderen Ende der Stadt verschleppte, wo wir dann völlig durchnäßt ein Gericht verzehrten, das mindestens so schlecht war wie das, was man in Belize vorgesetzt bekam. Die Schweiz Mittelamerikas hat man Costa Rica oft genannt — ein für die Schweiz schmählicher Vergleich.

Am nächsten Morgen traf sich Chuchu in einem Café mit einem großgewachsenen, dunklen, ernsthaften Mann, der von einer sehr attraktiven Frau begleitet wurde, die ich schon im Vorjahr unter den Flüchtlingen im „Taubenschlag“ einmal gesehen zu haben glaubte. Sie unterhielt sich mit mir an einem Tisch, der so weit von Chuchu und seinem Gefährten entfernt war, daß ich von ihrer Unterhaltung kein Wort verstehen konnte. Mehr als vier Jahre später sollte ich die beiden in Managua wiedersehen — Commandante Daniel Ortega, das führende Mitglied der nicaraguanischen Junta, und seine Frau Rosario.

Am Nachmittag flogen wir nach Panama zurück, und zwei Tage später, nachdem ich Omar über unsere Reise nach Belize berichtet hatte, verabschiedete ich mich am Flughafen wieder einmal für immer von Chuchu, bevor ich die KLM-Maschine nach Amsterdam bestieg. Bei dieser letzten Unterredung mit dem General hatte ich eigentlich nicht viel zu berichten gehabt — bis auf meine Sympathie für Price und meine Abneigung gegen dessen konservative Gegner, mit ihren wüsten Anschuldigungen, ihrem erbitterten Widerstand gegen die Unabhängigkeit des Landes und ihrer verlogenen Anglophilie.

Eine von Omars liebenswertesten Eigenschaften war sein Wunsch, immer erfahren zu wollen, was andere von den Menschen dachten, mit denen er zu tun hatte. Mein Mißtrauen gegenüber seinem Stabschef Oberst Flores empfand er keineswegs als kränkend — er nahm es einfach mit Interesse zur Kenntnis. Tatsächlich hatte er übertrieben viel Respekt vor der Menschenkenntnis, die man von phantasievollen Schriftstellern vielleicht erwarten darf, und er fühlte sich bestätigt, wenn García Márquez oder mirein Mann oder eine Frau gefiel, die auch ihm ans Herz gewachsen waren. Die Frage „Was hältst du von Sowieso?“ kam ihm leicht über die Lippen. Er war seinen Freunden gegenüber sehr loyal — Tito, in dem er eine Vaterfigur sah; Fidel Castro, der einen ähnlichen

Kampf ausgefochten hatte, wie er selbst ihn gerne ausgefochten hätte —, und das, was wir sagten, vermochte seine Meinung auch nicht zu ändern; er freute sich nur, wenn unsere Ansichten sich mit den seinigen deckten. Deshalb war er froh darüber, daß ich George Price so sympathisch fand, und vielleicht war das überhaupt der eigentliche Grund gewesen, warum er mich nach Belize geschickt hatte — damit dort einer seiner Freunde den anderen kennenlernte.

TEIL IV: 1979 und 1980

1

1979 ging der Bürgerkrieg in Nicaragua zu Ende: Somoza war besiegt und mußte außer Landes flüchten, und die Sandinisten kamen endlich an die Macht. Es gab keinen Grund, warum jemals wieder das Telefon klingeln und ich eine Einladung nach Panama erhalten sollte.

So sehr ich meine Freunde Omar und Chuchu auch vermißte, ich hatte gute Gründe, zu Hause in Frankreich zu bleiben: Im März mußte ich ins Krankenhaus, um mir einen Teil meiner Eingeweide herausoperieren zu lassen, und fast zur gleichen Zeit ereigneten sich Dinge in meinem Privatleben und dem meiner Freunde, die mich schließlich dazu veranlaßten, ein Pamphlet mit dem Titel *Ich klage an* zu verfassen.

Mein Schlachtfeld lag also nun in Frankreich, nicht in Mittelamerika; ich kämpfte im Namen einer jungen Mutter, der Tochter mir nahestehender Menschen, und ihrer zwei kleinen Kinder. Die Gewalt stand vor meiner eigenen Tür und nicht weit von mir jenseits einer Grenze, so daß ich nicht die Zeit hatte, mir über die politische Lage in Mittelamerika Sorgen zu machen. Noch monatelang nach meiner Operation war ich ein erschöpfter Mensch, der sich sein bißchen Lebenskraft gut einteilen mußte, und den langen Flug nach Panama hätte ich mir wohl kaum zumuten können.

Trotzdem: wenn man einmal Partei ergriffen hat, dann steht man dazu, komme was da wolle. So leicht sollte ich meinem Engagement nicht entfliehen. Zwar konnte ich nicht nach Panama aufbrechen, aber dafür kam Panama zu mir. Am letzten Apriltag um ein Uhr morgens weckte mich das Telefon, und ich hörte Chuchus Stimme: „Graham, ich dachte schon, du wärest gar nicht da."

„Ich habe schon geschlafen, Chuchu. Wo bist du?"

„In Panama natürlich. Ich soll dir vom General etwas ausrichten. Er schickt jemanden, der dich besuchen wird und in den nächsten Tagen in Antibes eintreffen müßte. Der General möchte unbedingt, daß du mit ihm sprichst."

„Wann genau wird er denn ankommen?"

„Das weiß ich nicht. Panama hat er schon verlassen. Jetzt ist er in Mexiko, glaube ich. Gestern hat der General gefragt, wann du wohl wieder nach Panama kommst."

„Ich kann nicht, Chuchu. Nicht dieses Jahr. Ich war krank und habe hier große Schwierigkeiten. Ich kann unmöglich fort."

„Aber du wirst mit dem Mann reden?"

„Natürlich."

Zwei Tage danach, ich wollte gerade zu Bett gehen, klingelte wieder das Telefon. Der Anrufer sagte, er habe eine Nachricht des Generals für mich, und ich verabredete mich für den nächsten Vormittag mit ihm. Als er bei mir ankam, erkannte ich in ihm einen jungen Mann, den ich schon einmal in Omars Gesellschaft gesehen hatte. Er fragte mich, ob ich vor etwa einem Monat in der Zeitung von der Entführung zweier englischer Bankiers durch Guerilleros in El Salvador gelesen hätte.

„Ja, ich kann mich daran erinnern."

„Der General befürchtet, daß die beiden in Lebensgefahr sind. Ihre Bank hat anscheinend jede Verbindung mit den Guerilleros verloren. Er möchte, daß Sie mit der Bankzentrale in London sprechen und den Leuten dort sagen, die Guerilleros seien bereit, auf zwei ihrer Bedingungen zu verzichten: Erstens darauf, daß sechs Angehörige ihrer Gruppe aus dem Gefängnis freigelassen werden. Sie sind mittlerweile nämlich sicher, daß diese Leute bereits tot sind. Auch auf die zweite Bedingung wären sie bereit zu verzichten. Dabei geht es um ein Kommuniqué, das sowohl in der salvadorianischen als auch in der internationalen Presse abgedruckt werden sollte. Nur die dritte Bedingung halten sie weiterhin aufrecht – eine Geldforderung. Sie dürfen der Bank aber nicht sagen, woher Sie Ihre Informationen bezogen haben."

„Aber um welche Bank geht es?"

„Die Bank of London."

Von der Bank of England hatte ich schon gehört, aber noch nie von einer Bank of London. „Sind Sie sicher, daß der Name der Bank stimmt?"

„Ja, ja. Die Sache ist sehr dringend."

Noch nie war ich so dankbar, ein Exemplar von *Whitaker's Almanach* zu besitzen, mit Hilfe dessen ich die Bank, die er meinte, als die Bank of London and Montreal identifizierte, eine Tochtergesellschaft von Lloyds International mit Sitz in Nassau auf den Bahamas. Dennoch fühlte ich mich in dieser Bankenwelt wenig heimisch.

„Wollen Sie nicht heute abend um halb sieben zum Abendessen kommen?"

Mir fiel ein, daß mein Neffe Graham, Geschäftsführer des Verlages Jonathan Cape, dem Bankierszweig der Familie Guinness angehörte, und auf seinen Rat hin sprach ich wenig später mit einem Mr. W., der in dieser Entführungsgeschichte für die Bank verhandelte. Es war ein peinliches und zögernd geführtes Gespräch.

„Woher wissen Sie das alles?“

„Ich habe einen sehr zuverlässigen Informanten, aber seinen Namen darf ich Ihnen nicht nennen.“

Das Schweigen in der Leitung vibrierte geradezu von sehr verständlichem Mißtrauen. Mr. W. mußte mein Wohnort Antibes und mein Beruf als Schriftsteller recht schwer vereinbar mit einer Entführung in El Salvador erscheinen.

Ich bemühte mich, einen überzeugenderen Ton zu treffen. „Wissen Sie, in den vergangenen drei Jahren bin ich ziemlich oft in Mittelamerika gewesen. Ich habe dort eine Menge Kontakte.“

„Warum, glauben Sie, lassen die Entführer diese Bedingungen nun fallen?“

„Möglicherweise möchten sie die Geiseln nicht umbringen.“

„Das ist allerdings auch unser Eindruck“, erwiderte Mr. W. in ziemlich trockenem Ton.

„Soviel ich weiß, haben Sie keine Verbindung mehr mit den Guerillakämpfern?“

„Das stimmt.“

„Man hat mir eine Telefonnummer in Mexiko City gegeben. Falls Sie dort anrufen möchten...“

Als der junge Mann am Abend wiederkam, erzählte ich ihm, was geschehen war. Er streckte beide Arme aus und sagte zufrieden: *„Mission accomplie.“*

„Möchten Sie vielleicht in Panama anrufen?“

„Nein, aber wenn es Ihnen nichts ausmacht, rufe ich in Mexiko an.“

Kurz darauf legte er auf und sagte: „Die Bank hat sich schon gemeldet.“

Beim Abendessen schlug ich ihm vor, wir könnten uns am nächsten Morgen vor seinem Rückflug nach Panama noch einmal treffen, und ich würde ihm die Altstadt von

Antibes zeigen. Er willigte ein, kam dann jedoch nicht. Ich rief in seinem Hotel an, doch er war schon auf dem Rückweg nach Mittelamerika, und einige Wochen später wurden die beiden Bankiers freigelassen. Eine Zeitlang liebäugelte ich noch mit der selbstsüchtigen Hoffnung, daß Lloyds International mir als Gegenleistung für die Telefonnummer wenigstens eine Kiste Whisky schicken würde, doch diese Hoffnung verblaßte bald. Wahrscheinlich dachten die Bankdirektoren, die Guerilleros hätten mir von den fünf Millionen Dollar Lösegeld, das die Bank gezahlt hatte, eine Provision überlassen.

Ich weiß nicht mehr, wo oder wann ich den Namen des Kontaktmannes in Mexiko City erfahren habe – es war jedenfalls mein Freund Gabriel García Márquez. Anscheinend versuchte er, ein mittelamerikanisches Gegenstück zu Amnesty International ins Leben zu rufen.

Das ganze Jahr über war ich mit meinem Privatkrieg und dem Abschluß eines kurzen Romans mit dem Titel *Dr. Fischer aus Genf oder Die Bombenparty* beschäftigt, der mich viel Mühe kostete. Als der Sommer kam, und Chuchu wieder anrief, um mich zu fragen, wann ich denn käme („Der General möchte es wissen"), konnte ich ihm deshalb nur antworten: „Dieses Jahr nicht. Ich habe dir doch gesagt, daß es unmöglich ist. Natürlich möchte ich gerne kommen. Vielleicht im nächsten Jahr..."

2

Es war im Januar 1980, und ich war wieder einmal gerade dabei, zu Bett zu gehen, als das Telefon läutete und eine Frauenstimme sagte: „Mr. Shearer möchte Sie sprechen.“ Ich war ziemlich müde und der Name erinnerte mich an den eines Filmproduzenten, den ich einmal kennengelernt hatte, doch es meldete sich eine fremde Stimme.

„Mr. Greene?“

„Ja, aber verzeihen Sie — darf ich fragen, wer Sie sind, Mr. Shearer?“

„Ich bin der südafrikanische Geschäftsträger in Paris. Wir dachten, daß Sie uns vielleicht helfen könnten.“

„Ihnen helfen?“

„Sie haben vielleicht in der Zeitung gelesen, daß unser Botschafter, Mr. Dunne, vor einigen Monaten in El Salvador entführt worden ist. Es ist uns nicht gelungen, Kontakt mit den Kidnappern aufzunehmen. Und so dachten wir, Sie wären vielleicht in der Lage, uns zu helfen.“

„Ihnen helfen?“ wiederholte ich. In jenem Moment kam es mir beinahe so vor, als wäre Antibes ein kleines Eiland, das vor der Küste Mittelamerikas vor Anker lag und in all dessen Probleme mit verwickelt wurde.

Ich sagte: „Es gibt in der Tat eine Telefonnummer in Mexiko City, doch ich habe sie nicht mehr. Ich habe den Zettel vernichtet. Sie können sich aber vielleicht an Mr. W. von Lloyds International wenden... dem habe ich diese Nummer einmal gegeben, und er könnte sie aufbewahrt haben.“ Eine halbe Stunde später rief mich Mr. Shearer ein zweitesmal an und teilte mir die Nummer mit, so daß ich mich gezwungen sah, weitere Schritte zu unternehmen.

Es dauerte mehrere Tage, bis ich García Márquez erreichte. „Ein Botschafter von *Südafrika?* Das ist allerdings ein schwieriges Problem.“

„Es geht um ein menschliches, nicht um ein politisches Problem. Soviel ich gehört habe, ist er ein kranker Mann, und seine Frau hat ein unheilbares Krebsleiden.“ (Ich hatte inzwischen wieder mit Mr. Shearer gesprochen.)

„Zuerst müssen wir einmal herausfinden, welche der fünf Guerillagruppen ihn festhält.“

Wieder vergingen einige Tage, ehe Márquez sich bei mir meldete. „Anscheinend hält ihn die FPL fest. Aber es wäre viel besser, wenn seine Familie mit ihnen Verbindung aufnähme und nicht die südafrikanische Regierung. Die Gründe liegen ja wohl auf der Hand.“

Ich richtete diese Nachricht Mr. Shearer aus, der versprach, sie nach Pretoria weiterzuleiten. „Aber das wird nicht leicht sein“, sagte er. „Seine Frau liegt im Sterben, der Sohn ist so eine Art Hippie, also bleibt nur die Tochter, und die ist noch sehr jung.“

„Kann sich denn nicht jemand anderer als Mitglied der Familie ausgeben?“

Lange Zeit hörte ich dann gar nichts mehr, aber am 18. August machte ich mich wieder einmal auf den Weg nach Panama (ich hatte Chuchus Drängen nachgegeben). Ich flog um 10.30 Uhr von Amsterdam ab, nachdem ich acht Stunden in der Van-Gogh-Lounge verbracht hatte — einem Warteraum, in dem ich mich schön langsam wie zu Hause fühlte. Vor dem Abflug hatte ich Mr. Shearer geschrieben und ihn gefragt, ob ich ihm während meines Aufenthaltes in Panama weiter behilflich sein könne, aber er hatte geantwortet, nun habe Washington die Angelegenheit in die Hände genommen. Man habe mit der Guerillagruppe Verbindung aufgenommen, und es sei wohl besser, wenn ich mich nicht in die Feuerlinie begäbe.

3

Am Flughafen von Panama City wartete Chuchu auf mich. Er trug jetzt einen Bart, hatte sich aber in den vergangenen zwei Jahren kein bißchen verändert, und er sprudelte über von Neuigkeiten. Der General wollte offenbar, daß ich in zwei Tagen nach Nicaragua flog, und das war Chuchu nur recht, denn seine zwei Kinder — die beiden, die ich schon kennengelernt hatte — waren ebenfalls in Nicaragua, wo ihre Mutter sie untergebracht hatte. Das Mädchen ging dort zur Schule und wollte unbedingt zur Armee, ihr jüngerer Bruder war Leibwächter von Tomás Borge geworden und hatte sich versehentlich in den eigenen Fuß geschossen.

Wie in Panama üblich, wurden unsere Pläne sehr bald wieder umgeworfen durch die ungezählten Telefongespräche, die wir zwischen einem Rum-Punsch und dem nächsten führten — wie üblich schlecht gemixt und teuer. Zu unserem Leidwesen war das „Señorial" in eine Bank umgewandelt worden, und vergeblich suchten wir auch die junge Flor, auf deren Rum-Punsch wir uns immer hatten verlassen können. Banken sprossen in Panama City so rasch aus dem Boden wie Unkraut im Garten. Inzwischen war ihre Zahl auf ungefähr hundertdreißig angewachsen, eine reichlich merkwürdige Situation für ein Land unter Führung eines Sozialdemokraten. Meine Reise nach Nicaragua hätte aber auf jeden Fall verschoben werden müssen, weil der Kommandant der FPL-Guerillatruppe, Salvador Cayetano, der den Codenamen Marcial trug, in Panama City war und mich sehen wollte.

Es gab allerdings auch persönliche Neuigkeiten – Chuchu hatte neuerlich geheiratet, diesmal die Schwester von Lidia, der Frau des Sandinisten Rogelio, und sie hatte ihm ein Kind geboren. Auch der General hatte ein Baby – von der jungen Frau, die ich zwei Jahre zuvor kennengelernt hatte. Nach der Geburt hatte er Chuchu geraten, ebenfalls ein Kind zu zeugen, und Chuchu, der treue Leibwächter, hatte diesem Befehl prompt gehorcht.

Weniger glücklich war Chuchu über eine andere romantische Anwandlung des Generals – er wollte Señora Perón aus ihrem Hausarrest in Argentinien befreien. Ich lernte ihren Anwalt aus Buenos Aires kennen, dem Chuchu absolut nicht traute, und mit ihm gemeinsam besuchten wir den panamaischen Vizepräsidenten Ricardo de la Espriella. Dieser stellte ohne viel Umstände einen Scheck über 20.000 Dollar aus, Chuchu löste ihn bei einer Bank ein und übergab das Geld dem Anwalt. „Den werden wir wohl niemals wiedersehen", bemerkte er danach. Der General hatte das Geld zur Bestechung von Señora Peróns Wächtern vorgesehen, die beide Augen zudrücken sollten, wenn sie heimlich zum Flughafen gebracht wurde, wo schon eine panamaische Maschine warten würde. Mehrere Monate später gab die argentinische Junta sie allerdings unter recht normalen Umständen frei und schob sie nach Madrid ab. Also könnte mit dem Geld tatsächlich geschehen sein, was Chuchu vorausgesehen hatte.

Bernard Diederich war auch wieder in Panama, und da Chuchu vollauf damit beschäftigt war, neben dem Telefon zu sitzen und auf einen Anruf des Generals zu warten, liehen wir uns seinen Wagen und fuhren in jenes Gebiet, das drei Jahre zuvor noch Kanalzone gewesen war. Nur wenig deutete auf eine Veränderung hin, außer daß nunmehr die panamaische Flagge über Ancón Hill und den Amtsgebäuden der Kanalgesellschaft flatterte. Im American Legion Club tranken wir einen vorzüglichen Rum-Punsch und aßen ein fürchterliches *Irish stew* in Gesellschaft eines neuseeländischen Bekannten von Diederich, eines äußerst mysteriösen Menschen, der direkten Fragen grundsätzlich auswich. Ich war nicht ganz sicher, ob er vor dem *Time*-Korrespondenten oder vor mir Angst hatte.

Abends war ich beim General zu Gast. Seine Freundin war auch da, und voll Stolz stellte mir Omar sein Kind vor – eine kleine Tochter. „Sobald ich mich mit ihr unterhalten kann", witzelte er mit seiner Freundin, „brauche ich dich nicht mehr." Es wurde ziemlich viel getrunken an diesem Abend. Anwesend waren auch der ehemalige Außenminister Boyd und ein Dichter, dessen Namen ich nicht verstand. Noch nie zuvor war mir so bewußt, was für ein einsamer Mensch Omar wohl war, ein Mann von aufrichtigster Herzlichkeit, der sich nach Freundschaft ebenso begierig sehnte wie nach Büchern, als hätte er für beides nur noch wenig Zeit. An diesem Abend versetzte ich ihn einmal in Zorn, als ich wegen der Anwesenheit eines Fremden in einen formellen Ton zurückfiel. „Ich mag es nicht, wenn du mich General nennst anstatt Omar." Er wollte wissen, welchen Eindruck ich vom Vizepräsidenten gehabt hätte. „Einen sehr guten", antwortete ich, und er schien erleichtert. Möglicherweise erinnerte er sich meiner Reaktion auf Oberst Flores.

Eigentlich hätte ich mit Chuchu und Diederich am nächsten Tag auf Einladung von Tomás Borge nach Nicaragua fliegen sollen, doch zunächst wollte ich noch

Marcial, den Guerillaführer von El Salvador, kennenlernen. Der General erklärte mir, Marcial sei zu einer Konferenz der fünf Guerillagruppen nach Panama gekommen, um einen Plan für die, wie sie damals glaubten, allerletzte Offensive zu entwerfen.

Marcial kam mit einem jungen Offizier der G-2 in mein Hotel. Er war ein sehr kleiner älterer Mann mit Brille, winzigen, nervösen Händen und winzigen Füßen. Daß in seinen Augen ein gnadenloser Ausdruck lag, war nicht verwunderlich — er hatte eine lange Vergangenheit von Gefängnisaufenthalten und Folterungen hinter sich. Gleich zu Beginn gab er zu, daß sein wahrer Name Cayetano sei, und schlug vor, wir sollten uns zum Sprechen ins Schlafzimmer zurückziehen und den Geheimpolizisten draußen warten lassen. Auf meinem Bett sitzend, kam er sofort zur Sache: „Wie ich gehört habe, sind Sie am Schicksal des südafrikanischen Botschafters interessiert."

Ich war mir wohl bewußt, wie schlecht meine Karten waren. „Aus humanitären Gründen", sagte ich. „Seine Frau liegt im Sterben." Diesen Trumpf hatte ich schon zu oft in Telefongesprächen mit Mexiko ausgespielt, um noch allzu viel darauf zu setzen. Dennoch hörte Cayetano mir höflich zu. Danach entstand eine lange, peinliche Pause, in der ich angestrengt überlegte, was ich noch vorbringen könnte, aber es fiel mir nichts mehr ein. Es war eine Erleichterung, als er endlich zu sprechen begann. Er versicherte mir, es ginge alles, wie er sagte, in Ordnung, und nur einige Details müßten noch geklärt werden — das Lösegeld zum Beispiel. Ich nannte zwei südafrikanische Millionäre, die vielleicht dabei behilflich sein könnten. Cayetano hatte noch nie von ihnen gehört und notierte sich die Namen. Mit jedem Augenblick wurde er menschlicher; ab und zu warf er mir ein Lächeln zu, und ich glaubte, in seinen Augen, die mir eben noch eiskalt erschienen waren, einen freundschaftlichen Funken zu entdecken. Er sagte, unten im Hotel warteten vier Freunde auf ihn, und mir fiel ein, daß es in El Salvador fünf Guerillagruppen gab. Ob er sie hinaufbitten dürfe, damit sie mit mir sprechen konnten? Ich hatte nichts dagegen, und wir setzten uns wieder zu dem G2-Offizier in das andere Zimmer.

Wie sich herausstellte, waren alle vier noch junge Männer, und Cayetano forderte einen von ihnen auf, englisch mit mir zu sprechen. Seine Rede war sehr langweilig und außerordentlich lang: eine propagandistische Übung. Als er geendet hatte, fragte ich, was es mit der Ermordung von einigen Bauern auf sich habe, die kürzlich aus El Salvador bekannt geworden war. In den Augen des Westens, sagte ich, hätten diese Morde, die durch die Presse gegangen waren, ihrer Sache geschadet. Cayetano erwiderte: „In solchen Fällen müssen Sie das Wort ‚Bauern' in Anführungszeichen setzen. Es waren Denunzianten."

Meine Gedanken galten jedoch dem Entführungsopfer. Ich suchte nach einer Möglichkeit, ihm zu helfen. Wenn es mir irgendwie gelänge, sie davon zu überzeugen, daß ich ihnen von Nutzen sein könnte, dann vielleicht... Ohne große Aussichten auf Erfolg gab ich zu bedenken, daß die Guerilla in El Salvador mit der „Desinformation" zu kämpfen habe, die ihre Feinde der europäischen Presse zuspielten; wenn sie mir präzise Tatsachen, keine Propaganda, zuschicken könnten, würde ich versuchen, für deren Veröffentlichung zu sorgen. Danach trennten wir uns. Ich hörte nichts mehr von ihnen; die letzte Offensive sollte doch nicht die letzte sein, und Monate später gelangte die Nachricht vom Tod des Botschafters nach Europa. Er war ein kranker Mann gewesen, den man monatelang als Geisel von einem Ort zum anderen geschleppt hatte. Aus Pretoria bekam ich einen Brief von Mr. Shearer: „Nach reiflicher Erwägung neigen wir zu der Annahme, daß er wohl nicht ‚hingerichtet' wurde, wie von der FMNL (der Dachorganisation aller fünf Guerillagruppen) behauptet wird, sondern daß er unter den gegebenen Umständen eines weitgehend natürlichen Todes gestorben ist. Dafür gibt es natürlich keinerlei Beweise. Weder wurde die Leiche freigegeben, noch konnten wir über ihren Verbleib irgendetwas erfahren." Es sollten zwei Jahre vergehen, ehe ich Cayetano wiedersah, und diese Begegnung ereignete sich in Nicaragua, kurz vor seinem eigenen, mysteriösen Tod.

4

Am nächsten Tag brachte Omars Privatjet Chuchu, Diederich und mich nach Managua. Omar war fest entschlossen, für meine Weiterbildung zu sorgen, und deswegen hatte er auch die Einladung bei Tomás Borge in die Wege geleitet.

Managua wirkt beinahe wie eine Geisterstadt ohne Zentrum, da die gesamte Innenstadt jenem Erdbeben zum Opfer fiel, an dem Somoza sich so bereicherte; denn er ließ die Nothilfegelder aus aller Welt in die eigene Tasche fließen, statt sie mit beiden Händen für den Wiederaufbau der Hauptstadt auszuteilen. Im ehemaligen Zentrum von Managua stehen heute nur noch die Kathedrale, die zur Hälfte in Trümmern liegt, das Hotel Intercontinental, ein kleines mexikanisches Restaurant, der Nationalpalast, den Eden Pastora damals eingenommen hatte, und der „Bunker", in dem Somoza die letzten Tage seiner Präsidentschaft unter Geschützfeuer verbrachte.

Das Leben fand nun an der Peripherie von Managua statt, so daß man jedesmal eine halbstündige Autofahrt auf sich nehmen mußte, wenn man jemanden besuchen wollte.

Unsere Ankunft sollte auf einen außerordentlich wichtigen Tag fallen. In dem Bemühen, den hohen Anteil an Analphabeten — fünfzig Prozent — zu senken, hatte die sandinistische Regierung fünftausend Schulkinder der oberen Schulstufe zu den Bauern aufs Land geschickt; sie sollten bei ihnen wohnen und arbeiten, und sie an den Abenden Lesen und Schreiben lehren. Die Sache war nicht ohne Verluste abgegangen: Etwa fünfzig Schüler waren an Seuchen gestorben, und sieben waren von Resten der Nationalgarde Somozas ermordet worden, die als Guerillatruppe vom sicheren Honduras aus operierte. Trotzdem hatte der Großeinsatz spektakuläre Erfolge gebracht — der Analphabetismus, so wurde behauptet, sei von fünfzig auf dreizehn Prozent zurückgegangen. An diesem Tag sollte für die Kinder ein öffentlicher Begrüßungsempfang stattfinden, der nicht minder spektakulär werden sollte. Durch das Erdbeben war ein riesiger freier Raum entstanden, wo sechshunderttausend Zuschauer Platz finden konnten — natürlich nur einen Stehplatz.

Man erklärte uns, wegen der Feier sei das Hotel Inter-Continental völlig ausgebucht, also wurden wir in einem sehr komfortablen Häuschen außerhalb der Stadt untergebracht, wo sich zwei bezaubernde, hübsche Mädchen um uns kümmerten. Am Flughafen hatte uns — zu Chuchus Mißfallen — María Isabel willkommen geheißen, die sich mittlerweile von Camilo getrennt hatte, Assistentin von Tomás Borge geworden war und in ihrer Uniform noch hübscher als zwei Jahre zuvor aussah. Unsere Zimmermädchen servierten uns ein ebenso einfaches wie vorzügliches Mittagessen, doch ich war verstimmt, weil ich das Gefühl hatte, von dem Ort, den ich fälschlicherweise für den Brennpunkt des Geschehens hielt, abgeschnitten zu sein. Ich hatte nicht begriffen, wie öde und leer dieses Stadtzentrum war. Tatsächlich verspürte ich sogar ein ziemlich ungerechtes Mißtrauen, und glaubte eine dunkle Absicht hinter unserer Isolierung zu erkennen, die ich bereit war, als eine Art luxuriösen Hausarrest zu betrachten. Um mich zu beruhigen, telefonierte Diederich mit dem Manager des „Inter-Continental", den er aus dem Bürgerkrieg gut kannte, und organisierte für den kommenden Vormittag, wenn die Feierlichkeiten vorüber und die Besucher abgereist wären, unseren Umzug ins Hotel. Mir war wohler bei dem Gedanken, daß wir unsere Unterkunft selbst bezahlen und den Sandinisten nicht zur Last fallen würden. Nach dem Essen fuhren wir zurück nach Managua.

Man hatte uns Sitze auf der Sonnenseite der Tribüne reserviert, und die Hitze war mörderisch. Doch die Temperaturen schienen der gewaltigen Menschenmenge auf dem Platz unter uns, wo man sich kaum noch rühren konnte, nichts auszumachen. Oben auf der Tribüne saßen Minister, Mitglieder der Junta und der Präsident von Costa Rica. Die Schulkinder marschierten, jubelnd begrüßt, an uns vorbei, jede Gruppe mit ihrem eigenen Banner, und danach mußten wir drei Stunden lang Reden über uns ergehen lassen. Kennzeichen einer siegreichen Revolution scheinen immer lange Volksreden zu sein, so wie den Krieg lange Wartepausen zwischen den Gefechten kennzeichnen.

Als erster sprach der Präsident von Costa Rica. Als guter Sozialdemokrat plädierte er ernsthaft für baldige Wahlen. Oben auf der Tribüne hörte man ihm mit verdrießlichem, mißbilligendem Schweigen zu, und auch die Menschenmenge auf dem Platz zeigte keinerlei Enthusiasmus. Nach dem Sieg eines bewaffneten Aufstandes unter heldenhaftem Einsatz sind „baldige Wahlen“ in Mittelamerika kein Slogan, der die Massen mitreißt. Als nächster sprach ein anderer Außenseiter — der Bischof von Cuernavaca, in seiner Heimat Mexiko unter dem Namen „der rote Bischof“ populär. Auch er vermochte kein Interesse zu wecken. Dann trat der Armeekommandant und Verteidigungsminister Humberto Ortega auf. Er begann seine Ansprache mit der offenen Ankündigung, vor 1985 würde es keine Wahlen in Nicaragua geben, und diese Worte trugen ihm den stürmischen Beifall der dicht gedrängten Massen auf dem Platz ein und den noch größeren Beifall der mittelständischen Gäste auf der Tribüne, die auf diese Weise ihre Abneigung gegen den Präsidenten von Costa Rica zum Ausdruck bringen konnten. Es war, als sicherten die Männer auf der Tribüne der Menge ihre Loyalität zu, während diese, indem sie den Applaus erwiderte, den Regierenden ihrerseits ihre Loyalität bewies. ‚Keine Wahlen vor 1985‘ — das war eine revolutionäre Parole, die allen einleuchtete. Diese Reaktion verwirrte mich zunächst, bis mir einfiel, was das Wort „Wahlen“ in Nicaragua bedeutete. Somoza hatte während seiner langen Herrschaft öfter Wahlen abhalten lassen und seine Diktatur, wenn auch vielleicht nur in den Augen der USA, dadurch legitimiert, daß er diese Abstimmungen jedesmal mit haushoher Mehrheit gewann. Daher war „Wahlen“ für die meisten Leute in der Menschenmenge ein Wort, das „Betrug“ bedeutete. „Keine Wahlen“ war für sie gleichbedeutend mit dem Versprechen, es würde keinen Betrug mehr geben.

Nach diesem publikumswirksamen Auftakt redete Ortega viel zu lange weiter. Seine Ansprache dauerte mehr als eine Stunde, und er war kein Castro. Die Aufmerksamkeit der Menge entglitt ihm. Sie begann unruhig zu werden, und das Gemurmel unzähliger Unterhaltungen war bis auf die Tribüne zu hören. Zusehends lichteten sich die Reihen der Zuschauer. Viele versuchten, sich an den Rand durchzukämpfen, um nach Hause zu gehen. Doch dann trat nach Ortega der kleine, feurige Tomás Borge ans Rednerpult, und sofort waren die Menschen wieder bei der Sache; alle Gesichter wandten sich der Tribüne zu, und das Gemurmel verstummte. Borge sprach nur fünf Minuten lang, doch er sprach zu einem Publikum, das an seinen Lippen hing.

Die Sonne war unerträglich heiß. Eine kleine aufziehende Wolke verhieß Regen, zog aber wieder ab. Wir beschlossen, nur noch eine Rede abzuwarten. Die Rednerin allerdings war das Warten tatsächlich wert — es war eine Bäuerin mittleren Alters, eine von jenen, denen die Schulkinder in ihrem Kreuzzug gegen den Analphabetismus lesen und schreiben beigebracht hatten, und nun las sie dieser gewaltigen, gebannt lauschenden Zuhörerschaft etwas vor, das sie selbst verfaßt hatte: es war ein Gedicht. Nicaragua galt ja nach Chuchus Aussage, wie mir jetzt einfiel, als ein Land der Dichter.

Am Fuß der Tribüne trafen wir auf Chuchus Kinder. Der Sohn hinkte immer noch nach seinem Unfall mit dem Gewehr, und das Mädchen hatte mit ihrem Vater eine heftige Auseinandersetzung wegen ihres Wunsches, die Schule aufzugeben und zum Militär zu gehen.

Noch jemand streifte allein dort herum, der oben auf der Tribüne bei den Anführern der Revolution nicht zu sehen gewesen war: der Held, der den Nationalpalast im Handstreich besetzt hatte, Eden Pastora oder *Commandante Cero,* wie man ihn damals, als ich ihn in Panama kennenlernte, nannte, seit er diesen Titel von Camilos Bruder geerbt hatte. Sein schönes Schauspielergesicht war von Einsamkeit, Trauer und Enttäuschung überschattet. Es überraschte mich nicht, als ich ein Jahr später erfuhr, daß er sich gegen die Sandinisten gewandt hatte und ins Exil gegangen war. Ihm war die spektakulärste Aktion des ganzen Bürgerkriegs gelungen, und nun hatte man ihn mit der Ausbildung der Dorfmiliz betraut. Ein ehrenhafter Posten, aber kann ein Schauspieler, der einmal unter dem Beifall der ganzen Welt Shakespeares Heinrich V. gespielt hat, sich je wieder mit der Rolle des Pistol begnügen?

Im Jahr darauf verließ er das Land, beteuerte allerdings, er würde niemals gegen seine früheren Gefährten kämpfen, und danach zog er rastlos durch Mittelamerika, von Panama nach Mexiko, von Mexiko nach Costa Rica. Wer mochte ihn unterstützen? Vielleicht gewisse Leute in Miami, dem „Tal der Gestürzten“, oder der CIA. Sein Versprechen modifizierte er später ein wenig: Obwohl er die sandinistische Regierung ablehnte, würde er nie auf der Seite der *somozistas* kämpfen, und ich kann mir gut vorstellen, daß er dieses Versprechen auch einzuhalten gedachte. Der Rausch vergangenen Ruhms hatte sich nicht verflüchtigt — er konnte das erhebende Gefühl, mit einer Handvoll auserwählter Gefährten in aussichtsloser Lage gesiegt zu haben, nicht mehr vergessen. Jetzt, während ich dies schreibe, soll er ein Kommando von ungefähr fünfhundert Mann zusammengestellt haben, mit denen er nahe der Grenze zu Costa Rica auf nicaraguanischem Boden operiert und seine ehemaligen Kameraden zu stürzen versucht. Dieses Kommando wird zweifellos einen gefährlichen Störfaktor darstellen, doch siegreich kann es nur sein, wenn es als kleine Einheit an der Seite der USA, der salvadorianischen Todesschwadronen, der Armee von Honduras und der Leute aus Miami den gemeinsamen Feind bekämpft.

Pastora ist eine tragische Figur. Bei all seinem Mut und seinem Charisma (eine gefährliche Eigenschaft, wenn der Mensch, der sie besitzt, sich ihrer bewußt wird) ist ihm die Enttäuschung vorherbestimmt. Sollte die marxistische Linke in Nicaragua besiegt werden, wird er sich unweigerlich mit den Konservativen und den Kapitalisten überwerfen, die ihn gegenwärtig ganz nützlich finden, ihn dann aber für seine Dummheit, ja sogar für sein Heldentum verachten werden. Noch heute, zwei Jahre danach, werde ich bisweilen von der Erinnerung an diesen einsamen Mann heimgesucht, der da allein vor der Plattform umherging, auf der all die anderen Anführer saßen, und auf die gewaltige Menschenmenge blickte, die gekommen war, um einem Sieg zu applaudieren, zu dem er mindestens ebensoviel beigetragen hatte wie jeder andere.*

Nach der Parade, den Reden, der Menschenmenge und ihrer Begeisterung war es für mich ein wenig seltsam, am Abend whiskytrinkend in der luxuriösen, großbürgerlichen Villa eines Mitglieds der reichen Familie Chamorro zu sitzen, der die konservative Zeitung *La Prensa* gehört. Das Blatt sollte sich bald darauf zu einem mächtigen Wi-

*Als einem langsamen Schreiber fällt es mir schwer, mit den sich überstürzenden Ereignissen in Mittelamerika Schritt zu halten. Selbst eine im November 1983 verfaßte Fußnote dürfte zum Zeitpunkt der Veröffentlichung dieses Buches bereits überholt sein. Pastora spielte eine Zeitlang eine gefährlichere Rolle, als ich erwartet hatte. Nachdem er sein Hauptquartier in Nicaragua dicht vor der costaricanischen Grenze aufgeschlagen hatte, verschaffte er sich sogar einige kleine Flugzeuge, von denen eines über Managua abgeschossen wurde, als es versuchte, Bomben über dem Haus des Außenministers Padre d'Escoto abzuwerfen, und ein anderes bombardierte die kleine Hafenstadt Corinto am Pazifik. Doch dann klammerte sich Pastora an die letzten Reste seines Versprechens und lehnte das Ansinnen des CIA ab, sich als Gegenleistung für die amerikanische Unterstützung der konterrevolutionären Dachorganisation anzuschließen, in der auch Angehörige von Somozas alter Nationalgarde zu finden waren. Danach zog er sich – für wie lange wohl? – aus dem Kampfgebiet zurück.

dersacher der sandinistischen Regierung entwickeln, doch die Familie hatte sich, wie es so oft in einem Bürgerkrieg geschieht, gespalten, und Xavier Chamorro, in dessen Haus Tomás Borge sich für ein Gespräch mit mir verabredet hatte, war der Chefredakteur von *El Nuevo Diario,* einem pro-sandinistischen Blatt. Trotzdem kam es mir sonderbar vor, dem führenden Marxisten des Landes in so gänzlich unmarxistischer Umgebung zu begegnen. Vielleicht fühlte er sich dabei ebenso unwohl wie ich, doch noch hatte die Polarisierung nicht voll eingesetzt — zu dieser Zeit begrüßte das Land fast einhellig den Sieg der Sandinisten. Die zukünftige Entwicklung ließ sich allenfalls an den kummervollen Augen des vergessenen Helden am Fuß der Rednertribüne schon ablesen.

Mein Besuch in diesem Land, das nach einem langen Bürgerkrieg mühsam wieder zum normalen Alltag zurückzufinden versuchte, war kurz und nur allzu touristisch, doch ich verspürte kein Verlangen, hier länger zu bleiben. Meine privaten Probleme riefen mich nach Frankreich zurück. Nachdem wir in das Inter-Continental übersiedelt waren, fuhren wir am nächsten Morgen in den kleinen Ort Masaya, der Schauplatz einiger der erbittertsten Kämpfe gewesen und von deren Narben noch immer deutlich gezeichnet war, und von dort weiter in das wunderschöne Granada — eine sehr konservative Stadt —, wo Chuchu eine heftige Auseinandersetzung mit einem aufdringlichen Reporter von *La Prensa* hatte.

Hinsichtlich der Enttäuschungen und Verspätungen kam der Aufenthalt in Nicaragua dem in Panama etwa gleich. Unser Rückflug nach Panama war für einen bestimmten Tag angesetzt, doch zum Glück erkundigten wir uns noch einmal selbst und fanden dabei, daß es María Isabel irgendwie gelungen war, einen Flug für uns zu buchen, den es gar nicht gab — aber auch mit der Maschine, die sie uns statt dessen verschaffte, sollten wir nicht viel mehr Glück haben. Um uns die verbleibende Zeit zu vertreiben, fuhren wir nach León, einer weniger schönen Stadt als Granada. Wir besichtigten das Fort oberhalb der Stadt, in dem Somozas Truppen sich im Endkampf verschanzt hatten, und besuchten das Haus eines kleinen Geschäftsmannes und Anhängers der Sandinisten, der uns zeigte, wie es ihm gelungen war, ein Waffenarsenal im doppelten Boden eines Kleiderschranks vor der Nationalgarde zu verbergen.

Wieder in Managua angekommen, trafen wir eine schlechte Wahl für unser Abendessen — wir gingen in ein Restaurant namens „Los Ranchos", wo einem für teures Geld recht dürftige Speisen mit aufgesetzter Eleganz serviert wurden. Meine Sympathie für die Sandinisten verstärkte sich in diesem Lokal, denn ich fühlte mich dort von ihren Gegnern geradezu umzingelt: Männer in Smoking und Frack, die sich trotz der Hitze für den Abend feingemacht hatten und unsere offenenen Hemdkragen mit einem Argwohn beäugten, den die Kellner offensichtlich teilten, denn sie ließen uns beim Servieren absichtlich lange warten. Hier befanden wir uns in Feindesland, und ich war froh, diesen Ort zu verlassen, sobald die Rechnung geschrieben war.

Am nächsten Morgen standen wir früh auf, weil wir nicht genau wußten, ob wir in dem panamaischen Flugzeug noch Platz finden würden; María Isabel hatte ein zweites Kunststück vollbracht, indem sie uns zwar Tickets, aber keine Reservierung besorgt hatte. Die Maschine stand auch tatsächlich da, aber vor dem Einsteigen kam es zu einer längeren, unerklärlichen Verzögerung. Tomás Borge erschien mit einer bewaffneten Eskorte, um uns Lebewohl zu sagen. Er wollte das Ereignis fotografieren, aber meine Kamera war mir im Hotel gestohlen worden (was mir eine große Erleichterung war, da es mich der lästigen Pflicht enthob, den Fotografen zu spielen, obwohl ich den Verlust einiger recht guter Bilder von Geiern in Panama City bedauerte). Tomás Borge besaß jedoch Autorität genug, um sich in einem Duty-Free-Shop einen Fotoapparat auszuleihen, so daß ich auch ein Bild von unserem freundschaftlichen Abschied besitze.

Schließlich fanden wir doch noch Platz im Flugzeug, es setzte sich auf dem Rollfeld in Bewegung, und plötzlich sahen wir nur noch Qualm durch das Fenster. Das Flugzeug hielt abrupt an, und wir stiegen wieder aus. Man sagte uns — fälschlicherweise, wie sich herausstellte —, der Flug werde an diesem Tag nicht mehr stattfinden. Es war zehn Uhr vormittags. Die einzige Alternative war eine salvadorianische Maschine, die allerdings erst um sechs Uhr abends abfliegen würde. Also buchten wir auf diesen Flug um. Ich begab mich auf eine halbherzige Suche nach meiner Kamera (glücklicherweise ohne Erfolg), und nach einem Mittagessen im Hotel fuhren wir zu dem Vulkan, an dem die Stadt Managua liegt und in den Somoza angeblich die Leichen einiger seiner Gegner werfen ließ. Eine dünne Rauchfahne, ähnlich der über einem Krematorium, wehte uns aus dem Krater entgegen, und tief in seinem Inneren flatterten Schwärme von Papageien umher wie bunte Drachen an einer unsichtbaren Schnur. Nur ungern trennte ich mich von diesem Schauspiel, um wieder zum Flughafen zu fahren, wo anscheinend nichts nach Plan funktionierte. Es war mittlerweile 4.30 Uhr. Die panamaische Maschine war um drei schließlich doch noch gestartet. Das salvadorianische Flugzeug hatte angeblich vierzig Minuten Verspätung, was sich allerdings als eine sehr optimistische Schätzung erweisen sollte. Nach einer Weile kam eine Durchsage, die Maschine sei noch nicht einmal in Miami abgeflogen und würde vielleicht gar nicht mehr eintreffen.

Langeweile läßt sich manchmal durch Politik vertreiben, und die Politik betrat die Wartehalle in diesem Moment in Gestalt eines gepflegten Schwarzen im Mao-Anzug, gefolgt von seiner Frau — oder Sekretärin oder Geliebten? — und einem zweiten Mann. Energisch belegte er den Sessel direkt neben uns, während seine Begleiter auf zwei weniger bequemen Sitzen hinter ihm Platz nehmen mußten, und nach einer knappen Begrüßung breitete sich allgemeines Schweigen aus. Ich hatte das Gefühl, daß wir ihnen verdächtig erschienen — vielleicht weil ich Engländer war, ein Ex-Kolonialist. Wie lange, überlegte ich, würden wir wohl noch zu diesem feindseligen Schweigen verurteilt bleiben?

Dann fiel mir die Flasche Whisky ein, die ich immer in der Reisetasche bei mir trug, und ich schlug vor, da wir anscheinend auf unbestimmte Zeit hier warten müßten, könnten wir uns ebensogut etwas Wasser kommen lassen und die Flasche anbrechen. Für sich selbst nahm der Fremde die Einladung an, schlug sie jedoch gleichzeitig für seine Begleiter aus. Der Whisky wirkte augenblicklich: die Stille wich der Redseligkeit. Er hatte Nicaragua in Vertretung von Maurice Bishop und der Regierung von Grenada besucht. Gemeinsam mit seiner Lebensgeschichte ergoß sich ein wahrer Strom von marxistischen Klischees über uns. Er war Rechtsanwalt und hatte sein Studium in Dublin abgeschlossen (es war schwer, sich vorzustellen, wie dieser Mann am Ufer des Liffey entlangspazierte oder in einem irischen Pub saß). Danach war er als Kronanwalt nach London berufen worden. Er fragte nach meinem Namen und sagte dann, er habe in der Schule einige meiner Bücher lesen müssen. Nach dem zweiten Whisky lud er mich ein, als Gast seiner Regierung nach Grenada zu kommen, eine Einladung, auf die ich gern ein andermal zurückkommen wollte. Später beschrieb ich Omar den Mann. „Ach ja“, sagte er, „den kenne ich. Er steht rechts von Premier Bishop, und ein gutes Stück links von mir.“

Schließlich landete das Flugzeug aus Miami doch noch, und ausstieg Erzbischof McGrath. „Um Gottes willen, laß uns dem bloß aus dem Weg gehen“, sagte ich zu Chuchu, aber es bestand ohnehin so gut wie keine Gefahr, daß er uns sah. Kaum angekommen, stürzte der Erzbischof in den Laden für zollfreie Alkoholika, der nicht nur den abreisenden, sondern auch den ankommenden Passagieren offenstand. Wir dagegen hoben uns den Durst lieber für das „Montego Bay“, ein kleines, schäbiges jamaikanisches Restaurant in Panama auf, das wir oft und gern besuchten. Es wurde von einem leutseligen alten Schwarzen geführt, dessen Rum-Punsch beinahe so gut war wie der von Flor im „Senorial“. Beim Heben des Glases dachte ich, wie schon so oft: ‚Immerhin habe ich dank Omar also ein bißchen von Nicaragua gesehen — mein erster und letzter Besuch‘, und wie üblich in Mittelamerika, sollte sich dies wiederum als ein Irrtum erweisen.

Allmählich begann ich an der Legende zu zweifeln, nach der die Panamaer nur am Wochenende trinken. Chuchu mochte ja möglicherweise durch meine Gesellschaft korrumpiert worden sein, aber als wir vom „Montego Bay“ zu Omars zweitem Heim, dem Haus von Rory González fuhren, hatte dort noch nicht einmal das Abendessen begonnen, doch der Alkohol floß bereits reichlich, obwohl kein Wochenende bevorstand. Möglicherweise hielt sich nur die Landbevölkerung aufgrund ihrer Armut an dieses ungeschriebene Gesetz. Es wurde nach dem Essen noch sehr spät. Chuchu hatte den Fehler gemacht, vom Rum erst auf Whisky und dann auf Wein umzusteigen. Einer der Leibwächter des Generals wollte mich ins Hotel zurückbringen, doch Chuchu weigerte sich, das Steuer seines Wagens aus der Hand zu geben, und ich fühlte mich moralisch verpflichtet, mich von ihm nach Hause fahren zu lassen. Irgend jemand hatte wohl die Geistesgegenwart besessen, seine Frau anzurufen, denn plötzlich stand Silvana neben dem Auto. Chuchu hatte sich an das Eheleben immer noch nicht gewöhnt und warf ihr vor, sie lege Ehefrau-Allüren an den Tag.

Silvana blieb wunderbar gelassen. Sie war vierundzwanzig, er achtundvierzig, und sie wußte genau, daß sie ihm in puncto Eigensinn auf lange Sicht weit überlegen war. Trotzdem klammerte er sich noch eine ganze Weile ans Lenkrad, bis er endlich doch losließ, wortlos aus dem Wagen stieg und ins Haus zurückging, als könnte er das Ergebnis seiner Kapitulation nicht mit ansehen. Silvana lächelte. Sie kannte ihren Chuchu und war sich seiner sehr sicher. Für Chuchu verschlimmerte das die Sachlage wahrscheinlich noch — daß sie sich seiner so sicher fühlte.

Während der Fahrt zum Hotel ging mir wieder der Roman *Auf dem Rückweg* durch den Kopf, der dazu verurteilt sein sollte, niemals geschrieben zu werden. Ich glaubte nun zu wissen, was daran falsch war, was seine ungehinderte Entwicklung in meiner Phantasie störte. Die Handlung konzentrierte sich zu sehr auf Panama — ich müßte den Schauplatz in einen imaginären mittelamerikanischen Staat verlegen. Immerhin hatte ich jetzt ein wenig von Nicaragua und Belize gesehen. Der „Rückweg" sollte sich nicht nur auf die Reise der Heldin mit Chuchu und die niemals stattfindende Rückfahrt beziehen, sondern auch eine politische Anspielung beinhalten: das Scheitern einer Revolution. Für die Rolle des Schurken mußte Señor V. Modell stehen, der Mann, den ich im Gespräch mit dem General meistens „Fischgesicht" nannte — ein Relikt aus den Tagen des Arias-Regimes. Ich dachte an die Großbürger beim Dîner in Managua und an die griesgrämigen Kellner, die auf der Seite der Reichen standen. Auch ihnen würden kleinere Rollen zufallen. Vielleicht sollte am Schluß des Romans auch nicht Chuchu sterben, sondern der General, der doch so oft vom Tod träumte. Auf welch tragische Weise sollten diese Träume Wirklichkeit werden!

5

Am nächsten Tag als er mich zum Mittagessen mit Omar abholen kam, sah Chuchu schon wieder recht erholt aus; er war nur ein wenig unglücklich, weil ihm sein Hund entlaufen war. Es sei ein ausnehmend dummer Hund, hatte er mir gegenüber oft geklagt, dazu noch ein sehr bissiger, und alle Nachbarn haßten ihn. Nun war er einfach davongelaufen, und Chuchu hatte auf der Suche nach ihm stundenlang die Stadt durchstreift.

„Wie ich Hunde doch hasse!" sagte er.

„Warum hältst du dir dann einen Hund?"

„Weil ich nur so meinen Haß für mich behalten kann."

In *Auf dem Rückweg* muß unbedingt auch dieser Hund vorkommen, dachte ich bei mir.

Als ich mit Omar an diesem Tag zu Mittag aß, kam mir noch stärker als sonst zu Bewußtsein, welch tiefe Zuneigung zwischen uns entstanden war. Er verglich die

Freundschaft, die er für mich empfand, sogar mit jener, die ihn mit Tito vor dessen Tod verbunden hatte. „Meine Beziehung zu ihm war nicht unähnlich", sagte er.

Tito und ich — was für ein merkwürdiger Vergleich. Er meinte wohl, daß seine Zuneigung in beiden Fällen auf einem tiefen Vertrauen beruhte. Wie ich schon sagte, verglich er seine Ansicht über andere Menschen stets gern mit der meinen. Das bedauernswerte „Fischgesicht" war ein Beispiel dafür — Omar benutzte sogar selbst diesen Spitznamen, wenn er von ihm sprach. Nun wollte er meine Meinung über Tomás Borge hören. Ich erzählte, daß er mir bei unserer ersten Begegnung in der großbürgerlichen Villa eher mißfallen habe, dieser Eindruck sich jedoch am nächsten Tag, als er zum Flughafen kam, um noch einmal mit mir zu sprechen, grundlegend gewandelt hätte, vielleicht deshalb, weil er dort viel entspannter gewesen sei. „Das stimmt", sagte Omar, „im ersten Moment wirkt er unsympathisch."

Dann sprachen wir über Margaret Thatcher und ihre Haltung Belize gegenüber, die eine gewisse Bereitschaft zu Verhandlungen mit Guatemala zu verraten schien. Omar wollte mich noch einmal mit George Price zusammen bringen. Belize hatte wachsende Schwierigkeiten mit seinem aggressiven, autoritär regierten Nachbarn. Kolumbien und Venezuela versagten ihm jegliche Unterstützung. Innerhalb der OAS waren Panama und Nicaragua nun die einzigen Staaten, auf die Price sich verlassen konnte. Gegenwärtig befand sich Price in Miami, wo er den guatemaltekischen Außenminister traf — der erste unmittelbare offizielle Kontakt zwischen den beiden Ländern. Ursprünglich hatte Omar Chuchu und mich nach Belize schicken wollen — nun aber zog er es vor, Price nach Panama einzuladen, und gab Chuchu den Auftrag, in Miami anzurufen.

Eine von Omars Bemerkungen ist mir im Gedächtnis geblieben (war sie als Verteidigung oder als Angriff auf Margaret Thatcher gemünzt gewesen?): „In der Politik kann Unwissenheit von großem Vorteil sein. Carter und ich waren uns über den Kanalvertrag einig, weil wir beide keine Vorstellung von den Problemen hatten, die daraus entstehen würden. Wären wir nicht beide ahnungslos gewesen, so wäre der Vertrag nie unterzeichnet worden."

Am nächsten Morgen rief mich Chuchu an, um mir von seinem Gespräch mit Price zu berichten, doch er gestand mir, daß er dabei leicht betrunken gewesen sei und sich nicht mehr erinnern könne, was Price gesagt hatte. Etwas später an diesem Tag fühlte ich mich selbst leicht betrunken, nach drei Glas Rum-Punsch im „Montego Bay" und drei *pisco sours* in dem peruanischen Restaurant, vor dessen Tür ich mehrere Elefanten im Regen durch die Innenstadt von Panama City laufen sah. Erst ein Tiger, und nun Elefanten. Ich bin sicher, daß nicht die Drinks daran schuld waren.

Aufgrund der angespannten Lage in El Salvador und Nicaragua und der Bedrohung Belizes durch Guatemala schien Panama mehr denn je ein Zentrum politischer Probleme und wichtiger Persönlichkeiten zu sein. An diesem Abend fand im Haus eines Kommunisten eine Party für den nicaraguanischen Botschafter statt, der nach Kuba versetzt wurde. Er saß mürrisch und einsam auf dieser Party, die man ihm zu Ehren feierte, und niemand unterhielt sich mit ihm, bis ich mich zu ihm setzte.

Auf einmal wurden alle unsere Pläne abgeändert: Price kam nicht nach Panama, und wir fuhren nicht nach Belize – Omar war auf meinen unsinnigen Wunsch eingegangen: einen Besuch in der Provinz Bocas del Toro.

6

Chuchu und ich flogen am nächsten Morgen mit einem kleinen Militärflugzeug ab. Das Wetter war äußerst schlecht — böiger Wind und heftiger Regen, der die Sicht nahezu auf Null reduzierte. Zum Glück war Omar nicht mit uns gekommen, denn dies war genau die Art Wetter, bei dem er am liebsten flog; wahrscheinlich hätte er dem Piloten befohlen, trotzdem weiterzufliegen. Dank seiner Abwesenheit konnte der Pilot ein gewisses Maß an Vorsicht walten lassen, und so landeten wir in David, in der Hoffnung, es würde noch ein wenig aufklaren, ehe wir auf dem Weg zur Atlantikküste die Berge von Chiriquí überflogen. Während wir darauf warteten, erfand ich in meiner Angst eine Reihe von guten Gründen gegen eine Fortsetzung unseres Fluges. Warum sollten wir uns nicht einen Wagen nehmen, argumentierte ich, und noch einmal zu dem kleinen Dorf Boquete in die Berge hinauffahren, wo die Luft so schön frisch gewesen war, zu dem kleinen Hotel und seiner reizenden Besitzerin, die aussah wie Oona Chaplin? Doch der Pilot war eher von Omars Kaliber: Das schlechte Wetter sei eine Herausforderung, die er annehmen müsse, und nach einer weiteren halben Stunde entschied er, die Sicht sei nun gut genug, um weiterzufliegen.

Ich entdeckte kaum Anzeichen einer Wetterbesserung, obwohl wir jetzt tatsächlich hin und wieder, wenn die Wolkendecke aufriß, einen kurzen Blick auf die Berggipfel und später auf die tobende See unter uns erhaschen konnten. Wir landeten während eines sintflutartigen Wolkenbruchs auf einer kleinen Insel, die unter dem Ansturm des Unwetters im Meer zu versinken drohte. Das also war Bocas del Toro, das ich unbedingt hatte sehen wollen.

Bis zu den Knöcheln im Wasser marschierten wir zu einem kleinen Hotel das „Bahía“ hieß und gegenüber dem Anlegeplatz stand, wo die Bananenfrachter vor Anker gingen. Nach einem Blick auf das Gebäude war ich erleichtert zu hören, daß keine Zimmer mehr frei seien. Offenbar fand in diesem gottverlassenen Nest gerade ein Jahrmarkt statt, der sogar Besucher von den umliegenden Inseln angezogen hatte. Also werden wir ohne Rücksicht auf das Wetter zurückfliegen müssen, dachte ich erleichtert, doch während wir noch durchnäßt herumstanden und miteinander diskutierten, kam der Hotelbesitzer wieder — er habe doch ein Zimmer für uns freimachen können, und was für ein Zimmer: die ganze Einrichtung bestand aus zwei eisernen Bettgestellen und einem Stuhl. Eine nackte Glühbirne baumelte von der Decke, es gab weder eine Klimaanlage gegen die feuchte Hitze noch Moskitonetze vor den Fenstern. Ich beneidete nun sogar den Piloten, der durch den Sturm nach Panama zurückfliegen durfte. Er würde uns am nächsten Vormittag um 9.30 Uhr wieder abholen, versicherte er mir. Trotzdem fragte ich mich, was wohl geschehen würde, wenn das Wetter sich weiter verschlechterte und wir tagelang an diesem schrecklichen Ort festsäßen... Ein scheußliches Essen in einem leeren Restaurant trug auch nicht gerade zur Besserung unserer Laune bei: eine wäßrige Suppe, in der zwei Fleischstückchen herumschwammen, ein paar Fetzen Huhn, das größtenteils aus Haut und Knochen bestand, und kein Rum — nur dünnes Bier in Flaschen.

Endlich hörte es wenigstens zeitweilig auf zu regnen, und es blieb uns nichts anderes zu tun, als diesen sogenannten Jahrmarkt zu besichtigen, der auf einer Wiese am anderen Ende der Insel stattfand. Eine Drainage gab es hier nicht: das Wasser sammelte sich einfach dort, wo es hinfiel, und um eine Straße trockenen Fußes zu überqueren, bedurfte es eines gehörigen Anlaufs.

Der Jahrmarkt bestand aus zwei Reihen uninteressanter Buden — uninteressant für uns, doch offenbar ein großes Ereignis für die Bewohner von Bocas del Toro. Es waren hauptsächlich Schwarze aus Westindien, und aus dem Stimmengewirr konnte man englische, spanische und kreolische Laute heraushören. Chuchu traf einen Bekannten, einen Schwarzen namens Raúl, der einmal sein Schüler gewesen war, und wir gingen zu einer der Buden und tranken minderwertigen Rum.

Offenbar plante Raúl, als unabhängiger Kandidat bei den Wahlen anzutreten, die 1981 abgehalten werden sollten und — ein Ergebnis des Kanalvertrages — allen politischen Parteien offenstanden. Seine Gegner waren die Kommunisten und die neue Regierungspartei, die Omar gegründet hatte. Er hatte ein schwerwiegendes Problem: Seine Wählerschaft wohnte auf mehreren verschiedenen Inseln, und im Gegensatz zu seinen Rivalen konnte er sich nicht leisten, ein Boot zu mieten, um sie zu besuchen. Er hatte nicht einmal genug Geld, um die T-Shirts zu kaufen, die seiner Meinung nach für eine erfolgreiche Wahlkampagne unerläßlich waren. Dann gesellte sich ein Mann zu uns, den Raúl uns als seinen Manager vorstellte, doch ich verstand kein Wort von seinem Englisch.

Der schlechte Rum belastete bereits meine Blase und ich ging in einen stinkenden Schuppen, um dort gegen die Wand zu urinieren. Ein Schwarzer kam herein, stellte sich neben mich und knüpfte sofort ein Gespräch an. Er erzählte mir, er sei Ingenieur, und wolle sich in wenigen Jahren mit einer Rente zur Ruhe setzen und nur noch auf der großen Kakaoplantage seines Vaters nach dem Rechten sehen.

Wir knöpften uns beide die Hose zu, doch er machte keine Anstalten, den Schuppen zu verlassen oder seinen Redefluß zu beenden. Ich sagte: „Dann werden Sie ja wohl bald ein reicher Mann sein."

„Reich nicht, Mann, aber wohlhabend."

Danach erzählte er mir, sein Großvater sei Professor in Oxford gewesen. „Schon mal von Oxford gehört, Mann?"

„Ja."

Nun betrat noch ein Mann das Pissoir. Er wollte mir ein altes Schwert verkaufen. Ich erklärte ihm, daß man mich als Luftpiraten verhaften würde, wenn ich es mit ins Flugzeug nähme. Dann schnorrte mich der Enkel des Oxford-Professors um Geld für ein Glas Rum an, und ich konnte endlich zu Chuchu zurückkehren. Raúl erkannte den Mann nach meiner Beschreibung. Angeblich war er der größte Lügner von ganz Bocas del Toro — einmal habe er alle Polizisten der Insel an der falschen Stelle nach einem abgestürzten Flugzeug suchen lassen.

Mehr konnte ich von dem schlechten Rum nicht trinken, also machte ich mich auf den Rückweg zum Hotel. Die Insel schien immer tiefer im Wasser zu versinken, und es hatte auch wieder zu regnen begonnen.

Ein Weißer mit amerikanischem Akzent sprach mich am Rand des Jahrmarktgeländes an. Er wollte mich auf einen Drink einladen, aber ich sagte ihm, daß ich eine Siesta halten wolle. Er wohne in dem blau gestrichenen Haus am Bootshafen, gleich gegenüber von meinem Hotel. „Sie können es gar nicht verfehlen. Kommen Sie mich auf einen Drink besuchen, wann immer Sie wollen." Ich machte mich auf den Weg, doch plötzlich hielt neben mir ein Polizeiauto. Der Fahrer bot an, mich mitzunehmen. „Es wäre sicherer für Sie", erklärte er, und ich erinnerte mich an den Streifenwagen in Colón.

Im Hotel bemerkte ich, daß die nackte Glühbirne im Schlafzimmer nicht funktionierte – wenn es dunkel war, würde ich mich mit dem Lichtschein aus dem Badezimmer begnügen müssen. Ich legte mich zu Bett und versuchte vergeblich, Interesse für Doctorows *Ragtime* aufzubringen, bis es endgültig Nacht wurde und ich nicht weiterlesen konnte. Einschlafen konnte ich aber auch nicht. Eine geschlagene Stunde lag ich wach und verspürte schreckliches Heimweh nach meinem Zuhause und meinen Freunden in Antibes. So gern ich Omar und Chuchu auch hatte stand Antibes mir doch am nächsten. Ich hatte meine Freunde im Stich gelassen, die ihren Feinden in Nizza nun allein gegenüberstanden. Falls sie meine Hilfe brauchten, könnte mich kein Telegramm aus Frankreich hier in Bocas erreichen. Zwar war mein Rückflug bereits gebucht, doch in Bocas del Toro erfaßte mich eine verhängnisvolle Stimmung – das Gefühl, nie wieder von dort wegzukommen. Ich war ja selbst schuld daran: Ich hatte unbedingt die Stelle sehen wollen, an der Kolumbus umgekehrt war; ich hatte den Ort sehen wollen, wo kein Tourist jemals hinging. Zweimal hatte ich es schon ohne Erfolg versucht – ich hätte diesen Wink des Schicksals ernster nehmen sollen.

In meiner Verzweiflung stand ich wieder auf, zog mich an und ging über die Straße zum Haus des freundlichen Yankees. „Ich heiße Eugene", begrüßte er mich, „aber die meisten Leute nennen mich Pete." Zu beiden Seiten seiner Eingangstür hatte er Totenschädel aufgehängt, um Diebe abzuschrecken.

Nachdem er mir zwei großzügige Portionen Whisky eingeschenkt hatte, besserte sich meine Laune. Er erzählte mir, er sei Pilot bei „Braniff Airlines" und sei im Krieg für den OSS, den amerikanischen Geheimdienst, geflogen. Er hatte auf der Insel sechsundzwanzig Hektar Land gekauft, außerdem noch ein zweites Haus direkt am Meer, alles zusammen für sechstausend Dollar, und er plante, sich dort in zwei Jahren zur Ruhe zu setzen und sein Grundstück als Vogel- und Naturschutzgebiet brach liegen zu lassen. Seine Zufriedenheit mit Bocas versetzte mich in Erstaunen, und ich betrachtete ihn mit neuem Respekt. Er hatte weder Frau noch Familie, aber bald nach mir kamen zwei fröhliche einheimische Frauen, mit denen er einen „heißen Abend" auf dem Jahrmarkt zu verbringen gedachte. Er bot mir an, mich ihnen anzuschließen, doch inzwischen hatte ich erfahren, daß Chuchu auf mich wartete.

Anscheinend waren wir von Raúl, dem Wahlkämpfer, zum Abendessen eingeladen worden, und zwar im Haus seiner Mutter Veronika, einer dynamischen Frau, die perfekt englisch sprach und sich als äußerst trinkfest erwies, wobei sie den Whisky allerdings mit Kokosmilch verdünnte, da man sich auf das Wasser in Bocas nicht verlassen konnte. Wie George Price las sie am liebsten Thomas Mann, und so unterhielten wir uns während des ganzen Essens — einem hervorragenden Gericht aus Schildkrötenfleisch — über Thomas Mann.

Gegen halb elf kehrte ich allein ins Hotel zurück. Chuchu wollte noch etwas unternehmen und sich den „heißen Abend" beim Jahrmarkt ansehen. Nachdem ich das Licht im Bad ausgeknipst und mich bis zu meinem Bett getastet hatte, hörte ich das nagende Geräusch von Ratten, und draußen setzten die Katzen zu einem laut vernehmlichen Liebeskonzert an. Ich überlegte, wie lange die Ratte wohl brauchen würde, um sich durch die Holzwand hindurchzufressen. Dann kam Chuchu recht enttäuscht vom Jahrmarkt zurück — von einem „heißen Abend" war dort nichts zu bemerken gewesen. Sobald das Badezimmerlicht ausging, schrien die Katzen von neuem ihre Liebe in die Nacht hinaus, und die Ratte begann von neuem zu nagen.

Ich schlief schlecht, erwachte jedoch mit einem Hochgefühl. Ich glaubte — zu unrecht, wie sich herausstellen sollte —, endlich die innere Sperre überwunden zu haben, die mich am Schreiben hinderte. Der Roman ging mir ständig durch den Kopf. Jetzt, da ich beschlossen hatte, ihn nicht in Panama, sondern in einem erfundenen Land anzusiedeln, würden sich wohl auch die Personen leichter von ihren Vorbildern lösen. Chuchu wäre nicht mehr Chuchu, und Omar hätte weniger Ähnlichkeit mit Omar. Bocas sollte die Endstation der Reise sein, und Chuchu schlug einen äußerst treffenden Namen für den Ort vor — Culo del Toro. Chuchu würde nicht von einer Autobombe Auto getötet werden, sondern einfach für immer auf der Suche nach seinem verhaßten Hund verschwinden, und der General würde „Fischgesicht" senden, um die Reporterin nach Panama City zurückzubringen.

In einem unwirklichen Glückszustand zog ich mich an und bemerkte, daß die Sonne schien und Bocas sich vollkommen verändert hatte. Das Regenwasser war irgendwie abgeflossen, und die kleinen Pfahlhäuser mit ihren Balkons erinnerten mich an Freetown in Sierra Leone, eine Stadt, die ich sehr gemocht hatte. Unsere Militärmaschine landete um Punkt 9.15 Uhr, um uns abzuholen, und an Stelle der zweieinhalb Stunden, die der Hinflug nach Bocas gedauert hatte, brauchten wir diesmal nur siebzig Minuten. Keine Wolke stand am Himmel, und wir blickten auf Dutzende Inseln herab, die unter uns im Meer verstreut lagen wie ein Puzzlespiel — man konnte direkt sehen, wie die einzelnen Stücke einmal ineinandergepaßt hatten. Wir hatten Raúl mitgenommen, der in Panama City Unterstützung für seine Wahlkampagne zu finden hoffte.

7

Nach dem Mittagessen kam Silvana mit der Neuigkeit, daß der schreckliche Hund wieder heimgekehrt sei. Danach besuchten wir Omar. Er war guter Laune und sehr gelöst. Als er von Raúls Notlage hörte, wies er Chuchu sofort an, dem Mann tausend Dollar für seine Auslagen zu geben — „Aber sag ihm, es sei ein Geschenk von Graham. Es wäre nicht gut, wenn meine Partei erfährt, daß ich einem politischen Gegner helfe, uns zu bekämpfen." (Tatsächlich hörte ich ein Jahr später, daß Raúls Kandidatur Omars Partei Stimmen gekostet und so den Kommunisten in Bocas zum Sieg verholfen hatte.)

Omar fragte mich über den Roman aus und wollte wissen, wie sich die einzelnen Figuren entwickelten. Ich erklärte ihm, daß der schönste Moment beim Schreiben immer dann eintritt, wenn eine Figur vom Autor Besitz ergreift, Worte ausspricht, die der Autor gar nicht geplant hat, und unvorhergesehene Dinge tut.

Unser Gespräch kam auf Rußland und auf eine meiner Lieblingstheorien, nach der dort eines Tages der KGB an die Macht kommen wird und es sich als viel einfacher erweisen wird, mit Pragmatikern auszukommen als mit Ideologen. Der KGB rekrutiert die intelligentesten Studenten an den Universitäten, sie lernen Fremdsprachen, sehen etwas von der Welt, und Marx bedeutet ihnen nur wenig. Diese jungen Leute könnten zu Triebfedern innerer Reformen in ihrem Heimatland werden.

„Was du da sagst, finde ich interessant", meinte Omar. „Vor nicht allzu langer Zeit hat mich ein KGB-Offizier aus Südamerika besucht, ein junger Mann, sehr kultiviert. Er sprach ausgezeichnet spanisch. Allerdings habe ich ihn sehr vorsichtig behandelt, weil ich eine Falle befürchtete. Seiner Meinung nach kann es keine Veränderung in Rußland geben, solange die alten Männer im Kreml noch am Leben sind. Er wollte mich wieder besuchen kommen."

Ist er gekommen? Er muß von Omars Freundschaft mit Jimmy Carter gewußt haben. Ob er vorhatte, Carter über den General einen Wink vor den Wahlen in den USA zu übermitteln, die dann doch Reagan gewinnen sollte? Die Antwort auf diese Fragen werde ich nie erfahren.

Zu den amerikanischen Wahlen bemerkte Omar: „Natürlich wünsche ich mir, daß Carter gewinnt, aber wenn Reagan siegt, könnte es vielleicht lustiger werden." Gegen alle Hoffnung hoffte er immer noch auf eine Konfrontation.

Am nächsten Morgen suchte mich Chuchu auf und sagte, er bringe eine Nachricht vom General. Omar wollte, daß ich sofort nach Farallón käme. „Er hat gesagt, er wird dich jetzt so behandeln, als ob er eine deiner Romanfiguren wäre, und einfach Besitz von dir ergreifen."

Wir fuhren nach Farallón, wo wir mitten in eine große Party mit Omars Frauen und Kindern platzten. Deshalb entschuldigten wir uns, wir könnten nicht zum Essen bleiben, doch nach einer Weile führte uns der General in ein ruhiges Zimmer, wo er wiederholte, was er zu Chuchu gesagt hatte: „Ich bin jetzt eine deiner Romanfiguren, Graham, und ich werde Besitz von dir ergreifen."

Er erzählte, soeben hätten gemeinsame Manöver der amerikanischen und der panamaischen Armee begonnen. Fünfhundert US-Soldaten waren mit Fallschirmen über ihrer Militärbasis in der ehemaligen Kanalzone abgesprungen, und fünfhundert Angehörige der Nationalgarde (wahrscheinlich unsere alten Freunde, die „Wildschweine") waren über Fort Bragg in North Carolina abgeworfen worden. Omar hatte vor, am 1. September selbst nach Fort Bragg zu fliegen, um zu beobachten, wie sich seine Leute machten. Und da er ja nun eine meiner Figuren war, gedachte er auch über mich zu verfügen. Ich sollte ihn als Offizier in der Uniform der Nationalgarde begleiten. („Wir geben dir den Rang eines Hauptmanns oder Majors oder was immer du willst.“)

Auf den ersten Blick war dies ein sehr verlockender Vorschlag. Ich war schon als panamaischer Delegierter mit panamaischem Diplomatenpaß in Washington gewesen — und jetzt die Rolle eines panamaischen Offiziers in Fort Bragg zu spielen... zumindest war es ein amüsanter Gedanke... Ich wandte ein: „Für den 1. September habe ich doch schon meinen Rückflug nach Frankreich gebucht.“

„Dann bleib eben noch ein paar Tage länger.“

„Ich mache mir aber Sorgen wegen der Ereignisse in Antibes.“

Chuchu hatte ihm schon von meinen Schwierigkeiten mit dem unangenehmen Zeitgenossen in Nizza erzählt, der mit der Tochter meiner Freunde verheiratet gewesen war und ihr nun mit seinen Beziehungen zur Unterwelt drohte. Omar wurde zornig: „Ich werde nicht zulassen, daß sich einer meiner Freunde solche Sorgen machen muß. Ich werde jemanden nach Frankreich schicken, damit er diesem Kerl, der dir soviel Ärger bereitet, eine Lektion erteilt.“

„Nein, das halte ich nicht für sehr klug.“

„Na gut, dann laß diese junge Frau mit ihren Kindern nach Panama kommen.“

Ich erwähnte ihren Beruf, den sie aufgeben müßte.

„Wir könnten ihr doch hier Arbeit verschaffen.“

„Sie wäre hier aber sehr einsam. Sie würde ihre Eltern vermissen.“

„Dann schicken wir sie eben wieder nach Frankreich zurück, mit einem neuen Namen und einem panamaischen Paß."

Er merkte, daß ich nicht recht überzeugt war, und setzte hinzu: „Aber es wäre doch viel einfacher, den Mann zu erledigen, der diese Frau bedroht. Sind ‚einarmige Banditen' in Frankreich gesetzlich erlaubt?"

„Nein, ich glaube nicht. Nur in Monte Carlo..."

„Es gibt hier einen Amerikaner, dem ich eine Konzession für solche Spielautomaten besorgt habe. Geh ihn mit einem Offizier der G-2 doch einmal besuchen. Ich bin sicher, er könnte die Erledigung dieses Mannes in die Wege leiten. Er ist mir sehr zu Dank verpflichtet."

Ich gab vor, mir die Sache überlegen zu wollen.

„Wie steht es also mit Fort Bragg?"

„Das geht nicht, Omar. Du würdest deine Zeit mit dem amerikanischen General verbringen, und ich müßte mit den jungen Offizieren herumsitzen. Was würden die wohl von einem alten panamaischen Hauptmann denken, der kaum ein Wort spanisch, dafür aber englisch mit britischem Akzent spricht?"

Noch heute tut es mir leid, daß ich ihn bei dieser letzten Begegnung enttäuscht habe — nicht nur in Bezug auf Fort Bragg, sondern auch durch die Ablehnung seines Vorschlages zur gewaltsamen Lösung all meiner Probleme. Noch nie habe ich einen so guten Freund verloren wie Omar Torrijos.

Die Abreise rückte unaufhaltsam näher — Rum-Punsch im „Montego Bay", Abendessen bei Chuchu und Silvana zu Hause, mit dem schrecklichen Hund, der mich nicht leiden konnte, als wüßte er, daß ich ihn zu einer Figur in meinem Roman gemacht hatte, ein letzter Besuch in dem peruanischen Restaurant mit Chuchu und Flor, der Rum-Punsch-Mixerin, der wir schließlich doch noch wiederbegegnet waren. Das Glück war mir hold: Am Flughafen gewann ich an einem Spielautomaten genug Geld, um mir eine Flasche zollfreien Whisky und zwei Stangen Zigaretten zu kaufen.

Es war diesmal kein trauriger Abschied, denn ich wußte genau, daß ich im nächsten Jahr wiederkommen würde. In Antibes würde das Telefon klingeln, und ich würde Chuchu sagen hören, daß mein Ticket schon am KLM-Schalter bereitliege. Ich würde einen Reisetermin im August, während der Gerichtsferien wählen, wenn meine Privatfehde eine Zeitlang ruhte, in der Van-Gogh-Lounge in Amsterdam würde ich mir wieder ein paar Drinks genehmigen, und morgens um 9.30 würde ich in Panama eintreffen. Chuchu stünde dort, um mich abzuholen, und ich konnte schon seine Stimme hören: „Der General erwartet uns zum Mittagessen in Farallón. Wir nehmen mein kleines Flugzeug.“ Oder vielleicht — zu meiner Erleichterung, denn ich fühlte mich in seinem Flugzeug nie wirklich sicher : „Mein Wagen wartet draußen.“

NACHWORT: 1983

1

Ich saß in einem kleinen Armeehubschrauber und flog über die Berge und Urwälder Panamas. Neben mir saß Omars Tochter Carmen, deren Augen mich sehr an ihren Vater erinnerten: sie hatte seinen klaren, ehrlichen, freimütigen Blick. Natürlich war auch Chuchu mit von der Partie. Der Pilot deutete auf das Waldgebiet zwischen zwei Berghängen, wo Omar und seine Begleiter tödlich verunglückt waren. Das Wetter war so schlecht, daß Omar seine Freude daran gehabt hätte: Die Regenböen warfen uns wie einen Spielball hin und her. Wahrscheinlich dachten wir alle drei daran, wie seltsam es wäre, wenn uns an derselben Stelle, an der der Mann, den wir geliebt hatten, den Tod gefunden hatte, dasselbe Schicksal ereilte.

Ich hatte eigentlich nicht mehr nach Panama zurückkehren wollen. Ohne Omar Torrijos würde mich in diesem Land, davon war ich fest überzeugt, immer ein Gefühl schmerzlicher Leere bedrücken. Es war Januar 1983, und mein erster Besuch im Jahre 1976 lag nun schon beinahe sieben Jahre zurück. Als ich im August 1981 von Omars Tod erfahren hatte, war es mir vorgekommen, als hätte man mich gewaltsam um einen ganzen Lebensabschnitt gebracht. Es ist besser, die Vergangenheit ruhen zu lassen, dachte ich. Chuchu hatte mich öfter aus Panama angerufen und immer versucht, mich zum Kommen zu überreden. Das Flugticket, das ich 1981 nicht benutzt hatte, läge immer noch in Amsterdam für mich bereit; der Präsident erwarte ungeduldig mein Kommen, Omars Familie wollte mich unbedingt sehen, und ich könnte „von Nutzen" sein. Er erklärte mir allerdings niemals, von welchem Nutzen... und ich sagte hartnäckig „nein". Ich hatte auch allen Grund dazu: Die Fehde mit meinem Widersacher in Nizza zog sich immer noch hin, und es waren in Frankreich drei Gerichtsverfahren gegen mich anhängig.

„Die Nicaraguaner möchten dich wiedersehen", hörte ich Chuchu sagen. Dies war erst recht nicht glaubhaft, also sagte ich wieder „nein". Immer wieder sagte ich „nein", und ich weiß nicht mehr, was mich eigentlich dazu bewog, widerstrebend endlich doch „ja" zu sagen.

„Also gut", gab ich nach. „Aber nur für zwei Wochen. Ich kann nicht länger aus Frankreich fortbleiben."

2

Als die KLM-Maschine den Atlantik hinter sich ließ und über den Dschungel von Darién auf die pazifische Küste zuflog, erfaßte mich tiefe Niedergeschlagenheit, die ich zuerst in zwei Glas Champagner und dann in Bols-Gin zu ertränken suchte. Aber meine Stimmung besserte sich nicht.

Der Name Omar Torrijos stand in Riesenbuchstaben über dem neuen internationalen Flughafengebäude, und es stimmte mich eher traurig als froh, durch diese großen, toten Buchstaben an ihn erinnert zu werden. Selbstverständlich wartete Chuchu, um mich willkommen zu heißen. Er fuhr mich zu einem großen Luxushotel, das erst nach meinem letzten Besuch gebaut worden war.

„Können wir nicht zum Continental fahren? Dort hat es mir immer gut gefallen."

„Hier finde ich aber leichter einen Parkplatz."

Als man uns in die Präsidentensuite im vierzehnten (eigentlich dem dreizehnten) Stock führte, wurde mir noch unbehaglicher zumute. Ein Wohnraum mit Bar, größer als meine ganze Wohnung in Antibes, ein beinahe ebenso großes Schlafzimmer und drei Türen zum Korridor.

„Hast du den Mann gesehen, mit dem ich in der Empfangshalle gesprochen habe?" fragte Chuchu.

„Ja."

„Das ist dein bewaffneter Leibwächter. Der Leiter der Sicherheitsabteilung, Oberst Diaz, hat ihn zu deinem Schutz abgestellt, rund um die Uhr."

Ich fühlte mich immer fremder in diesem Land. Als Omar noch lebte, war ich nie so luxuriös untergebracht worden, und einen Leibwächter der G-2 hatte ich auch nie gebraucht — Chuchu und sein Revolver hatten genügt, und wie Chuchu mir damals, vor vielen Jahren, in dem Motel in Santiago erklärt hatte, war ein Revolver kein Mittel zur Verteidigung.

Da wir uns länger als ein Jahr nicht mehr gesehen hatten, unterhielten wir uns stundenlang, zuerst in der Präsidentensuite, die nach zwei Gläsern Whisky etwas weniger überwältigend wirkte, und dann im „Marisco", dem von einem baskischen Flüchtling geführten Restaurant. Wenigstens hier hatte sich nichts verändert, und der Sicherheitsbeamte, der uns überallhin begleitete, erwies sich als angenehmer Gesprächspartner.

Chuchu war der festen Überzeugung, daß man Omar ermordet hatte, daß eine Bombe im Flugzeug versteckt gewesen war, und er sprach auch von mysteriösen Geschehnissen kurz vor Omars Tod, doch als Beispiel dafür nannte er nur zwei Artikel, die von Angriffen Präsident

Reagans gegen Omar berichteten, und das schien mir doch ein eher dürftiger Beweis zu sein. Seine Theorie überzeugte mich nicht. Omar, der ausgezeichnete Beziehungen zu Jimmy Carter unterhalten hatte, war trotz seiner sozialdemokratischen Ideen für die Amerikaner als Vermittler sehr nützlich — die einzigen, die seinen Tod herbeigewünscht haben mochten, waren die Militärs in El Salvador und vielleicht noch ein paar Konservative in seinem eigenen Land. Ein Umstand jedoch, von dem ich später durch Omars Freund Rory González erfuhr (der mir übrigens sagte, er glaube nicht an die Bomben-Hypothese), war tatsächlich mysteriös: die letzten vier Nächte vor seinem Tod hatte Omar mit seiner Frau verbracht. Es war, als hätte er etwas wie eine Vorahnung seines Todes verspürt und ihr noch ein letztesmal seine Zärtlichkeit und seine beständige Treue beweisen wollen, die so viel tiefer ging als seine Neigung zu Seitensprüngen.

Als ich mit Chuchu und später mit dem Präsidenten, mit Rory González und mit Oberst Diaz darüber sprach, wurde mir allmählich bewußt, daß Omar Torrijos in Panama auf sehr merkwürdige Art und Weise äußerst lebendig geblieben war. Chuchu erzählte mir, er habe seit Omars Tod jede Nacht von ihm geträumt, und der junge Präsident Ricardo de la Espriella, den ich schon bei unserer ersten Begegnung zwei Jahre zuvor, als er noch Vizepräsident war, sehr sympathisch gefunden hatte, erzählte mir ebenfalls, daß er oft von Omar träume („Durch seinen Tod habe ich einen Vater und einen Bruder verloren", sagte er.) Diese Träume verliefen nach einem mehr oder minder gleichbleibenden Grundmuster — die Ausgangssituation war immer eine schwere Katastrophe, der er selbst sich als Präsident nicht gewachsen fühlte, und dann, im Augenblick tiefster Verzweiflung, betrat plötzlich Omar die Szene. Einmal hatte er geträumt, zwei Eisenbahnzüge seien frontal aufeinandergeprallt. Es gab Tote und Verwundete und der Präsident wußte nicht mehr ein noch aus, als ihm Omar erschien und sagte: „Mach dir keine Sorgen. Du wirst schon damit fertig." Schon im Fortgehen fügte er noch hinzu: „Ich gehe mich ausruhen." Der Präsident erzählte mir auch, wie er eines Nachts dadurch geweckt wurde, daß jemand sein Schlafzimmer betrat; seine Frau flüsterte ihm zu: „Es ist jemand im Zimmer." Auch sie hatte das Geräusch gehört, im Gegensatz zu ihm aber nicht die Gestalt Omars gesehen, wie er bequem zurückgelehnt in einem Sessel saß, ein Bein über die Armstütze gelegt.

Zwar empfand ich in Panama nicht jenes Gefühl der Leere, das ich befürchtet hatte, dafür aber gab es ernste Probleme, die Chuchu mir am ersten Morgen meines Besuchs schilderte. Ein besonders schwerwiegendes Problem war die Haltung des neuen Oberkommandierenden der Nationalgarde General Paredes. Er hatte bald nach Omars Tod den kaugummikauenden Oberst Flores abgelöst, dem ich nie getraut hatte, und war ein Mann der Rechten. Offenbar war er ein Freund von General Nutting, dem Chef der amerikanischen Militärbasis in der ehemaligen Kanalzone. Er hatte vor, bei den Präsidentschaftswahlen 1984 zu kandidieren und war kein Freund der Sandinisten in Nicaragua. Der Torrijos-Traum eines sozialdemokratischen Mittelamerika, das von den Vereinigten Staaten unabhängig war, aber auch keine Bedrohung für sie darstellte, die eine Intervention gerechtfertigt hätte, würde sich unter General Paredes wohl kaum erfüllen. Und noch ein anderer Traum war zerronnen: Man hatte die Arbeiten an der großen Kupfermine eingestellt — einstweilen jedenfalls.

Diesen ersten Abend verbrachten Chuchu und ich mit

Oberst Diaz, dem Leiter der Sicherheitsabteilung. Den ganzen Abend unterhielten wir uns, gegen zehn Uhr aßen wir, und dann redeten wir noch bis nach Mitternacht weiter. Diaz war ein sanfter Mann mit bescheidenem Auftreten, doch dahinter meinte ich eine versteckte Hartnäckigkeit und die feste Entschlossenheit zu erkennen, den von Omar vorgezeichneten Weg zu gehen. Über Paredes urteilte er weniger hart als Chuchu. Es stimme zwar, daß Paredes nach rechts gerückt sei, aber trotzdem glaube er, daß dessen teilweise afrikanische Abstammung es ihm sehr schwer machen würde, mit der konservativen Oligarchie auszukommen, also sei eine politische Richtungsänderung immer noch möglich.

Seine eigene Situation empfand Diaz als schwierig. Mit der Unterzeichnung des Kanalvertrags und Omars Tod schien für das kleine Panama die heroische Zeit vorüber zu sein; es war nun niemand mehr da, der als gleichberechtigter Partner mit den Großen der Welt sprechen konnte, wie es Omar in seinen Unterredungen mit Tito, Fidel Castro, Jimmy Carter, dem Papst und allen westeuropäischen Staatsoberhäuptern auf seiner Rundreise nach der Vertragsunterzeichnung im Jahr 1977 getan hatte.* Wir sprachen auch über El Salvador: Diaz hielt einen Sieg der Guerilla für sehr unwahrscheinlich und erwartete eher einen Zustand der Stagnation, der jedoch möglicherweise sogar günstiger wäre als ein Sieg.

Colonel Diaz berichtete mir auch von einer vierstündigen Unterredung mit Fidel Castro. „Ich mochte ihn“, sagte er, „aber, was mich sehr überraschte, war seine Behauptung, daß die kubanische Intervention in Angola ohne Zustimmung der Russen stattgefunden habe.“

---

* Bei seinem Treffen mit dem Papst war auch Chuchu dabei, den Omar als „mein Verteidigungsminister“ vorstellte.

„Mich überascht das gar nicht", entgegnete ich. Ich war immer schon der Ansicht gewesen, daß Castro sich auf das revolutionäre Wagnis in Südamerika ursprünglich gegen den Willen der UdSSR eingelassen hatte, die zum damaligen Zeitpunkt keinerlei Interesse an einem Konflikt in Lateinamerika hatte, was dazu führte, daß Che Guevara von der kommunistischen Partei Boliviens bis zu seinem Tod im Stich gelassen wurde. Und bis heute glaube ich, daß Castro mit dem Abenteuer in Angola ein gewisses Maß von Unabhängigkeit unter Beweis zu stellen versuchte, und die UdSSR ihm erst zu Hilfe eilte, als seine Aktion sich als zumindest teilweise erfolgreich erwies. Er hatte jedoch auch noch ein zweites Motiv: In Kuba leben sehr viele Schwarze, und die Unterstützung einer schwarzafrikanischen Regierung war ein gutes Mittel, sich auf spektakuläre Weise von dem rassistischen Kuba Batistas zu distanzieren, in dem die Mischehe verboten gewesen war und selbst die Bars in Havanna den Schwarzen verschlossen blieben: sie gaben sich als Clubs aus, in denen nur weiße Mitglieder willkommen waren. Die Lage in Angola hat übrigens einen seltsam ironischen Aspekt: Zwar beschweren sich die USA über die Präsenz der kubanischen Truppen, aber eben diese kubanischen Truppen schützen die Raffinerieanlagen der Firma Gulf Oil vor der Zerstörung im Bürgerkrieg gegen die Unita.

Diaz hatte dreierlei mit mir vor. Er wollte mich noch einmal nach Nicaragua schicken, wo die Sandinistenführer von meiner Freundschaft mit Omar wußten, um ihnen damit zu signalisieren, daß der Geist der Torrijos-Ära in Panama weiterlebte. Aus dem gleichen Grund sollte ich danach Kuba besuchen und mich mit Castro treffen. (Der kubanische Botschafter in Panama würde mich einladen, sagte er.) Drittens schließlich sollte ich das Dschungeldorf Ciudad Romero besuchen, das von Flüchtlingen aus El Salvador aufgebaut worden war, die Omar aus ihrem gefährlichen Exil in den honduranischen Lagern gerettet hatte. Chuchu erklärte sich sofort bereit, mich in seinem kleinen alten Flugzeug zu allen drei Reisezielen zu bringen. Ich hatte nicht den Mut, sein Angebot abzulehnen, und war daher sehr froh, als Diaz einwendete, in Nicaragua müsse ich in einem Düsenflugzeug der Luftwaffe ankommen, damit mein Besuch einen offiziellen Anstrich bekäme, und was das Dorf im Urwald betreffe, so sei es nur mit dem Hubschrauber zu erreichen.

3

Mehr als alles andere war es jedoch Chuchu, der mich fühlen ließ, daß Omar Torrijos' Geist immer noch sehr lebendig war. Eines Morgens schien er mir ungewöhnlich lange zu brauchen, um in seiner Stammgarage zu tanken. Als er zurückkam, fragte ich ihn, was er denn dort so lange gemacht habe. „Fotos", antwortete er.

„Fotos?"

„Ja. Eden Pastora hat nämlich in Panama ein Boot gekauft, und es ist mir gelungen, es vom Inneren der Garage aus zu fotografieren. Ich möchte die Bilder nach Nicaragua mitnehmen."

Ein andermal wollte er am Abend nach dem Essen unbedingt noch jemanden besuchen. „Ich muß ihm etwas bringen."

„Was denn?"

„Im Kofferraum habe ich zwei Maschinengewehre."

„Wozu braucht der Mann denn Maschinengewehre?"

„Es geht nicht darum, daß *er* Maschinengewehre braucht, sondern daß *ich* tausend Schuß Munition für Handfeuerwaffen brauche. Also machen wir einen kleinen Tauschhandel."

„Ist die Munition für die Sandinisten?"

„Nein, nein. Die haben alles, was sie brauchen. Sie geht nach El Salvador."

Ich war überglücklich, Professor José de Jesús Martínez, Mathematiker und Poet, wieder einmal seines eigentlichen Amtes walten zu sehen.

4

Am nächsten Tag lernte ich Señor Blandón kennen, einen Beamten des Außenministeriums, der damit betraut war, jene diplomatische Offensive zu organisieren, die später unter dem Namen „Contadora-Gruppe" bekannt wurde — und von der man hoffte, sie könne einen Krieg in Mittelamerika verhüten. Diese Gruppe bemüht sich zwar immer noch um den Frieden in der Region, doch ihr ursprünglicher Plan war wesentlich ehrgeiziger gewesen. Denn außer Panama, Kolumbien, Venezuela und Mexiko hoffte man damals, auch Kuba und die USA für diese Gruppe gewinnen zu können. Ich fragte Señor Blandón, ob er denn allen Ernstes daran glaube, daß Reagan einer Organisation beitreten würde, der auch Kuba angehörte. Ja, antwortete er, denn da bald die Präsidentschaftswahlen bevorstünden, könnte Reagan es möglicherweise für politisch opportun halten, sich an der Friedensmission zu beteiligen. Schließlich habe er bei seinen Geheimoperationen in Mittelamerika nicht die Unterstützung des Kongresses, und was die Möglichkeit eines offenen Krieges zwischen Honduras und Nicaragua betreffe, müsse er wissen, daß unter den jungen Offizieren der honduranischen Armee eine gewisse Unruhe herrsche. Außerdem sei die Guerilla in El Salvador stark genug für Ablenkungsmanöver an der Grenze zu Honduras, und die zahlenmäßige Überlegenheit des honduranischen Militärs an Flugzeugen und Panzern sei in dem umkämpften Gebiet praktisch bedeutungslos. Es stimme, daß General Paredes für das diplomatische Vorhaben nichts übrig habe, doch der Präsident habe seine Zustimmung dazu erteilt, und die Kubaner würden tags darauf zu ersten Gesprächen über diesen Plan in Panama eintreffen. Blandón erinnerte mich nochmals an Fidel Castros Einladung nach Kuba und schärfte mir ein, wie wichtig es sei, daß ich mich mit dem kubanischen Botschafter träfe.

Ich glaubte nicht an diese Einladung Castros, und als ich den Botschafter besuchte, stellte sich heraus, daß es sich tatsächlich, wie ich auch angenommen hatte, um eine Einladung der *Casa de las Américas* zu irgendeiner Kulturveranstaltung in Havanna handelte. Ich erklärte dem Botschafter, ich sei nur an der politischen Lage interessiert. Für Kultur hätte ich auf dieser Reise keine Zeit.

Später besprach der Präsident mit mir meinen geplanten Besuch in Nicaragua — der mehr und mehr wie eine Mission auszusehen begann. Er wünschte, ich sollte der Junta folgende Botschaft übermitteln: Führt keine aggressiven Reden, sondern appelliert an den Weltsicherheitsrat, er möge eine UNO-Truppe an die honduranisch-nicaraguanische Grenze entsenden. Als Mitglied des Sicherheitsrates würde Panama einen solchen Antrag unterstützen, und falls die USA von ihrem Vetorecht Gebrauch machten, so hatte Nicaragua auf jeden Fall einen Propagandasieg errungen. Das schien mir eine vernünftige Überlegung.

Nach meinem Termin beim Präsidenten traf ich mich zu einem Drink mit dem Stabschef, Oberst Noriega. Auch er war sehr dafür, daß ich nach Nicaragua flog. Ganz offensichtlich war ihm der Rechtsdrall von General Paredes ebenso unangenehm wie dem Präsidenten, und er war auch sehr enttäuscht, als er von meinem Empfang in der kubanischen Botschaft erfuhr. Er meinte, er würde die Angelegenheit noch einmal mit dem Botschafter besprechen, da er überzeugt sei, daß es sich nicht um eine Einladung zu einer Kulturveranstaltung gehandelt habe.

Vor meinem Abflug nach Nicaragua gab man mir zu Ehren noch eine eher peinliche Party in der *Presidencia*, bei der mir vom Präsidenten das „Großkreuz des Ordens von Vasco Núñez de Balboa" verliehen wurde. (Keats hat bekanntlich in seinem berühmten Sonnett Balboa mit Cortez verwechselt, denn letzterer hat nie ‚von einem kühnen Gedanken erfüllt auf den Pazifik gestarrt, schweigend, auf einem Gipfel in Darién'.)

Ich hatte nichts geleistet, was einer solchen Auszeichnung würdig gewesen wäre, und besonders peinlich war es mir, als ich mich in den Ordensbändern und den Sternen verhedderte. Ich kam mir vor wie ein Weihnachtsbaum, der gerade mit Geschenken behängt wird. Mein einziges Verdienst war, ein Freund von Omar Torrijos gewesen zu sein, und ich konte mir lebhaft vorstellen, wie er über meine mißliche Lage gelacht hätte, als ich mich damit abmühte, die Bänder und Sterne wieder in Ordnung zu bringen. Dennoch mochte hinter dieser Zeremonie eine taktische Erwägung stecken: Der Präsident wollte damit vielleicht den Sandinistenführern signalisieren, daß sie mir als Vermittler trauen konnten.

Doch egal, was der Grund gewesen sein mochte und wie peinlich die ganze Sache mir war, zum Schluß erfüllte mich ein gewisses Glücksgefühl, weil dieses gut gemeinte Geschenk mich dem Land, das einen Omar Torrijos hervorgebracht hatte, noch ein wenig enger verband.

Ich bin sicher, daß in den Vereinigten Staaten viele Leute gesagt hätten, ich würde „benutzt", doch dieser Gedanke beunruhigte mich nicht im geringsten. Ebensogut konnten sie sagen, daß ich auch 1958 in Kuba nur „benutzt" worden sei, als ich für Castros Leute in der Sierra Maestra warme Kleidung nach Santiago brachte, oder als es mir gelang, über einen befreundeten irischen Parlamentsabgeordneten eine Anfrage im Unterhaus einzubringen, bei der die konservative Regierung zum Verkauf von alten Düsenflugzeugen an Batista Stellung nehmen mußte; aber ich habe damals nichts bereut und bereue euch heute nichts davon. Ich habe nie gezögert, mich für eine Sache „benutzen" zu lassen, an die ich glaubte, selbst dann, wenn mir nur die Wahl des kleineren Übels blieb. Es wird uns niemals möglich sein, die Zukunft auch nur halbwegs genau vorherzusehen.

Rund um meine Abreise nach Managua entspann sich noch eine für Panama typische Komödie: Chuchu begleitete mich natürlich, und am Flughafen erfuhren wir, daß die Nicaraguaner, um mich abzuholen, einen kleinen Jet geschickt hatten, in dem mein Gastgeber Mario Castillo saß, der für den Verteidigungsminister Humberto Ortega arbeitete, doch die Panamaer bestanden darauf, daß ich in einer panamaischen Maschine fliegen müsse. Nach längerer Diskussion erklärte sich Castillo bereit, in unser Flugzeug umzusteigen, und der nicaraguanische Jet flog leer neben uns her. Vom Start bis zur Ankunft in Managua tranken wir Senor Castillos Wodka, was die Peinlichkeit der Situation deutlich milderte.

5

In Managua sah ich mehrere bekannte Gesichter unter den Mitgliedern des Empfangskomitees: Kultusminister Ernesto Cardenal war da, und auch Daniel Ortegas schöne Frau Rosario, die ich das letzemal in San José, der Hauptstadt von Costa Rica gesehen hatte, als wir miteinander tranken, während außer Hörweite Chuchu seine Besprechung mit dem ersten Mann der Junta führte. Es war der Auftakt zu einer Reihe äußerst hektischer Tage.

Meine Siesta im Haus von Mario Castillo wurde am Nachmittag durch die Ankunft eines alten Monsignore unterbrochen, den zu treffen mir ein irischer Professor, der mehrere Monate in Nicaragua gewesen war, vor meiner Abreise aus Europa noch wärmstens ans Herz gelegt hatte. Mit ihm hatte ich Gelegenheit, das sonderbare Verhalten des Erzbischofs Obando zu erörtern.

Zu Beginn des Bürgerkriegs hatte der Erzbischof eine sehr couragierte Haltung gezeigt. In gewissem Sinn hatte er den Aufstand in den Augen der Katholiken legitimiert, indem er gegen Somoza einen Hirtenbrief von den Kanzeln hatte verlesen lassen, der ihn ohne weiteres das Leben hätte kosten können. Nach der Einnahme des Nationalpalasts durch Eden Pastoras Kommando war er mit diesem und den aus Somozas Gefängnissen befreiten Häftlingen, darunter auch Tomás Borge, nach Panama geflogen, um für ihre Sicherheit zu garantieren — und nun hatte er sich genau wie Pastora gegen die Junta gewandt. War es nur deswegen, weil auch Marxisten in der Regierung saßen? Ich dachte an Chile und an Allende, der in seinem Kabinett ebenfalls kommunistische Minister sitzen hatte und der dennoch niemals die Unterstützung des Erzbischofs von Santiago verloren hatte. Am Nationalfeiertag des Jahres 1972 war ich sogar Zeuge, daß der Erzbischof in der Kathedrale einen ökumenischen Gottesdienst abhielt, dem sämtliche Regierungsmitglieder beiwohnten, auch die Kommunisten. Das Evangelium war von einem Protestanten verlesen worden, die Gebete hatte ein Rabbiner gesprochen, und gepredigt hatte ein Jesuit. Selbst die chinesische Botschaft hatte Vertreter in die Kirche entsandt.

Der alte Monsignore hatte seine eigene Theorie über Obandos Meinungsumschwung. Er glaubte den Grund dafür in verletzter Eitelkeit zu sehen: Früher hatte man jeden Sonntag die vom Erzbischof in Managua gelesene Messe im Fernsehen übertragen. Die neue Regierung hatte jedoch aus gutem Grund beschlossen, daß die Fernseh-Messe jeden Sonntag aus einer anderen Gemeinde übertragen werden sollte — aus Granada und León, und auch aus kleinen Dorfkirchen. Der Erzbischof war nicht bereit gewesen, auf sein Monopol zu verzichten, und so hatten die Sandinisten die Fernsehübertragung der Sonntagsmesse ganz abgeschafft.

Die Regierung hatte ihr Bestes getan, um den Erzbischof für seinen mutigen Einsatz am Anfang des Bürgerkrieges zu belohnen. Man hatte ihm Hilfe beim Wiederaufbau der Kathedrale angeboten, die durch das Erdbeben in Mitleidenschaft gezogen worden war; er hatte diese Unterstützung ohne ausreichende Begründung abgelehnt. Man hatte ihm ein großes Grundstück für die Errichtung einer neuen Kathedrale angeboten, doch er hatte auch dieses zurückgewiesen, weil in der Nähe eine Kaserne gebaut werden sollte. Dürfen denn Soldaten nicht zur Messe gehen?

„Er ist sehr konservativ", sagte der alte Monsignore vorsichtig. (Als Dorfpriester hatte er unter großen Gefahren in seinem Haus sandinistische Flüchtlinge vor Somoza versteckt.) „Er trägt immer eine Soutane." Es schien, als hätte für Erzbischof Obando Johannes XXIII. niemals gelebt und das Zweite Vatikanische Konzil niemals stattgefunden.

Am nächsten Vormittag besuchte ich das Zentrum für ökumenische Studien. Außer einem presbyterianischen Geistlichen aus Amerika, dem jungen Botschafter beim Vatikan und einem Übersetzer waren alle Anwesenden katholische Priester, und sie kritisierten den Erzbischof noch weit heftiger als der Monsignore. Da gab es zum Beispiel die seltsame Geschichte von der „schwitzenden Jungfrau" in Cuapa.

1981 hatte Obando eine Marienverehrungskampagne eröffnet, indem er am 28. November das Land dem „Unbefleckten Herzen Mariä" weihte — eine, wie man meinen möchte, gänzlich unnötige Kampagne in einem Land wie Nicaragua, das mindestens ebenso katholisch ist wie Polen. Die Kampagne wurde von *La Prensa,* dem Presseorgan der konservativen Opposition, unterstützt, und roch eindeutig nach politischer Strategie.

Im Dezember hatte *La Prensa* über das „Wunder der transpirierenden Madonna" berichtet: in der Kirche von Cuapa hatte man angeblich eine kleine Holzstatue schwitzen gesehen, und bald versammelten sich fromme Katholiken unter dem improvisierten Altar, den man für die Madonna gebaut hatte, um den Schweiß mit Wattebäuschen abzutupfen. Später wurden aus den Schweißtropfen dann Tränen (Schweiß hielt man wohl für unwürdig) — Tränen über das arme Nicaragua unter der Herrschaft der Sandinisten. Merkwürdig, daß sie unter Somozas Herrschaft nie um Nicaragua geweint hatte.

Für gewöhnlich bringt die Kirche den sogenannten Wundern großes Mißtrauen entgegen, und jedes „Wunder" wird zunächst streng untersucht. Eine solche Untersuchung fand in diesem Fall nicht statt. Der Erzbischof sah sich die Statuette an, und Bischof Vivas, sein konservativer Gefolgsmann, verkündete, es gebe keine natürliche Erklärung für die Transpiration (beziehungsweise für die Tränen).

Die natürliche Erklärung des Wunders wurde jedoch bald darauf gefunden: Jede Nacht war die Madonna in Wasser getaucht und dann in eine Tiefkühltruhe gelegt worden, so daß sie ganz natürlich tagsüber schwitzte. Die Entdeckung dieses Schwindels wurde von *La Prensa* oder den beiden Bischöfen allerdings nicht publik gemacht. Im Gegenteil: Ende 1982 planten die Bischöfe sogar noch, Cuapa zum offiziellen Wallfahrtsort zu erklären.

Auch die bevorstehende Reise des Papstes nach Mittelamerika wurde in dem ökumenischen Zentrum diskutiert. Alle sahen dem Ereignis mit gemischten Gefühlen entgegen — mit voller Berechtigung, wie sich später herausstellte. Erst kürzlich war in Rom ein südamerikanischer Erzbischof zum Kardinal ernannt worden, der politisch der extremen Rechten nahestand, und die Rechte in Lateinamerika ist etwas ganz anderes als die konservative Rechte in Europa. Es ist die Rechte der Killerbanden in El Salvador und der Mörder von Erzbischof Romero. Möglicherweise unter dem Einfluß dieses Kardinals hatte der Papst seinen Besuch an die Bedingung geknüpft, daß die beiden Priester in der Regierung — der Außenminister Padre D'Escoto und der Kultusminister Padre Cardenal — vorher ihren Abschied nehmen müßten. Alle im Zentrum traten dafür ein, diese Bedingung abzulehnen. Sie wurde zwar später zurückgezogen, doch Padre D'Escoto begab sich während des Papstbesuchs auf eine sehr diplomatische Mission nach Indien, und die Fernsehzuschauer auf der ganzen Welt mußten mitansehen, wie der weißhaarige alte Ernesto Cardenal, ein in Mittelamerika hoch geschätzter Dichter, vor dem Papst niederkniete und dessen Hand zu küssen versuchte, die dieser ihm jedoch heftig entzog, wobei er noch tadelnd den Zeigefinger erhob – ein häßliches Schauspiel, das bei der Menge keinen Anklang fand. Und ebensowenig Verständnis hatte sie dafür, daß der Papst mit keinem Wort das Begräbnis erwähnte, das am Vortag an genau derselben Stelle für siebzehn junge Sandinisten stattgefunden hatte, die von den Contras ermordet worden waren.

Nach dem Besuch im ökumenischen Zentrum fuhr ich weiter zu einem Ort, der in Ciudad Sandino umbenannt worden ist, um dort zwei amerikanische Nonnen zu besuchen, die wie Padre D'Escoto dem Mary Knoll-Orden angehörten. Der Ort hatte etwa sechzigtausend durchwegs sehr arme Einwohner. Die Nonnen lebten in denselben Verhältnissen wie die Armen – in einer Wellblechhütte, mit einer Wasserpumpe im Hof. Die eine der beiden, eine ziemlich junge Frau noch, beeindruckte mich ganz besonders. Sie wohnte schon seit zehn Jahren in dem Ort, hatte also die Somoza-Diktatur und den gesamten Bürgerkrieg miterlebt.

Sie sprach von den Veränderungen, die die Sandinisten herbeigeführt hatten: Unter Somoza hatte es nur einen einzigen Arzt in der Stadt gegeben, einen faulen und unfähigen Mann. Jetzt gab es drei Kliniken, Hebammen wurden ausgebildet, und der Gesundheitszustand der Kinder hatte sich deutlich verbessert. Unter Somoza besaß kein Bewohner des Ortes einen Rechtsanspruch auf seine Hütte und sein Stückchen Land. Alles hatte den *somozistas* gehört, die jeden nach Belieben vertreiben konnten, so daß es nicht viel Sinn gehabt hatte, etwas anzupflanzen. Nun jedoch konnte ich selbst sehen, daß die Menschen dort Gemüse und sogar Blumen züchteten.

Ich fragte nach den Misquito-Indios. Die Umsiedlung

der Misquitos aus ihren angestammten Siedlungsgebieten an der Atlantikküste war als anti-sandinistische Propaganda benützt worden. Die Küste war zum wichtigsten Kampfgebiet geworden, weil dort die Contras unter Führung von Leuten aus der alten Nationalgarde Somozas ständig Vorstöße über die honduranische Grenze unternahmen. Tomás Borge, der Innenminister, hat mir gegenüber selbst zugegeben, daß sich die Sandinisten in dieser Sache ungeschickt verhalten hätten. Er meinte, man hätte den Indios keine ausreichenden Erklärungen dafür gegeben, daß sie plötzlich in Lager außerhalb der Kampfzone gebracht wurden. Die amerikanische Nonne hatte jedoch die Lager besucht und bestritt, daß die Indios dort schlecht behandelt würden. Sie war der Meinung, daß sie dort gut untergebracht und versorgt seien und medizinisch besser betreut würden als jemals vorher.

Am nächsten Tag brachen wir schon um 6.45 Uhr auf, um ein weiteres Kampfgebiet an der nordöstlichen Grenze zu Honduras zu besichtigen. Wir waren zu sechst: Chuchu und ich, ein dicker Arzt mit Bart, ein kubanischer Journalist, eine Fotografin und unser Führer, ein Hauptmann. Beim Einfahren in das Gefechtsgebiet hinter Chinandega wurden wir zusätzlich von einem Wagen eskortiert. Auf der Hauptstraße hatten die Contras eine Brücke gesprengt, die mit Hilfe kubanischer Techniker repariert wurde.

In Somotillo, wo ein Armee-Hauptquartier eingerichtet worden war, machten wir halt und wohnten dem Training der ländlichen *milice* bei — einer Art Heimwehr aus Bauern und Handwerkern. Da es ein Sonntag war, sahen außer uns auch viele Mütter mit ihren Kindern zu, und mir war nicht recht wohl, als ich beobachtete, wie sich ein Achtjähriger mit dem Gewehr in der Hand für die Fotografin in Positur stellte — ein irrationales Gefühl, denn worin besteht für ein Kind schon der Unterschied zwischen einem Spielzeuggewehr und einem echten? Ein vierzehnjähriger Junge rannte vor, warf sich zu Boden und eröffnete das Feuer auf eine Zielscheibe. Nach ihm kam ein alter Mann, der aussah wie Ende siebzig. Es war mir aufgefallen, daß die Bauer in Nicaragua früh altern, doch als ich erfuhr, daß dieser Mann vor vielen Jahren mit Sandino gegen Somoza und die Marineinfanterie der Vereinigten Staaten gekämpft hatte, wurde mir klar, daß er nicht nur so alt aussah, denn Sandino wurde im Jahr 1934 ermordet. Der Bauer war ein sehr würdevoller Mann und als er hörte, daß ich Schriftsteller sei, unterhielt er sich mit mir sehr ernsthaft über García Márquez, und als ich ihm sagte, „Gabo" sei ein guter Freund von mir, drückte er mir die Hand.

Während wir weiter die Grenze entlang fuhren, fiel mir auf, daß kaum Verkehr auf der Straße herrschte, die auf honduranischer Seite über die ganze Länge von Hügeln gesäumt war. Nach den Worten unseres Begleiters gab es fast täglich zwei bis drei Tote durch wahlloses Mörserfeuer aus Honduras, gegen das Nicaragua nichts unternehmen konnte, wenn es nicht der offenen Kriegsführung gegen Honduras bezichtigt werden wollte. Trotzdem kam es mir vor, als hätte man uns einen der friedlicheren Teile des Gefechtsgebiets vorgeführt. Schließlich erreichten wir den kleinen Ort Santo Tomás, der nur drei Kilometer von der Grenze entfernt lag — vom einen Ende des Ortes waren es sogar nur dreihundert Meter bis zur Grenze von Honduras. Dort hatte die *milice* ihr Hauptquartier (ein alter Milizionär schlief auf dem Boden der Baracke mit dem Gewehrkolben als Kopfkissen). In einem Halbkreis waren Gräben zum Schutz gegen einen möglichen Angriff angelegt worden, und uns zuliebe wurde sogar eine Übung abgehalten.

Eine Alarmsirene heulte, und die *milice* stürzte sich in die Schützengräben – alte Männer und vierzehnjährige Knaben, die ihre Positionen mit unterschiedlicher Behendigkeit einnahmen. An Kampfgeist fehlte es nicht, wohl aber manchmal an den körperlichen Fähigkeiten. Omar hätte sich bei diesem Schauspiel bestimmt prächtig amüsiert. Während meiner gesamten Reise durch Nicaragua vermißte ich ihn sehr, und ich sprach viel von ihm – mit Tomás Borge, mit dem Juntachef Daniel Ortega, mit dem Verteidiungsminister und Oberbefehlshaber der Armee, Humberto Ortega, mit Lenin Cerna, dem Leiter des Geheimdienstes, und mit Ernesto Cardenal, dem Omar in Panama Asyl gewährt hatte. Manchmal fragte ich mich, ob sich Eden Pastora wohl von seinen Gefährten losgesagt hätte, wenn Omar am Leben geblieben wäre.

Als ich am nächsten Tag Tomás Borge zu Hause besuchte und seine Familie kennenlernte, erkannte ich, daß meine Mission nicht ganz so leicht war, wie ich gedacht hatte. Er stand sowohl Oberst Diaz als auch Oberst Noriega äußerst kritisch gegenüber. Vielleicht waren die beiden in seinen Augen mit dem Makel behaftet, daß ihr offizieller Vorgesetzter General Paredes war.

Ich nehme an, daß einem Mann wie Borge, der Gefängnisaufenthalte und die Kämpfe und Leiden eines Bürgerkriegs hinter sich hat, oft die Geduld fehlen muß, Geduld zu haben. Auch Omar war von dieser Ungeduld besessen gewesen, wenn er sie auch widerwillig unter Kontrolle hielt. Doch in Panama schien ein Blutvergießen nun recht unwahrscheinlich: diese Art Revolution liegt der dortigen Bevölkerung fern. General Paredes, der Freund des amerikanischen Generals Nutting, würde nicht mehr allzu lange an der Spitze der Nationalgarde stehen: Er mußte seinen Abschied nehmen, wenn er bei den Präsidentschaftswahlen 1984 kandidieren wollte — tatsächlich sollte er im nächsten Jahr vor der Wahl zurücktreten. Wie Diaz gesagt hatte, war die heroische Zeit Panamas nun vorbei — jene Zeit, als Omar bereit gewesen wäre, den Kanal zu sprengen und sich in die Berge und den Dschungel zurückzuziehen, falls er seinen Vertrag nicht bekäme. In Nicaragua dagegen herrschte noch die heroische Zeit: auf den Kampf gegen Somoza war die Konfrontation mit den Contras, mit Pastoras Truppe und mit Honduras gefolgt, hinter denen die geballte Macht der Vereinigten Staaten stand. Für Borge war Panama ohne Omar vielleicht nur das Panama der hundertdreiundsechzig Banken, der reichen Ausländer, die in ihren Yachten unter panamaischer Flagge segeln, und der konservativen Oligarchie, von der ich noch nicht viel bemerkt hatte. An einer Konfrontation mit den USA waren abgesehen von Omar und seinen „Wildschweinen" allenfalls die Studenten und die Bewohner von Armenvierteln wie El Chorillo interessiert. Den meisten Bauern auf dem Land bedeutete Politik, wie ich selbst erlebt hatte, nicht viel mehr, als ein besserer Preis für die Yucca, während sich in Nicaragua beinahe das ganze Volk gegen den Tyrannen und seine Armee erhoben hatte.

Borge stellte mich Lenin Cerne, dem Leiter des Geheimdienstes vor, und dieser führte mich durch sein kleines Museum, in dem er Beweise für die amerikanische Beteiligung am Krieg gegen Nicaragua aufbewahrte: Militärkleidung, auf deren Herstellerschildern amerikanische Firmenadressen angegeben waren, und einige widerwärtige, als Taschenlampen getarnte Sprengsätze — und noch schlimmer: eine Bombe in Form eines Micky-Maus-Picknickkorbs (Markenzeichen „Walt Disney Productions") mit magnetischer Bodenplatte, so daß man sie jederzeit an einem Auto befestigen konnte — eine Attraktion von unwiderstehlichem Reiz für Kinder. Vor kurzem hatte der Chef der amerikanischen Abwehr Nicaragua besucht, und bei einem Essen mit Humberto Ortega und seinem Stab fragte ich, ob man ihm diese Sprengsätze gezeigt habe. „Ja", antwortete Ortega, „und er hat dazu gesagt, bei der Armee würde so etwas bestimmt nicht verwendet". Er erzählte, daß der amerikanische General das Gespräch mit der Andeutung einer Erpressung begonnen, zum Schluß aber einen freundlicheren Ton angeschlagen und zugegeben habe, daß zwischen dem Pentagon und dem Außenministerium gewisse Meinungsverschiedenheiten bestünden. Ich erinnerte mich daran, wie Carter vom Pentagon gewarnt worden war, daß zur Verteidigung des Panamakanals und der amerikanischen Zone 100.000 Soldaten nötig wären. Wie viele wären wohl nötig, um in Nicaragua die Macht zu übernehmen?

6

An meinem letzten Abend in Nicaragua bekam ich unerwarteten Besuch, der eine traurige Erinnerung hinterließ. Chuchu und ich waren immer noch zu Gast bei Señor Carillos, der in der Wirtschaftsabteilung des Verteidigungsministeriums arbeitete. Wir wohnten in einem herrlichen Haus mit Garten, hatten eine schöne Frau als Gastgeberin, und uniformierte Posten vor der Tür, so daß ich mich dort zugegebenermaßen von der sandinistischen Revolution ein wenig abgeschnitten fühlte. Ich hatte ein Zimmer im Haus selbst, und Chuchu bewohnte ein kleineres Gästehaus im Garten. Dann erhielten wir eine Nachricht von Marcial, der mich besuchen, das

Hauptgebäude aber nicht betreten wollte. Also trafen wir eine Verabredung im Gästehaus.

Ich hatte Salvador Cayetano seit unserem Gespräch 1981 in Panama nicht mehr gesehen, als ich vergeblich für das Leben des südafrikanischen Botschafters eingetreten war. Sein Codename Marcial erschien mir jetzt als eine unnötige Vorsichtsmaßnahme, denn an diesem Abend verwendete er ihn zwar für die Widmung, die er für mich schrieb, das Buch selbst war jedoch unter seinem richtigen Namen erschienen. Vor zwei Jahren hätte das vielleicht noch ein Sicherheitsrisiko bedeuten können. Cayetano war einer der Kommandanten der vereinigten Guerillatruppen El Salvadors, der FMLN, und wahrscheinlich hatte er der Atmosphäre großbürgerlichen Komforts im Haus von Ortegas Geschäftsfreund nicht ganz getraut. In das Gartenhäuschen kam er mit zwei seiner eigenen bewaffneten Leibwächter.

Unglücklicherweise war in *Time* ein verzerrender Bericht über unsere erste Begegnung abgedruckt worden. Ich hatte meinem Freund Diederich gegenüber etwas voreilig bemerkt, daß Cayetano die gnadenlosesten Augen habe, die ich jemals gesehen hätte, und ich nicht gern sein Gefangener wäre. Dieser Satz war aus dem Zusammenhang gerissen worden — ich hatte über Cayetanos eigene Leiden in den Foltergefängnissen gesprochen —, und obwohl *Time* meine Richtigstellung veröffentlicht hatte, war der ursprüngliche Artikel von der rechtsgerichteten Presse in San Salvador begierig aufgegriffen und zitiert worden, um Cayetano zu schaden. Deshalb hatte ich mit einer eher frostigen Stimmung bei unserem zweiten Zusammentreffen gerechnet. Doch davon war nichts zu spüren. Er wischte meine Entschuldigung beiseite — diese Sache sei gar nicht der Rede wert — und begrüßte mich beinahe freundschaftlich. Seit unserer letzten Begegnung hatte er sich ein dünnes Ho-Tschi-Minh-Bärtchen wachsen lassen und wirkte viel älter als seine dreiundsechzig Jahre. Diesmal hätte ich seine Augen auch bestimmt nicht als gnadenlos beschrieben.

Er kam sofort zur Sache und entfaltete eine große Karte von El Salvador auf den Knien. Mit seinen zarten Fingern zeigte er nacheinander auf die Stellungen der Armee und der Guerilla, erklärte rasch die Strategie, die er sich zurechtgelegt hatte — hier ein Angriff, dort ein Angriff, eine Verlegung der Guerillatruppen von diesem in jenes Gebiet. Er schien sich von der Operation Erfolg zu versprechen. Wäre ich ein Agent gewesen, so hätte ich all das wohl als wertvolles Informations- oder Desinformationsmaterial verwenden können. Angesichts des Schicksals, das ihn drei Monate später ereilte, frage ich mich, ob er nicht manchmal allzu vertrauensselig war.

Nachdem er die Karte wieder zusammengefaltet hatte, unterhielten wir uns über allgemeinere Themen. Ich fragte ihn, wie er mit seinen Gefangenen verfahre, die für Guerilleros sicher ein schweres Hindernis darstellen mußten, und erzählte ihm von Castro, der im kubanischen Bürgerkrieg seinen Gefangenen auf der Sierra Maestra einfach die Hosen abgenommen und sie freigelassen hatte. „Was wir brauchen, sind Stiefel, nicht Hosen", sagte Cayetano. „Also ziehen wir ihnen die Stiefel aus und lassen sie gehen. Stiefel sind bei uns schrecklich knapp. In dem Gelände, wo wir kämpfen, hält ein Paar Stiefel höchstens einen Monat." Ich mußte an Omars Traum denken, in dem er plötzlich ohne Stiefel im Dschungel gestanden hatte. Cayetano fügte hinzu, daß Waffen kein Problem seien: Man könne sie ja überall kaufen, und ein regelmäßiger Nachschub würde ohnehin vom Feind erbeutet.

Ich fragte ihn, wie er sich die Zukunft vorstellte, falls

die Guerilla den Kampf gewinnen sollte. Er behauptete, es werde in El Salvador absolute Religionsfreiheit geben. Ich wiederhole hier nur, was er mir gesagt hat, und er wußte natürlich, daß er einen Katholiken vor sich hatte. Erst die Zukunft wird weisen, ob er die Wahrheit gesprochen hat, doch es ist ja allgemein bekannt, daß Erzbischof Damas in El Salvador dieselbe mutige Haltung gegen die Todesschwadronen einnimmt wie sein Vorgänger Erzbischof Romero, und Cayetano berichtete mir auch, daß einzelne Priester der Guerilla viel geholfen hätten. Ich glaube, daß er es aufrichtig meinte, und vielleicht legte er die Bitterkeit allmählich ab, die leidvolle Erfahrung ihn gelehrt hatte. Jedenfalls glaubte er ganz offensichtlich nicht an eine politische Lösung.

Bevor er ging, schenkte er mir ein Exemplar seines einzigen Buchs, *Secuestro y Capucha* („Menschenraub und Augenbinde"), versah es mit einer Widmung an seinen *Querido Hermano,* umarmte mich mit einem Anflug von Zärtlichkeit und verschwand mit seinen beiden Leibwächtern im Garten. Drei Monate später nahm er sich das Leben.

Cayetano war gerade in Libyen (um mit Ghadaffi über Waffenlieferungen zu verhandeln? Wer weiß?), als ihn die Nachricht erreichte, daß seine Stellvertreterin und langjährige Gefährtin, Commandante Mélida Anaya, in Managua auf brutale Weise ermordet worden war. Politische Mordmotive sind nichts Außergewöhnliches, aber für die Grausamkeit, mit der dieser Mord verübt wurde, gab es keine Erklärung. Die Leiche der Frau wies die Spuren von achtzig Messerstichen auf, und als Gnadenstoß hatte man ihr die Kehle durchschnitten. Als Cayetano nach Managua zurückkam, hatte man die beiden Mörder bereits verhaftet und mit ihnen auch den Mann, der die Tat befohlen hatte. Der Rädelsführer war, so hieß es, jenes Mitglied der Guerillagruppe, dem Cayetano am meisten vertraut hatte. Cayetano schoß sich ins Herz und wurde in einem Lehnstuhl tot aufgefunden. Wie vermöchten wir im Westen einen solchen Mann zu beurteilen oder das Ausmaß seines Leidens zu ermessen?

Die drei Mörder sitzen noch heute im Gefängnis von Managua und warten auf den Tag — falls dieser jemals kommt —, an dem man sie in einem demokratisch regierten El Salvador vor Gericht stellen kann; seit Cayetanos Tod ist das Rätsel um den Mord und den Selbstmord noch unergründlicher geworden. Es heißt, Mélida Anaya habe ihre Meinung geändert und eher eine politische Lösung angestrebt, wodurch Cayetanos FPL gespalten worden sei. Es wurde sogar die Vermutung geäußert, daß er ihre Ermordung selbst angeordnet hätte. Doch was war der Grund für diese Brutalität? Und wenn er schuldig war, warum ist er dann nach Managua zurückgekehrt? Ob wir die Wahrheit darüber je erfahren werden?

7

Am nächsten Tag begann der letzte Teil des Programms, das man für mich arrangiert hatte. Humberto und Daniel Ortega hatten mit Kuba telefoniert und versicherten mir, daß Castro persönlich und nicht die *Casa de las Américas* mich eingeladen hatte. Die Nicaraguaner stellten mir einen kleinen Jet zur Verfügung, und zwar, wie man mir sagte, das ehemalige Privatflugzeug Somozas. Als ich Platz nahm, bemerkte der Pilot belustigt: „Sie haben sich Somozas Platz ausgesucht."

Wir wurden diesmal von einem recht merkwürdigen Gesellen begleitet, den Chuchu irgendwo in Managua aufgelesen hatte. Der Mann hatte Chuchu angefleht, ihn nach Panama mitzunehmen. Anscheinend war er ein kolumbianischer Guerillakämpfer, der nach neunzehn Jahren im Dschungel nun nach Hause zurückkehren wollte, weil der neue Präsident eine Amnestie verkündet hatte. Da er aber keine Papiere bei sich trug, konnte er keinen Linienflug nehmen. Chuchu wollte ihn in Panama bei Rogelio und Lidia unterbringen — genau wie damals jenen zwielichtigen Professor aus Guatemala —, bis er ihm einen Reisepaß besorgt hätte. (Wenn es darum ging, Waffen oder Menschen zu schmuggeln, waren Chuchus Fähigkeiten kolossal, doch Rogelio und Lidia taten mir leid.) Der Kolumbianer war ein äußerst wortkarger Mann. Sogar zu den Mahlzeiten legte er seine Mütze nicht ab und während des Essens schnitt er sich über dem Tischtuch die Fingernägel.

In Havanna erwartete uns mein alter Bekannter Otero, der mit mir und dem Dichter Pablo Fernández 1966 auf Kuba umhergereist war. Auch der ehemalige Sicherheitschef Piñeiro war gekommen, den ich ebenfalls seit damals nicht mehr gesehen hatte, als er um zwei Uhr morgens mit Raúl Castro und ein paar anderen Ministern unter den geduldigen Blicken ihrer Ehefrauen Basketball spielte. Sein grimmiger roter Bart war inzwischen schneeweiß geworden, was ihm ein patriarchalisches Aussehen verlieh. Auf der Fahrt zu seinem Haus am Rand Havannas, wo wir übernachten sollten, unterhielten wir uns über alles mögliche, und ich merkte mit Erstaunen, daß dieser Mann, der so lange an der Spitze des kubanischen Geheimdienstes gestanden hatte, immer noch glaubte, die Abteilungen MI5 und MI6 seien rivalisierende Organisationen der britischen Abwehr. Ich hätte es für unnötig — und auch ein wenig demütigend — gehalten, diesen Irrtum zu korrigieren. Wir aßen gemeinsam zu Mittag und danach ging Piñeiro, um mein Treffen mit Castro vorzubereiten.

Am Abend hatten wir eine Verabredungin dem Haus, wo mein Freund García Márquez untergebracht war. Castro kam gerade mit Gabo von einem Abendessen in der spanischen Botschaft. Ich hatte ihn seit 1966 nicht mehr gesehen, als wir eine ganze Nacht durchgeredet hatten und er mir ein Bild meines Freundes Porto Carrero geschenkt hatte. Er kam mir jünger, schlanker und unbeschwerter vor. Zur Begrüßung gebrauchte ich eine Wendung, die er sehr lustig fand: „Ich überbringe keine Nachrichten. Ich selbst bin die Nachricht." Mit anderen Worten: Weil ich bekanntermaßen ein Freund von Omar Torrijos gewesen war, hatten mich Oberst Diaz und Oberst Noriega nach Nicaragua und die Ortegas dann nach Kuba geschickt, um dadurch zu demonstrieren, daß Torrijos' Ideen – General Paredes zum Trotz – in Panama weiterlebten.

Castro bemerkte: „Es wäre wünschenswert, wenn Paredes zum Präsidenten gewählt würde, weil er dann nur noch wenig Unheil anrichten könnte. Falls die Konservativen aber einen Kandidaten gegen ihn aufstellen, der gewinnt, wäre das ein großes Unglück. Dann gäbe es nämlich nicht nur einen konservativen Präsidenten, sondern auch noch die Gefahr eines konservativen Militärchefs."

Hinsichtlich des Bürgerkriegs in El Salvador legte Castro den gleichen Optimismus an den Tag wie Cayetano. Er glaubte, die Guerilla würde bereits Ende 1983 an der Macht sein. Mittlerweile wissen wir jedoch, daß Oberst Diaz, der einen langwierigen und unentschiedenen Kampf voraussagte, die Lage realistischer eingeschätzt hat.

Castro hatte – wahrscheinlich auf Gabos Drängen –

etwa ein Drittel meines Romans *Monsignore Quijote* gelesen, und dies brachte uns auf das Thema Wein, an dem Castro unerwartetes Interesse bekundete. Außerdem hatte er von meinen Schwierigkeiten mit der Justiz in Nizza gelesen.

Gabo brachte das Gespräch dann auf russisches Roulette, das ich als Jugendlicher gespielt hatte (wie gewöhnlich brachte Gabo die Tatsachen ein wenig durcheinander, indem er behauptete, ich hätte es in Vietnam oft gespielt). Castro wollte genau wissen, wie oft, unter welchen Umständen und in welchen Zeitabständen. „Eigentlich dürften Sie gar nicht mehr am Leben sein", stellte er fest.

„Das stimmt nicht. Mathematisch gesehen ist die Wahrscheinlichkeit bei jedem Spiel die gleiche: fünf zu eins gegen den Tod. Die Wahrscheinlichkeit ändert sich ja nicht, egal wie oft man spielt."

„Nein, nein. Das ist ein Irrtum. Die Wahrscheinlichkeit wird sehr wohl höher." Er begann abstruse Berechnungen anzustellen, denen ich nicht ganz folgen konnte, und kam wiederum zu dem Schluß: „Eigentlich dürften Sie gar nicht mehr am Leben sein."

Dann wollte er wissen, nach welcher Diät ich lebte.

„Nach gar keiner. Ich esse und trinke, worauf ich gerade Lust habe."

Das entsetzte ihn offensichtlich, denn er selbst unterwarf sich einer sehr strengen Diät, und so wechselte er rasch das Thema.

Genau wie 1966 verabschiedeten wir uns erst in den frühen Morgenstunden. In der Tür sagte er noch mit einem Lächeln: „Sagen Sie ihnen, ich hätte die Nachricht empfangen."

An jenem Morgen bekam ich im Badezimmer noch einen gehörigen Schrecken. Ich wollte gerade Wasser lassen, und sah ein Stück braunes Papier im Becken liegen. Als es vom Urinstrahl getroffen wurde, sprang das braune Ding aus der Toilette und landete auf der Wand über meinem Kopf. Es war ein Frosch. Dies wird vielleicht die dauerhafteste Erinnerung an meinen letzten Besuch im kommunistischen Kuba bleiben. Ich hätte nie gedacht, daß Frösche aus dem Stand mehr als zwei Meter hoch hüpfen können.

8

Wenige Stunden später war ich wieder in Panama und keineswegs unglücklich, daß ich in der Zwischenzeit meine protzige Hotelsuite verloren hatte, die man nun einem wichtigen Besucher zugeteilt hatte, nämlich Mister Henry Kissinger. Weniger glücklich war ich über den Verlust einer goldfarbenen Krawatte, die mir jemand geschenkt hatte, den ich sehr liebte – vielleicht hat Kissinger auch sie von mir geerbt. Mein netter Leibwächter beschützte nun Mister Kissinger.

Oberst Diaz kam mich besuchen, und ich erstattete ihm Bericht über meine Reise. Er beharrte darauf, daß mein Wissen über Panama unvollständig sei, solange ich keine Ahnung vom Lebensstil der Bourgeoisie hätte, für die Omar ein rotes Tuch gewesen war. Deshalb sollte ich ihn an jenem Abend zur Housewarming-Party eines seiner Bekannten begleiten. „Aber bitte erzählen Sie niemandem, daß Sie in Nicaragua und Kuba waren!"

Die Party war ein wahrer Alptraum, und ich hatte nicht einmal Chuchu zur moralischen Unterstützung. Der Lärm war noch zwei Straßen weiter zu hören. Im Garten gab es ein kaltes Büffet, doch ich gelangte nie bis dorthin, denn den Weg blockierten Hunderte von Leuten, die alle aus Leibeskräften brüllten, um eine Musik-Band zu überschreien, die ihrerseits entschlossen schien, die Gäste zu übertönen. Jemand schrie mir ins Ohr: „Gerade aus England herübergekommen?" Und aus reiner Bosheit schlug ich Oberst Diaz' Warnung in den Wind.

„Nein, aus Kuba."

„Woher?" fragte mein Gesprächspartner ungläubig.

„Aus Kuba", schrie ich zurück. „Und aus Nicaragua."

Er bahnte sich einen Weg durch die Menge, um schleunigst wieder darin unterzutauchen, und ich bahnte mir einen Weg hinaus. Waren das die Menschen, die den nächsten Präsidenten wählen würden?

9

So also war es gekommen, daß ich mit Omars Tochter in einem Hubschrauber saß, der vom Wind hin und hergeworfen wurde. Wir waren auf dem Rückflug von einem Dorf, dessen Name an den ermordeten Erzbischof von San Salvador erinnert, den ersten Erzbischof seit Thomas Becket, der beim Zelebrieren der Messe vor dem Altar ermordet wurde.

Ciudad Romero war ein aus dem Dschungel gehauener Ort und lag auf einer Ebene unterhalb des Bergdorfs Coclesito, wo Omar sich ein bescheidenes Häuschen gebaut hatte und wo ich drei Jahre zuvor zur Besichtigung der Rinderfarm gewesen war. In dem Ort lebten vierhundertzwanzig Flüchtlinge aus El Salvador, fast die Hälfte Kinder, von denen einige bereits in der neuen Heimat geboren waren. Ihr früheres Zuhause war erst aus der Luft bombardiert und dann von den Soldaten niedergebrannt worden. Danach waren sie nach Honduras geflohen, wo sie beinahe ebenso schlechte und unsichere Lebensbedingungen vorgefunden hatten wie in El Salvador. Ich weiß nicht, wie Omar von ihrer Notlage erfuhr, aber er schickte ihnen jedenfalls ein Flugzeug, das sie nach Panama brachte. Die erste Zeit nach ihrer Ankunft verbrachten sie in einer Kaserne bei Cimarrón, um sich zu erholen, und dann schlug man ihrem Anführer vor, sich selbst einen Ort für das neue Dorf auszusuchen. Er wählte diese Stelle im Dschungel wegen des fruchtbaren Bodens, der unerschöpflichen Holzvorräte für den Hausbau und der günstigen Lage am Ufer eines schiffbaren Flusses, wohin alle Versorgungslieferungen, die sonst mit Flugzeugen hätten herbeigeschafft werden müssen, verschifft werden konnten, denn Straßen führten keine durch den Dschungel.

Alle Dorfbewohner hatten sich im Schulgebäude versammelt, um uns, vor allem aber Omars Tochter willkommen zu heißen, denn Omars Namen hielten sie hoch in Ehren. Sooft er zu seinem Haus in Coclesito gefahren war, hatte er immer mit dem Hubschrauber das Dorf besucht, und seine Taschen waren stets mit Süßigkeiten für die Kinder gefüllt gewesen. Einer der Dorfbewohner erzählte von einem Gedicht, das er Omar zu Ehren verfaßt hatte, und ich bat ihn, es mir vorzutragen. Es war von einem anderen Bauern vertont worden, und so sang er mir das Gedicht vor, begleitet von Schlagzeug, Gitarre und Geige.

Die Einwohner von Ciudad Romero hatten den Dichter das Lied bestimmt schon oft vortragen hören, doch sie lauschten ihm aufmerksam und mit großem Ernst. Sie hörten ihre eigene Lebensgeschichte. Es war, als hätte ihr Leben für sie damit Eingang in die Literatur gefunden.

Das Gedicht bestand durchwegs aus achtsilbigen Zeilen, und der Klang der Halbreime verlieh ihm eine herbe lyrische Stimmung. (Chuchu hat den Text für mich übersetzt.)

Voy a contar una historia:	Ich werde euch eine Geschichte erzählen:
lo que mi Pueblo sufría	Darüber, wie mein Volk gelitten hat
por una Junta asesina	durch eine Junta von Mördern,
que compasión no tenía.	die kein Mitleid kannten.
Cuando un Primero de Mayo	Eines Tages, am Ersten Mai,
dos aviones bombardearon	bombardierten zwei Flugzeuge uns,
y los soldados quemaron	und die Soldaten verbrannten
las casitas que teníamos.	unsere kleinen Häuschen.
De allí salimos a Honduras:	Von dort zogen wir nach Honduras
llegamos a Las Estancias.	Und kamen in Las Estancias an,
Allí estuvimos seis meses	wo wir sechs Monate blieben,
bajo mucha vigilancia.	und zwar unter scharfer Bewachung.
Venimos a Panama	Dann kamen wir nach Panama
nos fuimos pa' Cimarrón	und gingen dort nach Cimarrón,
allí estuvimos un tiempo	wo wir eine Weile blieben,
solo en recuperación.	nur um auszurasten.
El Gobierno panameno	Es war die panamaische Regierung,
fue él que asilo nos dio,	die uns Asyl gewährte,
y el senor Omar Torrijos,	und Senor Omar Torrijos,
General de División.	ein Divisionsgeneral.
Hoy Panama está de luto.	Heute trauert Panama,
lo sentimos su dolor,	und wir teilen seinen Schmerz,
porque ha perdido a un gran hombre,	denn es hat einen großen Mann verloren,
hombre de mucho valor.	einen Mann von großem Mut.

El General fue un lider.
lider de fama mundial,
y que luchó por los pobres,
sincero y muy popular.

Der General war ein Führer,
berühmt in der ganzen Welt,
der für die Armen gekämpft hat,
der aufrichtig und sehr beliebt war.

Este pueblo panameño
y su Guardia Nacional,
yo los admiro y los quiero,
es un pueblo fraternal.

Dieses Volk von Panama
und seine Nationalgarde
bewundere und liebe ich sehr.
Es ist ein brüderliches Volk.

Los Latinoamericanos
decimos en voz popular:
no lo olvidaremos jamás
al querido General.

Wir Lateinamerikaner
sprechen es einstimmig aus:
Wir werden ihn nie vergessen,
unseren geliebten General.

Ya con esto se despiden
los humildes campesinos
que viven fuera 'e su Patria
por un Gobierno asesino.

Und damit sagen wir Lebewohl,
wir, die bescheidenen Bauern,
die wir fern unserer Heimat leben,
dank einer Regierung von Mördern.

Unter den Dorfbewohnern fiel mir ein Mädchen besonders auf, weil in ihren schönen Augen eine solche Melancholie lag. Sie sah aus wie sechzehn, und ich hielt sie zuerst für die Mutter des kleinen Kindes, das sie auf den Knien hielt, doch als das Lied zu Ende war und sie sich zum Gehen erhob, bemerkte ich, daß sie selbst noch ein Kind war, nicht älter als zwölf Jahre — Brände, Bomben und der Anblick des Todes hatten ihr diese vorzeitige Reife verliehen.

Nachdem die Versammlung im Schulhaus vorüber war, wollten uns die Bauern unbedingt noch etwas zeigen. Immer wieder hörte ich das Wort *altar*, das sie ständig wiederholten, während sie uns an den Rand des Dorfes geleiteten, und wirklich hatten sie dort einen Altar errichtet, auf dem in der Mitte das Foto des ermordeten Erzbischofs und rechts und links davon Bilder von Omar standen. Ich erinnerte mich wieder an die verlassene Kirche in Coclesito, wo ich die Hühner im Mittelgang hatte scharren sehen, und mir fiel ein, was Omar am ersten Tag unserer Bekanntschaft vor fast sieben Jahren über die Dorffriedhöfe gesagt hatte: „Wo man sich nicht um die Toten kümmert, dort kümmert man sich auch nicht um die Lebenden." Diese Leute hier kümmerten sich ohne Zweifel um ihre Toten.

10

Es war nun Zeit, meinen Freunden Lebewohl zu sagen, doch erst mußte ich noch einer Verpflichtung nachkommen. General Paredes gehörte sicherlich nicht zu jenen, die sich darum bemüht hatten, Torrijos' Ideen und Ideale am Leben zu erhalten, aber ich konnte Panama nicht gut verlassen, ohne ihm einen Besuch abzustatten und mich für das Flugzeug nach Managua und den Helikopter zu dem Dorf Romero zu bedanken. Er bat mich zum Lunch in ein neues Restaurant, das Charlie Chaplin zu Ehren „Charlot" hieß. Ich nahm die Einladung an, doch dann erreichte mich eine Warnung des Restaurantbesitzers. Unter den geladenen Gästen würde sich auch ein Exilkubaner befinden, der im Kielwasser Kissingers als Reporter aus Miami gekommen war. Meiner Erfahrung nach ist kein Journalist vollkommen vertrauenswürdig, aber ein Exilkubaner... was für eine Story mochte dieser Mann wohl über meinen Besuch bei Fidel Castro erfinden? Ich sandte eine Nachricht an Paredes, es täte mir sehr leid, aber ich könnte der Einladung nicht

Folge leisten, wenn auch dieser Reporter käme, worauf der General die Gästeliste änderte. Zu seiner Ehre muß ich sagen, daß er mir diese Einmischung in keiner Weise nachtrug.

Es war sehr merkwürdig für mich, ein Haus wiederzusehen und dort einen Apéritif zu trinken, wo Omar mit seinem Freund Rory González gewohnt hatte und wo nun General Paredes wohnte. Obwohl kaum etwas verändert war, hatte ich das Gefühl einer gähnenden Leere, und vergeblich hielt ich Ausschau nach Omars Wellensittich. Kein Omar, und auch kein Wellensittich. Anwesend waren Oberst Diaz und Oberst Noriega, dem ich bei dieser Gelegenheit eine Einladung nach Nicaragua von Lenin Cerna überbringen konnte. An Paredes gab ich Fidel Castros gute Wünsche zum Erfolg bei den Präsidentschaftswahlen weiter. Paredes schien diese Wünsche ohne Hintergedanken entgegenzunehmen und lächelte befriedigt.

Hatten Castros gute Wünsche etwa gar seine ideologische Überzeugung beeinflußt? Beim Essen überraschte er mich mit herber Kritik an Reagans Mittelamerikapolitik, und sogar für die Sandinisten fand er ein paar freundliche Worte. Er war offenkundig bemüht, mir zu zeigen, daß er Torrijos' politische Linie weiterverfolgte, und beim Essen schenkte er mir eine außerordentlich teure Uhr mit eingravierter Widmung „Von General Paredes für einen englischen Bruder des Generals Omar Torrijos". Ich konnte dieses Geschenk unmöglich ablehnen, doch es war mir sehr peinlich. Nur allzu deutlich registrierte ich die zynische Belustigung der übrigen Gäste, die über meine Mission ja genau informiert waren.

General Paredes folgte Omars Linie allerdings nicht sehr lange über das Mittagessen hinaus. Wenige Monate später las ich, daß er sich bei einem Besuch in Costa Rica gegen die Politik seines eigenen Präsidenten und gegen die Friedensbemühungen der Contadora-Gruppe ausgesprochen hatte, und danach umgab ihn ein Geheimnis, denn wenige Monate nachdem er seinen Abschied aus der Nationalgarde genommen hatte, um in den Wahlkampf um das Amt des Präsidenten einzutreten, erfuhr man, er habe sich aus dem Rennen zurückgezogen. Ein paar Wochen danach wurde die Angelegenheit noch undurchsichtiger: Es hieß, daß er bei der Präsidentschaftswahl deshalb nicht kandidieren wolle, weil eine etwaige Niederlage negative Auswirkungen auf die Nationalgarde hätte. Hatte er erkannt, warum Castro ihm viel Glück gewünscht hatte, und bestand nun die Gefahr eines Ergebnisses, wie Castro es befürchtet hatte? Neulich wurde ich allerdings von Chuchu beruhigt, der mir am Telefon versicherte, Paredes sei „kaputt“.

Am Abend gab ich für meine Freunde noch ein Abschiedsessen in dem peruanischen Restaurant — für Chuchu und Silvana, Rogelio und Lidia, und unvermeidbarerweise auch den kolumbianischen Flüchtling, der seine Papiere immer noch nicht bekommen hatte, immer noch beim Essen seine Kappe trug und sich die Fingernägel über dem Tisch schnitt. Nach neunzehn Jahren im feuchten Dschungel wachsen die Nägel vielleicht besonders rasch.

Als ich am nächsten Morgen in der Diplomaten-Lounge am Flughafen auf meine Maschine wartete, setzte plötzlich ein wahres Gewitter von Blitzlichtern ein, und Kissinger betrat den Raum. Ich hätte ihn eigentlich gerne gefragt, ob er meine goldfarbene Krawatte habe, doch war es besser, rasch zu verschwinden, denn der kubanische Journalist wartete ebenfalls auf den Flug nach Miami und hatte mich bereits gesehen. Mein ehemaliger Leibwächter stand bei der Tür und trank Kaffee, also verabschiedete ich mich von ihm auch noch. Es kam mir vor, als hätte er das recht gesellige Leben, das er mit Chuchu und mir geführt hatte, seinem jetzigen Schattendasein als Beschützer Kissingers vorgezogen.

Es hieß nun auch von Panama Abschied zu nehmen, diesem kleinen Land, das ich in den sieben Jahren sehr liebgewonnen hatte. Seit ich an diesem letzten Kapitel schreibe, hat schon fünf- oder sechsmal Chuchu angerufen und mich gedrängt, ich sollte doch wiederkommen. „Die Nicaraguaner möchten dich wiedersehen", fügt er immer als besonderen Anreiz hinzu, was ich jedoch nur unter größten Vorbehalten für bare Münze nehmen kann. Trotzdem bin ich nicht imstande, ihm endgültig zu sagen: „Nein, nein, ich kann nicht mehr kommen." Obwohl Panama der Vergangenheit angehört, einem Abschnitt meines Lebens, der abgeschlossen ist, mache ich Ausflüchte, will mich nicht festlegen. Vielleicht in drei Monaten, antworte ich Chuchu... oder in vier... vielleicht geht es nächstes Jahr... denn ein definitives „nein" würde bedeuten, ein Buch endgültig zuzuklappen und alle Erinnerungen, die es enthält, auf das Bücherbord zu verbannen, meine Erinnerungen an einen Toten, den ich geliebt habe, an Omar Torrijos.

EPILOG

Möglicherweise habe ich den Gerüchten, die dem CIA eine Beteiligung an Omar Torrijos' Tod unterstellen, allzu große Skepsis entgegengebracht. Ich hatte eben die letzte Seite dieses Buches geschrieben, als mir ein Dokument in die Hände fiel, das am 11. Juni 1980 an das Außenministerium in Washington adressiert wurde und offensichtlich der Bericht einer Minderheitsfraktion ist.

Der oder die Verfasser sprechen von der lebenswichtigen Bedeutung Panamas für die Vereinigten Staaten in Zusammenhang mit El Salvador:

„General Torrijos, der weiterhin die Streitkräfte kontrolliert und ein Vetorecht in Belangen der Regierungspolitik besitzt, wird in unseren Persönlichkeitsprofilen als ‚sprunghaft, unberechenbar... ein populistischer Demagoge mit der Schnapsflasche' geschildert, was wohl kaum die Beschreibung eines zuverlässigen Verbündeten sein dürfte. Unsere schwache Position in Panama zeigte sich erst kürzlich wieder an Präsident Royos öffentlicher Verurteilung unseres Ausbildungsprogramms für die Salvadorianer.
Man beachte die folgenden zusätzlichen Verbindungen zwischen Panama und El Salvador:

★Trotz ihrer ursprünglichen Unterstützung für den Putsch am 15. 10. 1977 haben General Torrijos — und die panamaische Regierung — ihre Beziehungen zu den (linksgerichteten) gemäßigten Kräften der FDR/DRU intensiviert.

★Panamas wirtschaftliche Schwierigkeiten und seine Abhängigkeit von amerikanischen Bankern könnten es für Druckmaßnahmen unsererseits empfänglich machen. Andererseits könnten dieselben Faktoren in Verbindung mit unserer Tendenz zu undurchdachten Aktionen zu einem Wiedererwachen ‚antiimperialistischer‘-Gesinnung führen.
★Im vergangenen halben Jahr hat Panama sein Mißfallen über eine Reihe von Punkten geäußert, die sich auf vorgebliche Ungerechtigkeiten bei der Durchführung der Verträge beziehen.
★General Torrijos' Position würde ihm gestatten, im Falle eines direkten militärischen Eingreifens der USA in der Region zwei taktische Schlüsselstellungen zu kontrollieren: den Panamakanal und die Militärstützpunkte."

In einem anderen Schriftstück, das einen Monat davor vom *Council of Inter-American Security* in Washington, 4th Street 304, herausgegeben wurde, ist von der „brutalen, aggressiven linksextremistischen Diktatur des Omar Torrijos" die Rede, und auch Präsident Carters freundschaftliche Beziehung zu Torrijos wird darin scharf kritisiert. Keiner der beiden Berichte hätte diese Beziehung beeinträchtigt, denn Carter wäre sich über ihre Ungenauigkeit und die tendenziöse Absicht ihrer Verfasser im Klaren gewesen, doch am Ende jenes Jahres war Reagan an die Macht gekommen.

Ich beginne mich daher zu fragen, ob das in Panama umgehende Gerücht über eine in einem Kassettenrecorder verborgene Bombe, die ein Sicherheitsbeamter unwissentlich in Omar Torrijos' Flugzeug mitgenommen haben soll, wirklich völlig von der Hand zu weisen ist. Unwillkürlich drängt sich mir die Erinnerung an den

Walt-Disney-Picknickkorb und die mit Sprengstoff präparierte Taschenlampe auf, die ich in Managua gesehen habe. Das Flugzeug war kanadischer Bauart, und die Wrackteile wurden von kanadischen Experten untersucht. Ihren Bericht würde ich sehr gerne lesen. Soweit ich weiß, hat man keinerlei Hinweise auf einen Triebwerkschaden entdeckt, so daß nur noch zwei mögliche Absturzursachen übrigbleiben: menschliches Versagen des Piloten oder eine Bombe.